U0019069

Indian Mythology

印地安神話

黑色魔幻寫實·善惡神祇大戰·血腥又狂野的異色宇宙

王覺眠
著

關於「印地安人」一詞

一九四二年哥倫布航行至美洲時，誤以為所到之處是印度，因此稱當地的美洲原住民為「印度人」（Indian），中文翻譯成「印地安人」。然而對美洲原住民而言，「印地安」這個詞帶有白人中心主義的歧視意涵，現在他們不會自稱為印地安人。本書以「美洲原住民」取代了「印地安人」，但如泛指文化方面的統稱，則沿用印地安一詞。

自序　如何從這個世界獲取力量

我是個科技愛好者，有時夢境中還會出現賽博龐克（Cyberpunk）的場景。人類的未來會是什麼樣子？迷失在科技世界中的我們將去往何處？

在美洲生活的原住民，從技術和生產力角度來說，他們在哥倫布到來前的生活無疑是落後的，被吹捧為外星人的好學生的馬雅人其實不過處於新石器時代。美洲沒有馱獸、沒有輪子，彼此混戰不休，甚至還有千千萬萬好端端的勞動力被阿茲特克人這種嗜血好戰的民族奪了性命，死在祭臺之下。

但是，美洲原住民的宇宙觀似乎比我們更加超前。他們注重宇宙空間的劃分，也承認人類不過是肉身凡胎，更加神祕的天外之力在操控一切。中美洲的納瓦人認為宇宙分為二十二個世界，即十三個天上世界、九個地下世界。而馬雅神話中也有類似的概念。多重世界交織在一起，形成一個具有層次的宇宙。

除了空間外，在時間上，他們還認為，在宇宙中，單向的事物註定走向滅亡，而循環才是世界運轉的法則。因此，阿茲特克人及馬雅人的傳說中都有五個太陽紀元，而馬雅人也有被世人誤讀的「世界末日」論，其實都是宇宙循環的往復。但如何維繫世界的循環呢？不少美洲原住民族群給出了答案，那便是殺戮和鮮血。

循環以外，美洲原住民的二元論也如同哲學幽深：日與月、光與暗、生與死，那些具有缺陷的神明讓世界秩序出現缺口——因此，這個世界不完美。好人也可能沒有好的生活——最終出走的是向善的羽蛇神，而壞事做盡的煙鏡神依然被阿茲特克人崇拜並由俊美男子在祭典上扮演。

美洲原住民安於天命，並不做過多的抗爭，他們有著類似中國老子的思想。比如，印加帝國和阿茲特克帝國的衰亡中都出現了噩兆、預言等橋段，他們竟為自己身死國滅找到了合理的理由。

更進一步的是，橫亙南美的安地斯山形成了獨有的「無我」文化。安地斯原住民認為，個人並不具備獨立地位，甚至連靈魂都不掌握在自己手中，而是在祭司或者薩滿手上。當一個安地斯男人當了爺爺，或許他的靈魂才會與肉體合一，然後只需等待死亡。美洲原住民還將人的概念泛化，山巒、動物，甚至炊具都可以具有人的思想和行動，而他們也從未小覷這些身外的力量。比如，北美的原住民部落就認為，大地在人類出現之前就具有知覺，大地每時每刻都在傾訴自己的故事。詩意的描述強化了人類與土地的聯結，人類成為與生命體大地共存的一部分。

在人工智慧越來越像人、人越來越像機器的今天，美洲原住民含混的神明譜系、無法徹底理解的預言以及想像中的靈魂，似乎為我們如何從這個世界獲取力量指引了一條明路，即與世界融為一體，忘記自身，直至與世界一起毀滅。

目錄

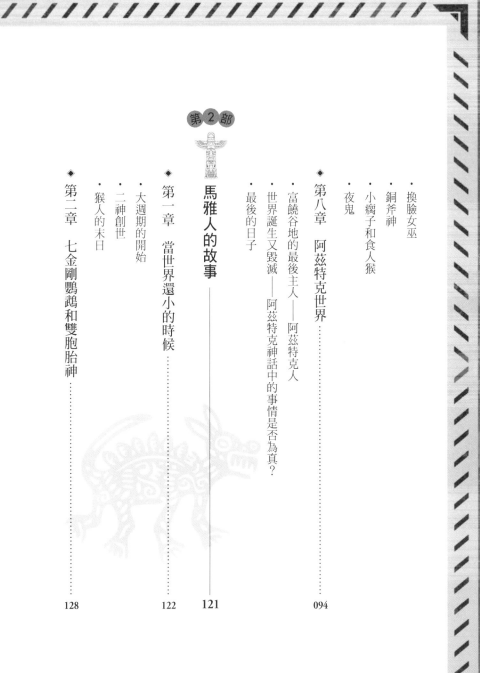

第4部 雪國的故事——北美原住民的傳說 237

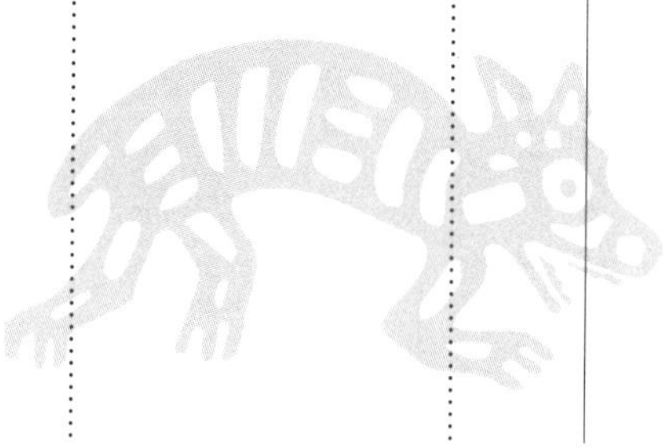

第一部

阿茲特克人的故事

第一章　史前的四個太陽紀元

阿茲特克人的天空是神靈的王國，在遠古時代，到了夜晚，他們在天上的生活可以被人間看到，就像一幕幕宇宙大戲一樣好看，但人類只是觀眾，無法參演。

二元神

天地本是一片混沌，灰濛濛的，靜止不動。不知過了多少年，在世界的中心有一顆小小的心臟跳動了一下，慢慢出現黑色飄帶一樣的物體。這時，有了風，在風的吹動下，兩根飄帶擰在了一起，成了一個黑色的鼓包，黑色的鼓包中有個東西在拳打腳踢，彷彿一個嬰兒。嬰兒的動作越來越劇烈，像是要把飄帶撐破。幾番掙扎之後，飄帶像突然洩了氣似得垂了下來，咕嚕一聲，裡面掉出了雌雄同體的二元神。

二元神的五官幼細，腿也是萎縮的，走不穩，跌跌撞撞，只得在空中飛行。為了歡愉，他摩擦自己的身體，不知何時起，他的肚子開始變大。「我這肚子可以生下世界上所有的神。」他嘴裡嘟囔著。

一日，二元神在天上飛著，肚子一陣疼痛，四個主神兒子就這麼從半空中落了下來，掉在了地上。二元神一看，知道自己的使命已經完成，從此天地就有了正主，而這四個神日後攪動宇宙，也是他們自己的命數，就與自己無關了。

第一個落下來的是南方蜂鳥神維齊洛波奇特利，他身纏火焰之蛇，好戰勇猛，代表南方與火；接著落下的是煙鏡神特斯卡特利波卡，他代表北方與寒冷，他臉上帶有黑黃相間的條紋，精通巫術，遊走在善惡之間；第三個下來的是羽蛇神魁札爾科亞特爾，他有蛇形和人形兩種形態，身體可以在帶著白色羽毛的巨蛇和白皙清秀的男子之間自由切換，他代表東方與智慧，後來人們認為在黎明時出現的啟明星（金星）就是他的化身；最後一個兄弟相貌不大漂亮，渾身靛藍，雙眼鼓脹，犬牙參差，他就是萬物生長之神特拉洛克，後來也被稱為雨神，他代表西方與生長。

四個主神來到世界上，他們像新生的孩子一樣充滿好奇，他們大聲歡呼，使勁跳躍，碰觸彼此的身體，用黑曜石做成短刀，在堅硬的灰色岩石上用力劃，迸濺的火星裡都蹦出比四位主神次一等的神明，這樣的神明一共出來了一千六百位。大家聚在一起，嘰嘰喳喳，用好奇的眼神打量著二元神的世界。看了一會兒，他們的結論是不滿意這個世界的樣子。

「天地之間距離太近了，你們看，我輕輕一蹦就可以上天。」一個長腿的小神抱怨說。「是的，是的，地方不夠大。」其他人都在附和。二元神對四個兒子和眾小神說：「這個世界沒有完全形成，你們要把剩下的事情做完。」「剩下的事情是什麼？」羽蛇神問。二元神沒有回答羽蛇神的問題，他撓撓腳丫，說：「沒有什麼比創造更快樂，我造了你們，你們造了小神，你們還可以造一些別的什麼東西，把這個世界填滿，但是要記住，要對自己造出來的東西負責。」說完，二元神騰空而起，飛到天上，越飛越高，直到天外，他不再想管這個世界了，他其實沒有意識到，他並未履行自己的話，他不再理會自己造出來的主神兒子。

地母特拉爾泰庫特利

見二元神就這麼走了，眾神有點失望，他們繼續議論起來，聲音大得比蛙鳴還吵人。煙鏡神有一雙銳利的眼睛，他藉此機會審視自己的幾個兄弟。老大蜂鳥神渾身是火，看起來脾氣有點暴躁，而小弟弟生長神的模樣實在不敢恭維，看起來最順眼的就是羽蛇神了。偏巧這個時候，羽蛇神的眼睛也在到處看，眼神中透出一種「嘰嘰喳喳吵死了」的不耐煩。「看來羽蛇神和我想的一樣，抱怨是沒有用的，」煙鏡神想。哥倆眼神一對，彼此有了默契。

兄弟二人交換眼色，離開喋喋不休的眾神，耳畔少了吵雜，心情也好起來。他倆一前一後走著，煙鏡神問羽蛇神：「咱們第一步幹嘛？」羽蛇神頭也不回，說：「先把天和地徹底分開。」原來，因為二元神實在太懶，在這個時候，天和地之間的距離還很近，天不是天，地不是地。但是，該怎麼把天地徹底分開呢？羽蛇神變成一條蛇，愁眉苦臉地想著。煙鏡神看到地上有樹，他靈機一動，施展法力讓樹長高。在他的咒語下，樹幹變粗、變高，羽蛇神見了，笑著說：「兄弟，你這法子不錯，用巨樹當柱子。」在二人的施法下，好幾棵參天大樹被造了出來，大樹的根深深紮在汪洋之下，樹冠張開，直抵天穹。就這樣，天空越來越高，水面越來越闊。其他神見羽蛇神和煙鏡神以巨樹為柱，分開混沌，連聲讚歎。他們也施展神通，造出了一些植物和動物，但是世界上水越來越多，土地逐漸消失，淹沒在水下，沒有可以承載萬物的土地了，神明們造的東西都噗哧噗哧掉到水裡。

老大蜂鳥神率先發現了這個問題，說：「水面越來越大了，沒有土地。我們造出來的東西要往哪裡放呢？還是要先有土，才能開始造物。」生長神覺得自己一直沒表現機會，有點悶，這時便搶著說：「我們把水分開，讓水底的土翻上來，怎麼樣？」羽蛇神給了他一個白眼，說：「我們要分開多少水才能弄到泥土？還是想想別的辦法吧。」眾神因沒有土地而一籌莫展。

羽蛇神和煙鏡神弄出來的汪洋倒是便宜了一個史前的巨獸——特拉爾泰庫特利。她是一隻形如鱷魚的雌性巨怪，在水中如山一般移動，速度敏捷，她的眼睛和耳朵都很小，模樣頗為醜陋。羽蛇神見到水中的特拉爾泰庫特利，先是被她巨大的身形所震驚，然後馬上想到土地可以從哪裡來了。羽蛇神和煙鏡神說了自己的計畫，煙鏡神越聽越起勁，眼睛一亮。

他倆開始飛行在無邊無際的水面上，尋找巨獸特拉爾泰庫特利，煙鏡神眼力好，發現萬頃碧波外的特拉爾泰庫特利正在慢悠悠地游動。這時，特拉爾泰庫特利正好非常餓，世界上的東西太少了，沒什麼可吃的，她昏昏沉沉地往前游著，突然看到在不遠處有個黑色的會動的東西，她一下子來了精神，心想終於有能讓自己果腹的東西了，於是扭動軀體，加快游動，對準目標，張開血盆大口咬了上去——她咬的是煙鏡神的腳。「哎呀，」煙鏡神吃痛叫起來，但是他趁勢抓住了特拉爾泰庫特利，可惜的是他的腳已經在撕扯中進了對方的肚子。「早知道不用自己的腳做誘餌了。」煙鏡神十分後悔。羽蛇神和他一起按住特拉爾泰庫特利，把她的下顎直接拔掉，這樣她就不能再咬人了，而且也不能再潛入水下。失去了下顎的特拉爾泰庫特利浮在水面上，老老實實，只能任人宰割。看到巨獸俯首，羽蛇神不禁有點得意，說了一句：「我的計畫實在絕妙。」煙鏡神在一旁，拖著血淋淋的殘足，看羽蛇神沒理會自己，心裡有點發涼。

煙鏡神用木頭做了一個假足，繼續和羽蛇神完成接下來的工作。他倆用她的後背造了大地，把她的毛髮變成地上的草木，而特拉爾泰庫特利眼睛中流出的淚水形成了水井、泉眼和湖泊，隆起的軀幹成了山脈。特拉爾泰庫特利變成大地，但是她依然活著。羽蛇神看著她的小眼睛裡流露出的憤恨，心裡也是惴惴不安，於是問她：「什麼東西可以平息妳的怒火？」特拉爾泰庫特利沉聲說：「鮮血。」羽蛇神說：「妳以後將被尊為地母，地面上的生靈將用生命和鮮血為妳獻祭。」聽了這話，特拉爾

地母特拉爾泰庫特利

泰庫特利閉上了眼睛，不再動彈。但是，在以後的歲月裡，她在黑夜降臨之時會忍不住嗚嗚地哭泣，抖動一下身體，因此地震都發生在夜晚。

四個太陽紀元

煙鏡神對其他三人說，他為了造地，失去了一隻腳，所以世界要由他來主導，其他人答應了。煙鏡神得意地變成第一個太陽，升到天空，普照大地，但是因為少了一隻腳，所以他只能成為半個太陽，這件事令他很是氣惱。為了彌補自己身體上的缺憾，煙鏡神創造出的生物是巨人，他還讓大地上長滿高大的橡樹，巨人們就以橡子為食。但是因為天上的太陽是半個，所以世間萬物都沒什麼精神，時常被濃霧所籠罩，世界如此這般存在了六百多年，羽蛇神覺得這樣一個暗淡的世界實在不美好，終於一個忍不住，用一塊石頭把煙鏡神從天上砸了下來。煙鏡神倒栽蔥似得掉進了海裡，天上沒了太陽，世界一片漆黑。掉到海裡的煙鏡神惱羞成怒，化身美洲豹群，將自己的子民吞噬得乾乾淨淨，第一太陽紀元就這樣結束了，因為由美洲豹結束，所以也被稱為「美洲豹紀元」。阿茲特克老人們說，那些被神造出來的巨人，全部被美洲豹所吞噬，連骨頭都沒留下。

把煙鏡神的世界毀了，羽蛇神當仁不讓成了下一個世界的主人，他創造出了人類，在造人的時候還和其他兄弟有了分歧，因為他們用木頭和陶土來造人，不結實，也不靈活，而最後羽蛇神用自己的血肉造出了人，成了第二個世界的主宰生靈。羽蛇神將橡樹毀去，種上了松樹，人類當時就吃松子。羽蛇神升到天空中成了第二個太陽，這個紀元也就是第二太陽紀元。在羽蛇神悉心的照顧下，人類生活得很不錯，松樹到處都是，松子要多少有多少，每天都吃得很飽，沒有天災、沒有野獸，羽蛇神太陽永遠在天上慈愛地照耀著他們。人類面對神無限的愛，漸生驕縱之心，他們開始輕慢羽蛇神和他的兄弟們，不再給他們最好的松子作為供奉，甚至連定期的跪拜也忘記了。

煙鏡神特斯卡特利波卡指責羽蛇神慣壞了人類，雙方越說越生氣，索性打了起來，神的打鬥引起了颶風，颶風將世界吹得七零八落，地上大多數的生靈和植物都被颳到了海裡，只有少部分人類活了下來，但是煙鏡神看他們還是覺得礙眼，用手一指，把他們變成猴子。

第二太陽紀元結束，羽蛇神也不得不交出太陽的寶座，因為世界被風毀掉了，這個紀元稱為「強風紀元」，眾神明在經過商議後一致同意，用蛇頭的形狀來代表這個紀元，因為那是空氣之神伊厄科特爾的原形。

最小也是最醜的特拉洛克自告奮勇成為下一個太陽，兄弟幾人和其他神明也沒有異議。別看特拉洛克長得醜，但是他掌管萬物生長，在他的管理下，人間很快長出了新的植物，新的人類又被造出來了，他們對特拉洛克滿意極了，異口同聲稱讚他是豐饒和青春之神。那時，特拉洛克很忙碌，不僅白天要待在天上當太陽散發無盡的光芒，還要抽空負責降雨，人們經常可以看到特拉洛克帶著蒼鷺羽毛的頭冠，腳下蹬著羽毛鞋，手裡老是拿著一對打雷用的鈴鐺，在天上忙碌著。

儘管忙碌，但是特拉洛克心裡很高興，因為他的世界一片綠色，充滿了勃勃生機，他也因此獲得了眾神的交口稱讚。他決定向花羽神索奇奎特薩爾求婚，花神休奇皮里和花羽神索奇奎特薩爾是一對美麗的雙胞胎女神，天生就帶著藝術、音樂和浪漫的氣息，是神中的尤物；其中花羽神索奇奎特薩爾更美一些，但這對姐妹很輕浮，經常招蜂引蝶，眾神沒想到樸實醜陋的特拉洛克會向這兩位中的一位求婚。南方蜂鳥神維齊洛波奇特利嘲笑特拉洛克說：「你要不要採幾朵金盞花來試試？」

原來，金盞花是索奇奎特薩爾的化身，人間女子經常用金盞花來向花羽神祈求美貌和馭男之術，特拉洛克說：「我容貌本就如此，不必去祈求美貌。」他用自己的神通，使世界上的金盞花在一瞬間全部開放，整個世界都彌漫著此花的香氣，花羽神索奇奎特薩爾一下子被打動了，她的姐妹花神休奇皮里也鼓勵她嫁給世界之主，於是這樁婚事就成了。

婚後的生活起初很幸福。他倆一個是生長之神，一個是花與羽毛之神，相得益彰，但是時間一久，妻子對總是不在家的丈夫就有了意見：「你早上總是走得太早了，回來得太晚。」她這樣

善於誘惑女子的煙鏡神

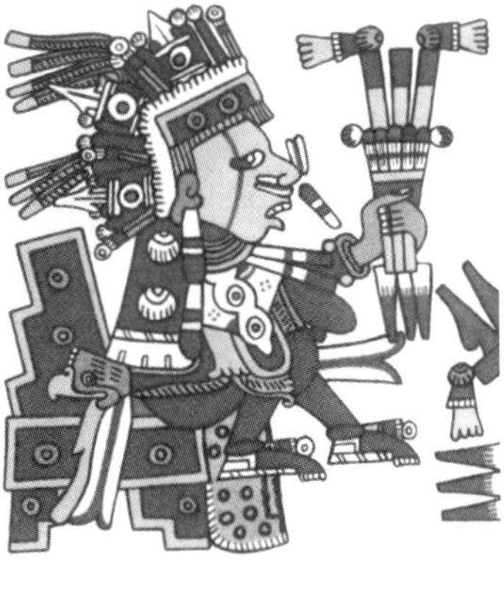

西方的生長之神特拉洛克

抱怨。特拉洛克總是安慰她，但是因為嘴笨，索奇奎特薩爾對他依然不滿。

索奇奎特薩爾先是從自由之神和水星神身上找到了一些慰藉，他們終日飲酒作樂，賞花觀星，但是索奇奎特薩爾很快就嫌棄這二人神位不高，不能滿足自己的虛榮心。特拉洛克聽到了一些醜聞風聲，但是他覺得妻子貌美，又是掌管藝術的美神，不欲對她多加管教。

索奇奎特薩爾在眾多情人的滋潤下更加貌美，她成為人間的愛神，每天有侍女和逗趣的弄臣陪伴，她身披最精美的織物，將鮮花賜予人間，這些鮮花都是按照她外陰的樣子長成的。一時間，世界都被她的淫蕩和多情所感染，植物生長速度很快，結出果實後，很快再次開花。這時，女神又多了一個追求者，是她丈夫的兄弟——第一個太陽紀元的主人煙鏡神特斯卡特利波卡。經過了這麼多年，特斯卡特利波卡早已不是當年那個用自己的腳做誘餌去捕巨獸特拉爾泰庫特利的神了，他看到世界更迭，而自己無所事事，心裡有了些陰毒的想法。

阿茲特克人的太陽紀元

他見索奇奎特薩爾百無聊賴，就過來引誘她。特斯卡特利波卡掌管著所有古老的記憶，他為索奇奎特薩爾講述之前兩個太陽紀元的種種趣事，當他說到自己用手一指，把羽蛇神造的人都變成猴子時，索奇奎特薩爾笑得前仰後合，特斯卡特利波卡便順勢壓了上去，誘姦了索奇奎特薩爾。

這樁醜事被索奇奎特薩爾的姐姐花神休奇皮里說了出去。特拉洛克顏面盡失，他又傷心又氣惱，索奇奎特薩爾見紙包不住火，索性和特斯卡特利波卡私奔了，不再回家。特拉洛克每天無精打采地在天上當太陽，但是他再無心思降雨，人間陷入了乾旱。植物乾焦而死，人們不斷祈求降雨，特拉洛克不勝其煩，索性降下一場熱雨，火像雨一樣降落在人們身上，太陽的光芒也隨之消失。

人類痛苦哀號，最終特拉洛克發了善心，把他們全部變成鳥，以度過此浩劫。之後特拉洛克娶了生息女神查爾丘特里魁為第二任妻子，將世界之主和太陽的職責交給了她，自己則回到十三重天中的第四重——永春天，這是個充滿歡樂的地方，萬物生長，河川豐沛，有各種果樹不分四季長出果子，特拉洛克讓所有溺斃者可以來到這裡。而在人間，第三太陽紀元存在了三百一十二年，就這樣結束了。由於毀於熱雨，所以後世稱之為「暴雨紀元」。

查爾丘特里魁生性仁慈，她掌管的第四太陽紀元也十分平和，新的人類靠吃一種野生水草為生，而她也時常回到第四重天永春天去慰藉丈夫特拉洛克，他們生下了一個英俊的兒子特庫希斯特卡特爾，這個兒子從小就很聰明，二人也對他寄予厚望。

但是心懷惡念的煙鏡神特斯卡特利波卡還是不想放過這個世界，他不斷用惡毒的言語辱罵查爾丘特里魁，說：「妳並非仁慈，不過是偽善想博取好名聲罷了，妳的丈夫已經為他美麗的前妻冰封了自己所有的情感，妳不過是他統治世界的一個替代品。」他不停地挑撥查爾丘特里魁和她丈夫的感情，刺激她，終於查爾丘特里魁內心絕望，開始痛哭。這一哭不得了，大雨傾盆，洪水氾濫，就連山峰都隱沒在水下，世界彷彿回到了最初沒有土地的時候。為了讓永春天不被突然增多的溺水者占滿，查爾丘特里魁只好把人類變成魚。海洋和陸地沒了分別，唯有魚類可以自由。第四太陽紀元就這樣在哭泣中結束了，由於毀於洪水，所以被稱為「洪水紀元」。

至此，世界上有飛鳥、猴子和水裡的魚，就是沒了人類，諸神決定靜默反省，到底第五太陽紀元應該怎樣開始。

第五個太陽

第四太陽紀元結束後，世界又是漆黑一團，好在大家已經熟悉了這種情況，只要有神自願上臺當太陽就行了。四大主神中的煙鏡神已遭大家厭棄，蜂鳥神不知蹤影，雨神心灰意冷，羽蛇神只好硬著頭皮召集諸神開會，商量這個太陽紀元由誰來登上天際。

在羽蛇神明確表示自己不會再當太陽之後，小神們不免面露喜色，因為這意味著他們有機會成為太陽了。「毫無疑問，我們要選一個健康的、漂亮的、能服眾的神出來。」大家七嘴八舌地討論著：「是啊，但是誰來當合適呢？」

這時，有個懶洋洋的聲音傳到大家耳中：「當然是我最合適了，你們還能想到比我更好的人選嗎？」大家循聲望去，原來是雨神特拉洛克和生息女神查爾丘特里魁的兒子特庫希斯特卡特爾。這個小夥子年輕英俊，充滿青春的力量，臉上隱隱散發著一層白光，他的出現讓大家眼前一亮，何況他的父母都曾是世界之主，那麼特庫希斯特卡特爾的確是下一個太陽最好的人選。看到大家都支持自己，特庫希斯特卡特爾也流露出欣喜的神色。

羽蛇神見狀，平靜地說：「好吧，那我們馬上就舉行上天儀式吧。」特庫希斯特卡特爾得意地環顧四周，馬馬虎虎地鞠了個躬，說：「好了，請大家原諒我，我要離開你們，登上天穹，光照大地萬物去了。」

世界這個時候還是黑暗的，因為天上沒有太陽。於是眾神點起火把照明，火光抖動，每個人的臉上看起來都陰晴不定，不知是羨慕還是嫉恨。特庫希斯特卡特爾依然是一副滿不在乎的樣子，還在冰綠色的湖水邊欣賞自己的倒影，眼中散發著癡迷的光彩。

但是這個光彩沒維持多久。這時，眾神把篝火升起來了，熊熊的火焰足有兩個人那麼高，火舌劈里啪啦，在漆黑的世界裡，橘紅色的火光映照在每位神的臉上，大家表情肅穆，因為成為下一個太陽是一份無上的榮耀，容不得半點的褻瀆和輕慢。

「這火是做什麼用的？」特庫希斯特卡特爾不解地問。「你要投身烈焰，忍受烈火灼身的痛苦，然後你會慢慢變輕，一直飛升，升到天上，成為太陽。」一位神為他解釋。特庫希斯特卡特爾嚇了一跳，往後退了一步，臉色開始變得很難看，眼珠轉動，心裡似乎在盤算什麼。

「如果你不願意，那就由我來吧。」一個很輕的聲音響起，但是每個人都聽清楚了，大家四處尋找聲音的來源，結果發現是一個矮小醜陋的小神納納華欣發出的。納納華欣不僅身材矮小，而且四肢孱弱，臉色發黃，一副病容。大家看到他，爆出一陣大笑，笑聲震得大地都抖動起來，有人說：「納納華欣，就憑你還想當太陽？」另一個人接話：「你要變成太陽，不僅個子小，能不能發出光來還不一定呢。我們叫你什麼呢？醜太陽嗎？哈哈。」

一旁的特庫希斯特卡特爾也附和著嘲笑了納納華欣幾句，緩解自己的尷尬。「大家都住口！」羽蛇神雙目圓睜，發怒了：「這是什麼場合，是升天儀式，你們就這樣嬉笑嗎？特庫希斯特卡特爾，快進去火裡去，準備升天。」

這時，納納華欣也從人群中走了出來，對羽蛇神說：「我也應該有機會。」羽蛇神看著他，歎了口氣，說：「好吧，你倆都換上祭服，看誰最後願意投身火中忍受劇痛。」

阿茲特克人的五個太陽

太陽石

二人換好衣服，區別是很明顯的，特庫希斯特卡特爾在華麗祭服的映襯下更加英武奪目，他的目光不管落在哪裡，每個神都對他笑，而納納華欣卻在漂亮如彩霞般的衣服映襯下面色蠟黃，一副病懨懨的樣子。大家見他，都捂著嘴笑，當納納華欣經過時，旁邊的人明顯對他嗤之以鼻，耳語說納納華欣是整個儀式的敗筆。

走到篝火旁，特庫希斯特卡特爾定了定神，開始了儀式的流程，他先往火裡扔了一些綠松石、黃金和彩色羽毛作為祭品，而納納華欣手裡只有幾片樹葉，也扔到了火裡。投入祭品後，篝火燃燒得更旺了，特庫希斯特卡特爾在大家的歡呼聲中緩緩站了起來，鼻子抽動兩下，他目光直直看著火堆，一步，兩步，走了上去。晃眼的火苗跳動著，在特庫希斯特卡特爾眼前晃來晃去，「媽呀，我不行。」他突然喪失了所有的勇氣，跪在地上捂著臉。羽蛇神連忙上前扶起他，「孩子，別害怕，勇敢一點，跳進去。」

身後嘲笑聲如潮水般襲來，特庫希斯特卡特爾臉紅了，連忙站起來，撣撣身上的土，對羽蛇神勉強笑了一下，繼續往前，但是當他的腳剛碰到火苗，一股鑽心的疼痛讓他不由得叫起來：「好疼，好疼，我忍不了了。」特庫希斯特卡特爾跪了下來，瑟瑟發抖，抱著腦袋，無論羽蛇神對他耳語什麼，都不再往前走一步了。

「還是我來吧，」納納華欣從他身後走過，輕蔑地看了他一眼。

羽蛇神無奈，對納納華欣點點頭，只見納納華欣從容投入火中，沒有一絲猶豫。火苗一下子把矮小的納納華欣吞沒了，大家看不到他了，只能看到橘紅色的火苗更加猛力地跳躍著。火中也沒有傳來一聲哀號，大家都屏息以待。寂靜中，火苗一點一點矮了下去，過了一會兒，一個粉紅色的新生太陽徐徐升起來了，比之前任何一個太陽都大、都美，眾神被納納華欣變成的太陽迷住了，無法移開目光。在黑如墨汁的天地之間，新生的太陽慢慢釋放著光芒，從粉色變成橘色，從橘色到金色，再從金色到無法直視的熾白色。

大家都在仰著頭往天上看，有人驚呼：「咦，怎麼還有一個太陽？」眾人趕忙尋找，果然，還有一個顏色慘澹的太陽也在努力往天上爬。原來這是特庫希斯特卡特爾變的，他看納納華欣開始升天後，火焰不那麼燙了，便趁眾人不備，也投身火堆，把自己變成一個太陽，只不過他的光芒遠沒有納納華欣強。他想搶在納納華欣之前登上天穹，成為太陽。眾神覺得這種行為實在可鄙，就朝他扔了一隻兔子，他抖動了幾下，光芒更加暗淡了，而兔子的黑印也留在了他身上。特庫希斯特卡特爾停在了半空中，他永遠也升不到太陽那麼高，待在太陽旁邊，大家根本看不到他，於是他索性在夜晚出來，於是成了前四個太陽紀元都沒有的月亮。而納納華欣在成為太陽神後，也有了新的名字托納蒂烏，前四個太陽分別是地太陽、風太陽、火太陽和水太陽，而托納蒂烏被稱為「動太陽」，以象徵他的活力。

成為新太陽的托納蒂烏俯視大地，看到眾神像蟲蟻般大小，哈哈大笑，說：「你們曾經鄙視我、嘲笑我，但現在呢，我是新的世界之主。」他晃動自己的腦袋，讓金色的光芒更加奪目，眾神噤若寒蟬，托納蒂烏滿意地笑了，「只要我願意，我隨時可以降下災難，洪水、強光、地震，毀滅你們。」一個小神壯著膽子說：「我們中任何一個人都可以取代你，不要忘記這一點。」

「什麼？」托納蒂烏轉動腦袋，像是聽到了什麼笑話，「你們沒有注意到嗎，之前所有的太陽，都是自願下來的，沒有人能左右太陽。除非我自己願意下來，否則我將永遠是天上的太陽」。自此，托納蒂烏宣布自己將是最後一個太陽，為了維持自己的動能，他要求人們必須不斷向他獻祭生靈。為了尋找祭品，日後人類掀起一場又一場的戰爭，將戰俘獻祭給托納蒂烏，讓他滿意，不過這都是後話了，因為人類是如何來到第五太陽紀元的，還有一個故事。

看到托納蒂烏這個樣子，羽蛇神心下懊惱，覺得還不如自己重新登上天空，成為太陽，而現在他能做的，也只能是找一種高級的生物充當大地的主宰，讓新的世界重新煥發生機。

經過了無數個金色白天和銀色夜晚的思考，羽蛇神想到了在上一個太陽紀元死去的魚人的骸骨，這些骸骨都存放於地底冥界的第九層，那裡是冥王米克特蘭特庫利的地盤。米克特蘭特庫利和他的妻子米克特蘭華爾統治著地下的世界，儘管太陽紀元有更迭，但是地下的世界卻一直很穩定，因為地下世界終年黑暗，每一寸土地都藏著未知的危險，而所有死去的骨頭都去了冥界，在他們的統治之下，死寂一片。

「我要去冥界，把那些骨頭帶回來，重新造人。」羽蛇神暗下決心。他對眾神說了自己的想法，大家面面相覷，因為誰也沒去過冥界，有一個小神小心翼翼地說：「我聽說，冥界裡道路縱橫，很容易迷路，最好帶隻狗。」還有個小神說：「聽說冥王米克特蘭特庫利又自私又小氣，他不可能把骨頭給你，你要想好拿什麼東西跟他交換。」羽蛇神一聽，氣不打一處來，「這麼一個自私小氣的冥王，看我怎麼對付他，放心吧，我什麼都不給他，但骨頭我是一定要帶回來的。」羽蛇神告別了眾神，帶著一隻黃狗就出發了。他在前面走，黃狗在後面顛顛地跟著。眾神均面帶憂色，覺得羽蛇神此行討不到什麼便宜，冥王在地下世界稱霸慣了，搞不好會把羽蛇神變成一堆骨頭。

羽蛇神來到一座山，據說這裡有個山洞，是通往冥界的通道。山光禿禿的，像一根手指，指向天空。羽蛇神繞著山走了好幾圈，黃狗都累得趴在地上不願意走了，也沒找到洞口在哪兒。羽蛇神靠在山石上，看著夕陽把山的影子拉得很長，恨恨地說：「冥王真是夠小氣的，連個洞口都藏起來。」黃狗本來好好趴在那裡，突然像被什麼東西螫到了一樣跳了起來，羽蛇神也嚇了一跳，一看，原來是條小蛇，在黃澄澄的沙地上蜿蜒爬行。羽蛇神童心大起，想抓住小蛇，小蛇見狀，爬得越發快，最後滋溜一下鑽到了山石縫裡。羽蛇神試著摳了摳山石，發現自己背靠的山石似乎不那麼堅固，他一使勁，一塊石板就掉落下來，露出黑漆漆的洞。羽蛇神連忙扒拉了幾下，一個山洞就出現在眼前。山洞裡散發出潮濕的泥土氣味，但是這個味道對羽蛇神來說比花香還好聞。「我們走吧，拜訪米克特蘭特庫利可真是件困難的事。」羽蛇神對黃狗說。

羽蛇神進到洞內，點亮火把，環視四周，這個洞不大，四壁光滑，也沒有別的出口，中央有個水塘，隱隱散發刺骨的寒意。羽蛇神又對黃狗苦笑道：「看來這個水塘就是通往地下世界的通道了。一想到要見到米克特蘭特庫利的臉，我可真打不起精神。」他說著，慢慢走入水中，黃狗也跳入水中。羽蛇神把狗夾在腋窩下，深吸一口氣，沉了下去，水沒過頭頂，一個水花過後，水面又恢復了平靜。羽蛇神覺得自己的心臟跳得很快，慢慢地，他張開了手臂，感覺自己身體在下沉，突然，他覺得眼角跳了一下，好像有什麼東西在他旁邊撲水；他睜眼一看，原來是黃狗，在黑色的水中，黃狗像金子般耀眼。「黃狗果然為我引路，」羽蛇神想，於是他跟著黃狗，繼續潛行，直到前面出現了光亮，黃狗也消失了。羽蛇神奮力向光亮游去，儘管只是一絲絲光亮，但是也足以證明已經抵達了另一空間。羽蛇神從水裡冒出頭來，打量著眼前的世界，看樣子已經到了冥界。這裡和人間很像，只不過光線幽暗，不遠處的山發出可怕的轟鳴，黑色的河流裡夾雜著嗚咽的聲音。剛才在水道中，羽蛇神覺得很憋屈，現在他精神一振，現出原形，化作一條長著羽毛翅膀的巨蛇，他振動雙翼，飛到高山上，這座高山正不斷震動，發出轟鳴。「冥王您是不想讓我上來嗎？我也是沒辦法，請見諒。」羽蛇神一面說著，一面艱難地頂著寒冷刺骨的寒風飛行，他一直盯著頭頂上的那塊烏雲，因為雲彩裡下的可不是雨，而是像鸚鵡螺一樣飛下來的、鋒利的黑曜石刀。羽蛇神小心翼翼，躲開落下的刀子，而且他還不敢太貼近山下的水面，因為水裡還有黑色的蛟龍不時翻滾著，從水裡露頭出來，張嘴展示自己白慘慘的大牙。

翻山越嶺之後，羽蛇神來到了群山之中的冥王神殿，這裡的一切都是黑曜石打造而成的，而冥王米克特蘭特庫利正坐在黑曜石座椅上等著他。座椅旁散落著不少骨頭，有動物的，也有人的。冥王的模樣猙獰，是一副帶血的骷髏，身上披著薄如蟬翼的紗衣，而一旁，他的妻子米克特蘭華爾也是沒有血肉的樣子，一對乾癟的乳房垂在胸口，下身被數條活蛇纏繞。這夫妻二人從第一太陽紀元起就開始統治暗黑的地下世界。

「好久不見，」羽蛇神見了冥王，清清嗓子，說：「冥王兄弟，請給我一些第四太陽紀元的人魚骨頭吧，我知道，所有的骨頭都在你這裡。」

冥王笑咪咪地看著羽蛇神，少有的和氣，卻沒有說話。冷不妨，一旁的冥王妻子米克特蘭特庫利突然發問：「你要骨頭做什麼？」

「現在地上的世界已經沒有人類了，我要造一些新的出來。這件事情需要你們的幫助。」羽蛇神保持著自己的禮貌。

「哼，」冥王妻子冷笑了一下：「你們在地上爭著當太陽的時候可有想過我們這陰冷的冥界？你們只會把生命葬送掉，送到我們這裡來。」

冥王米克特蘭特庫利

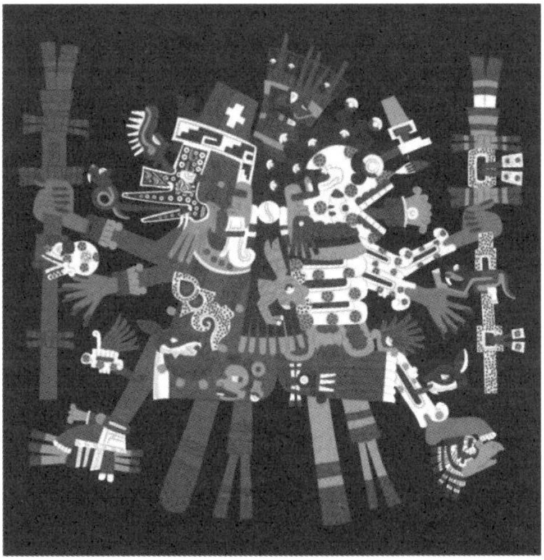

羽蛇神智鬥冥王

「好了，別說了，」冥王懶洋洋地說：「你們在地上的所作所為確實不像話，我這裡一會兒接到猴子的骨頭，一會兒接到鳥的骨頭，現在接到人魚的骨頭，弄得到處都是，人不人，魚不魚，真是難看。」

「你放心，這次造人不會輕易放棄了，」羽蛇神忙說：「第五個太陽已經升起，整個世界都沐浴在他的光芒之下，我們神將永遠和第五紀元的人類在一起，不會再推倒重來了，你放心吧。」

冥王看著羽蛇神的眼睛，笑道：「好吧，你說得倒也真誠，這樣吧，你幫我做一件簡單的事，我就給你骨頭。你吹著這個小海螺，繞著我這神殿走三圈就行了。」

羽蛇神接過了海螺，出了殿門，開始邊走邊吹，但是他怎麼鼓起腮幫子使勁也吹不響海螺。他一看，原來冥王使壞，海螺上是沒有孔的。不過這難不倒聰明的羽蛇神，他從地上撿起一隻蟲子，讓它在海螺上鑽了一個洞，就能吹響了，他越吹越高興，很快就圍著冥王神殿走了三圈。

冥王妻子米克特蘭華爾看著回來的羽蛇神，臉色很難看，說：「骨頭不是送給你的，將來是要還的。」羽蛇神答應了，於是冥王給了他一些骸骨，羽蛇神把骨頭打包好，準備回地上世界去。

阿茲特克人的地獄之犬

等羽蛇神出了神殿，冥王妻子米克特蘭華爾恨恨地說：「這麼多珍貴的骨頭就這麼被拿走了。我們可真是窩囊啊！」

冥王也有些後悔，招來自己手下的亡靈們商議。這些亡靈是動物的靈魂所化，有時幾種動物的靈魂混在一起形成了一種亡靈，模樣都很猙獰，也沒有什麼智慧。冥王問它們：「你們說說，羽蛇神把我們珍貴的骨頭拿走去幹什麼？」

「一定是他想當冥王，待在人間沒什麼意思了，拿走我們的骨頭，找個地方放起來，這樣他就是新冥王了。」一個亡靈回答。

冥王一聽，趕忙說：「那可不能讓他如願，去看看這個傢伙是不是已經走遠了，我們要把骨頭追回來。」

亡靈們連忙上路追趕羽蛇神，從陰間通往人間的路上，滿滿都是疾行的亡靈們，他們如同黑色的影子一般，或奔跑，或低低飛行，但是沒有一個能追上羽蛇神。

「這可不行，」一個亡靈說：「我們得走小路。」

於是亡靈們無聲無息地改行小路，終於趕到了羽蛇神前面，它們手拉著手，腳鉤著腳，拉出一張鋪天蓋地的黑色大網，設好了埋伏。

不一會兒，羽蛇神就來了，他為了把骨頭早點帶回去，很是焦急。忽然，他感覺前面有些不對勁，定睛一看，前面有張黑色大網，自己只要繼續向前，這張網就會收緊，把自己裹住。羽蛇神沒慌神，他仔細觀察，發現網的右下方有個小洞——那裡是一個比較小的亡靈，它生前是隻老鼠，手腳短小，和其他亡靈勉強鉤住手腳而已。羽蛇神就朝著這個小洞全力撞去，果然，老鼠亡靈被撞飛，網也破了，羽蛇神趁機逃了出去。但是，他身後的骨頭包裹太大了，有個亡靈用爪子把包袱撕開了，一些骨頭掉了出來。所以後來造人的時候，因為少了些骨頭，有的人個頭大，有的人比較矮小。羽蛇神找到了水道的入口，屏息入水，然後在黑暗中睜開雙眼，果然，在水中，忠誠的黃狗依舊在前面引路。後來這隻黃狗一直留在水道中，成為阿茲特克人黃泉路上的引路犬，它會把每一個靈魂都帶到冥界，任由冥王的僕役剝去他們的衣服，直到靈魂徹底消失。從死亡到抵達冥界神殿，凡人需要四年的時間。

回到地上，羽蛇神召喚來飛鳥，讓它們用自己堅硬的喙把骨頭磨成粉末，然後他把骨頭粉末倒入汩汩流淌的泉水中，刺破自己的手指，滴入一滴自己的血，開始造人。一開始，羽蛇神是一個一個地捏，但是他覺得速度有點慢，於是聰明地做了一個模子，就這樣很快造出了許多人。眾神見了，交口稱讚：「我們又有了新的僕人，他們會崇拜我們，給予我們豐厚的供奉。」在喜悅之下，他們賜予人類不死之身，如果衰老了，在地上躺一會兒就可以復生，恢復青春。如此一來，人類越繁衍越多，世界也熱鬧起來了。大家都很滿意。

但是冥王不甘心，他跑到地上去和眾神理論，要求把骨頭歸還他，他的妻子也嚷嚷著：「當初說好骨頭是借給你們的。」

眾神沒法子，只好收回了人類的不死之身，所以人死去埋葬到土裡，最終化為骨頭，算是回到了冥王身邊，償還了他。

第三章　戰神出世

戰神出世

作為四位創世神中的老大，南方蜂鳥神維齊洛波奇特利一直沒有掌管過世界，因為他對前幾個世界中造出來的人充滿不屑，他喜歡鮮血和戰鬥，到了第五太陽紀元，他終於等到了機會。

在圖拉城郊外的蛇山上，有一座孤伶伶的神廟，裡面有一個年邁的女祭司，叫科亞特利庫埃，某天她在打掃的時候，忽然從天花板掉下一個羽毛做的球。她覺得這個毛球十分可愛，就把它放在自己的裙子裡，繼續打掃。但是當她打掃完，想把球拿出來把玩一番時，卻發現球不見了。

不久後，科亞特利庫埃的肚子就大起來了，她懷孕了。她覺得又好氣又好笑，自己年紀已經這般大了，居然還會受孕，而受孕的原因卻是因為一個毛球。在這之前，科亞特利庫埃已經生了一個女兒和四百個兒子，她已經不想再生孩子了。於是她想了各種辦法把孩子打掉，但是孩子卻在她的肚子裡穩如磐石。女兒科伊奧莉沙烏基知道母親懷孕的事後，非常生氣，覺得母親一定是做了不可見人的醜事，她不希望母親生下這個孩子。科伊奧莉沙烏基是個愛挑事的女人，她跑去和自己四百個兄弟說：「母親身為祭司，卻和不知哪裡的男人苟合，眼看就要生下野種，讓我們跟著一起蒙羞。現在我們只能去討伐她，殺死她和她肚子裡的野種。」這四百個男人沒什麼腦子，被姐姐一挑唆，也都十分憤怒，決定趕往蛇山，殺死母親。

一隻野鹿把消息帶給了科亞特利庫埃，她聽後傷心落淚，沒想到自己的孩子會這樣對待自己。「我該怎麼辦啊，是向自己的孩子叩首求饒，還是等著他們殺死我呢？」她流著眼淚自言自語。

這時，她肚子裡的孩子開口說話了：「母親不要著急，我自有退敵的辦法，妳就安心吧。」科亞特利庫埃震驚地看著自己的肚子，心想：「我是會生下妖孽，還是神明？算了，一切交給命運吧。」

南方蜂鳥神維齊洛波奇特利

UITZILOPOCHTLI.
«Colibri del Sur». Dios de los Aztecas y de la Guerra.
«Humming bird of the South». God of the Aztecas and of the War.
(Códice Borbónico. Lam.)

四百兄弟全副武裝，手裡拿著鋒利的長矛，戰袍上下用貝殼妝點，十分威猛，在大姐伊奧莉沙烏基的帶領下，氣勢洶洶地趕往母親所居住的高山。

兄弟裡有一個叫奎特里亞克的，他心裡對大姐和其他人的做法很不滿，於是偷偷給母親通風報信。他一進門，就看到母親大得駭人的肚子，更奇特的是，肚子還會說話。

肚子裡的孩子冷靜地問奎特里亞克他們在哪裡駐紮，然後告訴他不要擔心母親。果然，當四百人趕到高山的時候，孩子從科亞特利庫埃的肚子裡破腹而出，他一出生身上就穿著戰袍，頭上有紅色的羽毛頭飾，大腿和雙腳是藍色的，臉上有黃黑兩色的花紋，肩膀上纏繞著通紅的火蛇，他就是南方蜂鳥神維齊洛波奇特利，他以投胎的方式來到了人間。

但是，他的母親科亞特利庫埃卻因肚子破開而死去了，她終究未能保住自己的性命，維齊洛波奇特利簡單地安葬了母親，就把自己的戰神之火燃向了自己的兄弟們，他相信此舉是為母親報仇。

他先是用火蛇燒壞了大姐的臉，割下她的頭顱，把她的身體砍成一塊一塊的，扔到山下，隨後進攻的長矛便對準了四百個兄弟，兄弟們被殺得七零八落，絕大部分的人都死在了維齊洛波奇特利的長矛之下，只有少部分逃往南方。

維齊洛波奇特利把四百個兄弟的武器都據為己有，尊自己的母親科亞特利埃為大地女神，而他死去的大姐和四百個兄弟也升上天空成為星辰，享得神位。

遷徙之旅

經此一役，維齊洛波奇特利便有了名氣，有一支部落找到了他，希望他能成為首領，這支部落是從一個子宮形狀的洞穴中爬出來的，他們自稱來自地心。他們就是阿茲特克人，生性好戰，四處遷徙。阿茲特克人選擇成為維齊洛波奇特利的子民，他們也奉維齊洛波奇特利出生的蛇山為聖山。維齊洛波奇特利高興地找到了一群和自己一樣好戰的人，決心帶領他們強大起來。

維齊洛波奇特利對他們說，他們原來的家園阿茲特蘭不適宜部落的進一步強大，他將帶領他們遷徙到一個神佑之地去。

路上，有一個阿茲特克人看到一隻野兔，他跑過去抓它，卻怎麼也抓不到，維齊洛波奇特利見狀不屑地說：「來吧，我的子民，我來教你們使用弓箭。」於是，維齊洛波奇特利將從四百個兄弟那裡繳獲來的武器分給阿茲特克人，在遷徙的路上，教他們使用弓箭，阿茲特克人日後征服四方，便將鮮血獻給維齊洛波奇特利。

他們一行人來到了特斯科科湖畔的查普爾特佩克，準備暫時休整。

但是這裡恰好是被維齊洛波奇特利殺死的姐姐伊奧莉沙烏基的兒子——考比爾的地盤，考比爾聽說了他們到來的消息，摩拳擦掌地說：「好了，這次我要為我的母親報仇，給那個什麼蜂鳥一點顏色看看。」

在場的祭司說：「這個傢伙很奇怪，明明身披火蛇，卻有個蜂鳥的名字。」另一個祭司說：「蜂鳥雖小，但是卻不停地從花心裡吸吮花蜜，貪婪的樣子就像吸血一樣，我們不要小覷他，何況他將四百個強大戰士幾乎屠殺殆盡。」考比爾說：「不過他帶領的並非軍隊，而是一群烏合之眾，我們絕對可以擊敗他們。」

一開始，維齊洛波奇特利的神威讓考比爾的軍隊嚇到腿軟，但是真正打起來的時候，沒有經過正規軍事訓練的阿茲特克人卻吃了敗仗，不過維齊洛波奇特利在交戰中一把抓住了考比爾。考比爾佯裝鎮定，說：「你好歹是我舅舅，請饒了我吧。」維齊洛波奇特利輕輕一笑說：「那麼我將用你的心臟做一件偉大的事。」說著，他伸手就把考比爾的心臟挖了出來，丟到特斯科科湖裡，考比爾的心臟變成一個小島，這個島日後成

特諾奇提特蘭城

了偉大的特諾奇提特蘭城的所在地，阿茲特克人在這裡建立起了偉大的文明。

阿茲特克人沿著特斯科科湖尋找到一個適合定居的地方，在這裡有托爾科特人的後代居住，他們的個性比較平和，對阿茲特克人也沒有排斥。托爾科特首領有個漂亮的女兒，於是維齊洛波奇特利派人向托爾科特人求親。

求親的阿茲特克使者見到了托爾科特首領。首領問：「請問貴部落哪位要娶我的女兒？」使者驕傲地說：「唯有神明才配得上您的女兒，您的女兒要嫁的是我們部落的神明。」首領早就聽說了維齊洛波奇特利的威名，心想這樁婚事倒也不辱沒他們托爾科特人的名聲，於是就答應了。

幾天後，首領想女兒了，想見見她，於是他沒有告訴別人，走到了阿茲特克人舉行慶典和祭祀的大草屋。透過幽暗的光線，他看到在屋子裡的阿茲特克祭司身上披著什麼東西，卻怎麼也看不清。

首領心裡有種不祥的預感，他推開門，進入草屋，在離祭司咫尺之遙的地方，他清楚地看到，祭司身上披著的正是自己女兒的人皮。首領這才明白了阿茲特克人嫁給神明是什麼意思，原來自己的女兒先是被殺獻祭，之後又被剝皮。盛怒之下，首領命自己部落的戰士將阿茲特克祭司殺得乾乾淨淨。

在隨後的戰鬥中，憤怒的托爾科特人對阿茲特克人展開了碾壓式的血洗，儘管有戰神維齊洛波奇特利，但這樁殘酷的、蠻橫的剝皮惡行讓眾神不齒，所以維齊洛波奇特利也未能大顯神威，而是帶領阿茲特克人逃到了特斯科科湖的邊緣地帶以躲避戰禍。他告訴阿茲特克人：「你們要設法找到被我丟在湖裡的考比爾的心臟，在心臟變成的土地上，有你們建功立業的家園。我鄭重地告訴你們，在我的庇佑下，你們將成為所有土地的國王，你們將會有無窮的奴隸和戰俘，將接受四方的供奉。」

一個阿茲特克人問：「湖中島嶼眾多，我們要怎麼知道哪個是考比爾的心臟變的？」

維齊洛波奇特利說：「你們會看到一隻鷹落在一棵仙人掌上，嘴裡叼著一條蛇，那就是你們要找的地方。」說完，他就隱身不見了。

阿茲特克人在神諭下繼續尋找，終於，他們找到了。在特斯科科湖的中心有一個島，島上有這樣的景象，於是阿茲特克人終於有了自己的定居之所。後來他們在這裡建立了特諾奇提特蘭城，修建了大神廟，神廟的四個門象徵天地四方，而一根向上的柱子象徵著通天的方向，以及不同層級的天堂和地獄，如果神廟倒塌，整個宇宙也將隨之崩潰。由於阿茲特克人信奉維齊洛波奇特利的殺伐之氣，所以將他和藍色的雨神特拉洛克共同供奉在神廟之中。

阿茲特克人常說自己是火與雨水的民族，戰鬥的火焰和寧靜的雨水共存在他們體內。被維齊洛波奇特利尊為大地女神的母親科亞特利庫埃卻悲戚地告誡阿茲特克人，不可殺戮過多，她說：「你們征服了其他民族，終有一天，也會被別人打敗。」

第四章　羽蛇神與煙鏡神

煙鏡神無所不在，他既存在於死者的國度，也存在於人間和天國，他能看到每個人的內心。他在地球上行走，加速了邪惡與罪過，他和羽蛇神在聯盟和對立中不斷轉化。

——貝納迪諾．德．撒哈古恩《佛羅倫斯手抄本》

降生

托爾科特部落有位美麗的公主，叫阿琴波納，因為自幼體弱多病，於是被送到太陽神廟中靜養。由於她的父母實在不放心她的身體，於是對外宣布公主已經成為太陽聖女，是太陽神的未婚妻，任何凡間的男子都不得染指。

雖然僕從成群，但阿琴波納在神廟中的生活還是非常無趣，她時常怨恨自己身體羸弱，日子過得如同坐牢一般。她父親勸她：「女兒，能夠用此生去供養太陽神，是莫大的榮譽，妳千萬不要被人間的兒女情長所拖累。」阿琴波納聽到這樣的話，就把頭別過去，表現出不耐煩的樣子。

那個時候，托爾科特人正在和鄰近的部落大戰，對方派人求和，於是一名使臣帶著寶石羽毛和成車的玉米就來了。公主午覺剛睡醒，就聽到侍女們在議論：「聽說那個使臣長得非常英俊，皮膚白皙，一雙烏黑發亮的眼睛，好像能看穿你似的。」公主聽了，春心萌動。她告訴父親，她要一起接見使臣。父親也希望在女兒面前炫耀自己的戰果，就同意了。

使臣來了，見到高臺之上端坐著部落首領和他美麗的女兒。他忍不住先是望了公主一眼，然後低垂眼簾，畢恭畢敬地說：「尊敬的大首領，希望您能收下我們這一點不成敬意的禮品，退兵休戰，我們部落將不敢再反抗您，年年為您供奉成堆的玉米和最大最美的鮮花。」首領聽了哈哈大笑，吩咐人收下禮品後，招待使臣享用豐盛的宴席。

使臣被一名侍女領著，去了偏殿用餐。吃飯的時候，侍女有幾分輕浮，看著使臣英俊的臉龐一直笑，使臣膽子也大了起來，問侍女：「聽說你們公主的身體一直不好，她和父母一起住在這裡嗎？」侍女答：「我們公主已經許身給太陽神了，她住在離這裡不遠的神廟裡，雖然錦衣玉食，但這一生就不得出嫁了。」

使臣動了歪念頭，嘴上卻說：「能夠侍奉神明，也是福分。」使臣晚上輾轉反側，夜不成眠，心裡想著白天公主似乎對自己笑了一下，她冷若冰霜的臉，稍綻笑容，如同百花盛開。「我想再見見公主，哪怕一面也好。」年輕的使臣想到這裡一陣激動，翻身起床，披上黑色的袍子就奔向神廟。

神廟裡，公主也在悵然，白天使臣的音容笑貌還在眼前，他文雅的態度，優雅的舉止，尤其那雙會說話的黑眼珠，真是讓人念念不忘。想著想著，窗子匡噹響了一聲，有腳落地的聲音，公主大驚，剛要呼救，卻被一隻溫熱的手捂住了嘴。「公主，別害怕，我是妳白天見過的使臣。」

公主定下神，原來思念中的人來到了眼前，她又驚又喜，但還是裝作滿不在乎的樣子，說：

「你身為使臣，怎麼能夜半無人，來到我的閨房？」使臣說：「我傾慕公主天神般的容顏，希望能親近芳澤。」阿琴波納說：「我已經是太陽神的女人了，你若是親近我，會帶來什麼後果呢？」使臣說：「也許日月失色，也許天地無光，太陽神會憤怒地降下懲罰，那就讓我來承受吧。」

公主低頭不語，使臣抱住了公主，倒在帳子裡。一夜過後，公主醒來，看到使臣呆呆看著自己。公主笑道：「你在看什麼？」使臣說：「我自然是看公主最後一眼，因為我犯下冒犯天神和您父親的大錯，準備赴死。」公主大驚，抱住他說：「不如我們逃跑吧。」使臣說：「天底下沒有太陽照不到的地方，我願意以死換取公主的安寧。」

使臣走出了神殿，殿外已經有密密麻麻的部落戰士和祭司在等待他，首領一聲令下，使臣的心被挖了出來，撲騰撲騰跳動的心臟被祭司小心地放在托盤裡，獻給太陽神。使臣的屍體撲倒在地上，血流了一地。

公主看到這一幕，駭然無法出聲。她的父親走了進來，神情嚴肅地說：「孩子，你們這是為了什麼呢？」公主靜默了一會兒，說：「父親，您把我許配給太陽神，是您的意思，並非神的，也許我和這個年輕人在一起，才是神的旨意。」首領大怒，吼道：「妳做出這種褻瀆神靈的事情，還要責備父母，好吧，從今以後妳不再是公主了，去野地裡生活吧，看看有沒有神明再眷顧妳這種不知廉恥的女人！」

公主離開神殿時，一個僕人也沒有帶，所經之處，人們紛紛讓路，並非出於尊敬，而是怕沾染上她褻瀆神明的罪名。

公主走到曠野之中，吃野生玉米為生，渴了就喝仙人掌裡的水，她的肚子慢慢大起來了，一個孩子在她腹內孕育成形。阿琴波納公主有時立在高崗之上，俯視大地，心裡想著自己會生出一個怎樣的孩子，會不會有使臣的明亮雙眼和自己如花般的笑靨。有好事之人問公主孩子的父親在哪裡，公主回答：「孩子沒有父親，我吞了一顆綠寶石，便懷孕了。」

阿琴波納公主並不知道，有一個偉大的神明將藉由她的身體來到這個世界上，她與使臣的緣分也是冥冥中自有註定。生孩子的當天，天空下起了大雨，接生婆對公主說：「美人，妳生的該不會是個風神、雨神吧？」分娩的時候，阿琴波納承受了極大的痛苦，幾欲死去，終於生下了一個男孩，大眼睛、白皮膚，手裡還抓著一個海螺貝殼，女人們覺得稀奇，想掰開他的手看看貝殼，但是孩子的手抓得很牢。女人們把嬰兒放下，去照顧產婦，忽然一個女人發出一聲驚呼，用手指著嬰兒的方向，大家沿著她手指的方向看去，床上哪是什麼嬰兒，分明是一條翠羽蛇，它振動著自己濕漉漉的翅膀，用黑色的大眼睛看著周圍的人。

「媽呀，這是生了怪物啊。」女人們紛紛跑出了屋。公主聽了，焦急地說：「我的孩子怎麼了，快讓我看看。」小羽毛蛇搧動翅膀，飛到公主面前，說：「母親，我是妳的兒子，我有兩個模樣，一個是人的樣子，一個是蛇的樣子。我的前世是羽蛇神，現在來到人間為人了，我將造福蒼生，讓天地真正按照眾神的意志運行起來。」公主說：「好的，孩子，你去找你的外祖父，告訴他整個來龍去脈，然後你將接替他，成為部落的首領。」小羽毛蛇問：「母親，妳是否要與我同行？」公主搖搖頭，說道：「我不想再回到孤寂冷清的太陽神殿了，也不想再面對我的父親，我將在此地終老。」小羽毛蛇說：「那麼，母親，請賜給我一個名字。」公主說：「從此你就叫托皮爾琴，你的名字含義是『眾人的王子』。」

稱王

托皮爾琴收了自己的蛇形，化作一個年輕男子的模樣，回到了部落。他的外祖父見到他，聽他講述了自己降生的過程，十分羞愧，並把首領的位子讓給了他。托皮爾琴崇尚綠色，他的頭冠是綠色大咬鵑羽毛做的，腰帶是綠松石串成的，這個顏色後來也成了附近部落流行的顏色，各個部落的首領紛紛效仿。托皮爾琴本想教導人們敬神，但他發現部落裡的人都信奉煙鏡神特斯卡特利波卡。提起特斯卡特利波卡，保留了前世記憶的托皮爾琴想到了很多，二人同時降生，又曾一起制伏過巨鱷，造出了大地；在經歷了前四個太陽紀元的糾葛後，煙鏡神特斯卡特利波卡已經成了黑暗之神，經常帶著災難為害人類，降禍於人間。

夜晚，托皮爾琴在星空下散步，遇到一個年輕的戰士，他問他為何要信奉特斯卡特利波卡，戰士說：「他是我們戰

阿茲特克壁畫中的羽蛇神

士的神，如果沒有戰爭，我們就抓不到戰俘，那我們從哪裡獲取供奉太陽神的鮮血呢？太陽沒有鮮血，就無法停留在天上，所以特斯卡特利波卡是這個世界的生養之神。」戰士用手指著夜空，接著說：「你看，這夜晚的星星就是特斯卡特利波卡穿著美洲豹皮在天空行走所留下的痕跡。」托皮爾琴沉默片刻，說：「美洲豹是特斯卡特利波卡的『納瓦利』，也就是他在塵世的對應之獸。」

等級森嚴的阿茲特克社會

圖拉城遺跡

「那首領大人，你的『納瓦利』是什麼？」年輕的戰士好奇地問。「一條帶著綠色羽毛的蛇。」托皮爾琴的聲音遠遠飄來。

托皮爾琴無意中走入森林，有個巫師正在月色下擺弄草藥，見他過來，趕忙行禮。托皮爾琴問：「為何這裡的人都信奉特斯卡特利波卡？」巫師說：「特斯卡特利波卡是我們巫師的守護神，他是眾神中唯一容顏永遠不老的美男子，也是所有夜間遊蕩的亡靈與鬼魂的領路人，他有一面鏡子，可以看到過去和未來。」托皮爾琴說：「特斯卡特利波卡出生的時候，他的後腦勺有一面鏡子，模糊而朦朧，裡面有所有的歷史和未來。」「那首領大人，您有什麼呢？」巫師問。

「我有風之海螺，」托皮爾琴拿出了自己出生時手握的海螺：「海螺上的螺旋圖案代表風的流轉，我將用這個控制風雨，為土地增加收成。」

「您的世界裡有太陽和收成，我們的世界裡有幻象與毒物，我們終究是兩路人。」巫師對托皮爾琴鞠了一個半躬，就走了。

托皮爾琴最後碰到了一位老人，他對老人提了同樣的問題，老人指著夜空說：「黑色吞噬一切，第五個太陽神終究會落下，世界將由黑暗之神特斯卡特利波卡來掌管。」

托皮爾琴說：「特斯卡特利波卡要毀滅一切，他會讓整個世界、眾神以及大家所擁有的記憶都消失，你們難道還要信奉他、拜他為主嗎？」

老人用渾濁的雙眼看著年輕的托皮爾琴，說：「孩子，黑暗終將戰勝一切，我們都將消失。」

托皮爾琴快步離開了森林，他希望天趕快亮，世界回到光明，把那些幽靈般的描述都拋在腦後。托皮爾琴思索著擊破特斯卡特利波卡邪教的關鍵在哪裡，他把戰士、巫師和老人的話翻來覆去想了又想，人們對黑暗的崇拜其實來源於恐懼，那麼怎樣讓他們不再害怕神呢？托皮爾琴的眼睛不由得望向了祭臺。這是一個人形的祭臺，雕成仰臥男子的模樣，男子的手上有一個托盤，祭司將活人放在石雕的肚子上，用黑曜石刀割開他的胸口，取出還在跳動的心臟，放在托盤上，任由太陽將其烤乾，直到心臟只剩下乾癟的皮，人們便認為神明已經接受了人祭。「那麼，首先需要改變的是祭品。」托皮爾琴自言自語道。天亮後，托皮爾琴將部落裡的人召集起來，對大家說，作為羽蛇神的人間化身，他瞭解神的需求，神明想要的祭品是鮮花、羽毛和蝴蝶的翅膀，並非是活生生的人命。

但是他遭受了大家無情的嘲笑，人們說：「我們已經祭祀多年，風調雨順。你不過是接替你外祖父來管理部落的毛頭小子而已，你哪裡懂我們這裡的事情？」托皮爾琴說：「你們怎樣才會相信我呢？」

「你先想明白自己到底要什麼吧！」一個男人尖聲說。

「好的，」托皮爾琴對眾人說：「我會到山中靜修，我要將治理人間的事情想清楚，然後你們會請我回來的。」

說完，托皮爾琴就去了附近的山中，他每天喝山泉水、吃野果、在樹下思考，山中野獸也不傷害他。經過四年的思考，托皮爾琴明白了，若要停止殺戮和對煙鏡神特斯卡特利波卡的崇拜，人們應該克制自己的欲望，如果犯了錯，要向上天懺悔，而不是殺戮別的生靈去換取神的原諒。托皮爾琴又用了三年的時間向周圍的人宣揚這個道理，慢慢地，人們開始接受他，終於，在圖拉城的托爾科特人請求托皮爾琴當他們的祭司，廢除人祭。

托皮爾琴開啟了圖拉城的黃金時代，他用風之海螺呼喚來風雨，灌溉農田，在他的神力下，玉米大得一個人的手臂都無法合抱起來，而棉花能自然長出不同的顏色——紅色、黃色、紫色、夜空色、銅綠色、霞光色以及動物皮毛的顏色。圖拉人在托皮爾琴的教導下學會了冶煉金屬，從石頭裡煉出比太陽還燦爛的金屬，集市上有了川流不息的人流，泥瓦匠、木匠、陶土匠和紡織工都能在這裡找到活兒幹。人祭被廢除了，取而代之的是鮮花和鳥羽。

托皮爾琴選出了一些品行端正的人成為祭司，在夜晚降臨的時候，他帶領他們穿過十二層天，抵達造物主二元神的神殿，在這裡直接獲取宇宙的知識。人們都交口稱讚托皮爾琴的神力，尊奉他的教義，保持整潔、正直和苦修的生活。

出走

正在圖拉城一片繁榮之時，從天上落下了一根細細的蜘蛛絲，飄飄蕩蕩，沒人注意到。特斯卡特利波卡嘿嘿冷笑著，順著蜘蛛絲來到了人間，他迫不及待地想見到自己的兄弟羽蛇神，不過，他現在的名字是托皮爾琴。特斯卡特利波卡將這個名字反覆念了幾遍，心裡有了主意。

托皮爾琴此時正在石頭堆砌的球場裡和民眾一起觀賞球賽，大家都被精彩的比賽吸引了，忽然，一隻從天而降的豹貓把球啣在了嘴裡，大家都在奇怪豹貓從何而來。為了繼續比賽，有人打算進場驅趕這隻豹貓，但是豹貓卻吐人言：「你們所信任的大祭司托皮爾琴是個騙子，他嘴上說著要道德，其實他是不折不扣的偽君子。」剛說完，豹貓就砰的一聲消失了，地上多了一面鏡子，這面鏡子有些玄機，它不是平的，裡面映照出來的物體都是有些變形的，而鏡子正好放在了大祭司托皮爾琴的面前。大家都看到，鏡子裡大祭司的身影扭曲變形，形如惡魔，與往日的樣子迥異。托皮爾琴一時也慌了神，等他鎮定下來，想說點什麼的時候，卻發現大家都用奇怪的眼神看著他。他知道特斯卡特利波卡的詭計得逞了，心中煩悶，回到了自己的住所。

回到住處，他的母親帶著他的妹妹出來迎接他。原來，托皮爾琴到了圖拉後就把母親接來了，母親阿琴波納後來又有了丈夫，生下一個女兒，就是托皮爾琴同母異父的妹妹奎特蘭。被魔鏡照到的托皮爾琴感覺身體不適，害起病來。母親和妹妹百般照顧，依然不見起色。

羽蛇神和煙鏡神

羽蛇神和煙鏡神的手工面具

大祭司一連幾天都沒有露面，街巷上什麼謠言都有，托皮爾琴自己也很著急，但是身體就是不爭氣，一直沒有力氣。這時，他家來了一個年老的遊方醫生，說是能治他的病。一開始，侍衛不讓這個老人進去，但是老人堅持只有他的藥才能治大祭司的病，雙方言語不和推搡起來，驚動了阿琴波納。

阿琴波納打量了老遊醫一番，看不出他是什麼來路，對他的話也將信將疑，但是因為擔心兒子的病，便一咬牙，說：「你要真有好藥能治大祭司的病，什麼寶石布匹隨便你拿。」老遊醫說：「大祭司是得了心病，我的確有好藥，能讓大祭司忘憂。」

老遊醫來到托皮爾琴的病床前，平日如神一般的大祭司托皮爾琴十分疲倦，顯出了凡人的模樣，老遊醫詢問病情，托皮爾琴回答說：「自從在球場上被那個魔鏡照了之後，我渾身上下像散了架一樣，覺得非常疲累。」老遊醫說：「我為您開一服藥，吃了就好了。吃了藥，您將身體輕盈，遇花落淚，您會體驗到什麼是不死、永生，並回憶起所有歡樂的時光。」老遊醫留下一瓶藥水就離去了。

阿琴波納說：「好了，我也累了，我叫你妹妹過來照顧你，你喝了藥就睡覺吧。」托皮爾琴手裡把玩著藥水瓶，猶豫了一下，但對健康的渴望最終讓他將藥水一飲而盡。

喝完藥，托皮爾琴覺得渾身發熱，頭腦一會兒清醒，一會兒糊塗，他使勁睜開眼，房間裡的物品有些重影。「這是什麼藥？」他喃喃道：「我還真覺得身體輕了不少，心裡也不煩悶了。」

這時，奎特蘭進來了，托皮爾琴定睛一看才認出妹妹，笑著說：「妹妹，妳來了，過來坐下吧。」奎特蘭覺得哥哥和平常不太一樣，但是出於對兄長的尊重和信任，她還是坐在了托皮爾琴身邊，說了一些安慰的話。

托皮爾琴覺得妹妹說話的聲音特別好聽，他有點入迷了，呆呆地看著妹妹，心想：「以前怎麼沒有發現妹妹這樣漂亮。」他覺得自己好像管不住自己的手了，他輕輕移動自己的手，一下子牢牢抓住了妹妹的衣帶，奎特蘭驚呼：「哥哥，你要做什麼，我是你的妹妹！」但是托皮爾琴卻像沒有聽到一樣，繼續撕扯妹妹的衣服。最終，他不顧妹妹的哀求，占有了她。

在圖拉城外現身的煙鏡神特斯卡特利波卡此刻正在哈哈大笑，他沒想到，假扮老遊醫能這麼容易騙過羽蛇神：「哎呀，他真是在人間生活得太久了，已經沒了神明的眼目。」特斯卡特利波卡給托皮爾琴喝的正是龍舌蘭酒。

而在大祭司的宅院裡，一切都亂套了，清醒過來的托皮爾琴恨不得馬上死去，奎特蘭的淚水像雨水一般傾瀉，而母親阿琴波納無法面對這樣的人倫慘劇，已經昏死過去。

托皮爾琴走出家門，看到他心愛的圖拉城已經因為他犯下的滔天罪行開始出現敗落之相，作物枯萎，鳥兒和蝴蝶都消失了，水井坍塌，巨大的壁畫成了光禿禿的石板，圖拉的黃金時代就此結束。

托皮爾琴一個人晃晃悠悠地走在街道上，迎面來了一個黑衣人，竟是熟識的面孔，臉上有黃黑兩色的花紋，頭上插著兩支蒼鷺的羽毛，有一隻腳是用黑曜石做的，這就是這一切悲劇的始作俑者煙鏡神特斯卡特利波卡。「好久不見，兄弟。」特斯卡特利波卡笑著說。

托皮爾琴看著特斯卡特利波卡說：「你為何要毀了我的一切，毀了我對人類苦心的教導？」特斯卡特利波卡說：「因為我喜歡人類的戰爭和他們內心深處的黑暗，我掌握著他們所有的回憶和他們幻想中的未來，我比你更適合成為他們的神。」

托皮爾琴不欲多說，他轉身將所有的可可樹變成不結果子的木豆樹，然後來到了湖邊。他用法力召喚來一隻活蛇編成的筏子，離開了圖拉，他對前來送行的人說：「我終有一天會回來的，我將重建永久的和平與安寧。」據說，托皮爾琴後來哭泣著穿上了自己最為華麗的衣服，戴上了青色的綠松石面具，投身烈火，用這種方式重新回到天上，他的靈魂化作清晨時能看到的金星，繼續俯視人間的一切，等他認為時機成熟了就會回到人們身邊。曾被他庇佑的托爾科特人被視為阿茲特克人的先祖，阿茲特克人延續了托爾科特人對羽蛇神的崇拜，並且堅信他終有一天會回到這片土地。

在羽蛇神走後，人們開始重新崇拜煙鏡神特斯卡特利波卡，將他奉為武神，並且牢記他說的名言：「心靈從戰爭中獲得活力。」阿茲特克人好戰，為了繼續得到神佑，便殺戰俘做人祭來換取神的眷顧，最終征服其他部落，在特諾奇提特蘭定都，建立了阿茲特克帝國。

西班牙人見到的阿茲特克人的首都——特諾奇提特蘭城

尾聲

一五一九年十一月，西班牙人埃爾南多．科爾特斯帶領一支西班牙軍隊來到現在墨西哥城的位置，他們看到了阿茲特克人的首都特諾奇提特蘭城——在海洋般浩瀚的內陸上散落著星羅棋布的島嶼，特諾奇提特蘭城就在這些島嶼之上。阿茲特克戰士和商販穿行其中，婦女兒童衣著華美。這座城市有二十萬人口，相當於當時歐洲最大城市的兩倍。「石頭砌成的房屋、神殿和祭臺如同從水下升起一般，是做夢也想不到的城市模樣。」一個西班牙士兵這樣回憶說。

西班牙人以其白色的皮膚被當地人視為羽蛇神的使者，而教士們的黑衣和尖帽子也酷似羽蛇神祭司們的穿著，所以阿茲特克人迅速接受了基督教，並認為這是對羽蛇神的另一種崇拜方式。

第五章　龍舌蘭酒的故事

神賜予人類許多作物，使人類在大地上能吃飽穿暖，但是喜歡操心的羽蛇神認為還缺少一種能讓神和人類都快樂起來的東西。為了創造出讓大家都快樂的東西，羽蛇神開始想辦法，但是他首先想到的是，應該找個幫手。

他就坐在那裡，從白天想到晚上，直到星星像碎鐵屑一樣布滿天空，看著星星，羽蛇神一下子想起了一個女魔頭，那就是星星魔女奇奇米特爾。奇奇米特爾是眾神中的怪人，她一副骷髏模樣，渾身都是骨頭，卻喜歡穿花裙子。無論是在第一太陽紀元，還是當下的第五太陽紀元，她都怒氣沖沖，與太陽為敵，她經常攻擊太陽，希望它早點掉下來，讓黑暗完全統治世界。為了自己的野心，她以誘騙和威脅的手段，掠奪不少仙女做為自己的手下，當看到夜空裡星星越來越多，人們就知道奇奇米特爾抓來了更多的仙女為自己服役。

奇奇米特爾卻以這些仙女的祖母自居，親熱地叫她們孫女，給她們最好看的花裙子穿，有些被抓來的仙女就自暴自棄，心甘情願為她服務，替她去做攻擊太陽這樣的壞事，每當天空出現日蝕，就是她們的傑作，奇奇米特爾會化身日蝕時最亮的那顆星星，向太陽以及眾神示威。

馬雅烏艾莉就是被奇奇米特爾抓來的仙女之一，她本是聖泉仙女，容貌美麗，性情溫柔，被奇奇米特爾抓來後一直不肯放棄自己的肉身容貌，她眼看著其他人和奇奇米特爾同流合污，也變成穿著花裙子的嶙峋骷髏，心裡感到十分害怕。她一直在等待著有人能把她從奇奇米特爾的手上救出去，而羽蛇神想到的幫手正好是她。

一天夜裡，羽蛇神飛到天上，尋到了星星魔女住的地方。這是一個何等可怖的所在，到處都長滿了黑色的雜草，碎石和黑木搭起來的房舍中，魔女們正在睡覺，她們橫七豎八地躺著，由於沒有眼皮，她們一個個都瞪著黑洞洞的眼睛。雖然明知她們沒有看自己，羽蛇神還是忍不住打了一個寒戰。

在屋子的最深處，馬雅烏艾莉靜靜地睡在那裡，她是唯一有鮮活肉體的仙女，黑色的秀髮像瀑布一樣瀉下，羽蛇神看到她，心急促地跳了好幾下，她實在是太美了。羽蛇神輕輕搖晃她的肩膀，馬雅烏艾莉不情願地睜開眼睛，以為又是奇奇米特爾叫她起來去做壞事，但是她看到的卻是一個臉孔白淨的清秀男子。男子示意她不要出聲，悄悄起來，兩人來到了屋外，羽蛇神表明了身分。

馬雅烏艾莉問：「羽蛇神，你大駕光臨這眾神厭棄的星星魔女之所，想要做什麼呢？」羽蛇神說：「我希望天上的神和地上的人都能得到一種吃下去就能快樂的東西，所以我是專程來找妳的，妳曾是聖泉女神，妳知道世間萬物是怎樣生長起來的，我想造出來的東西，我希望它可以漫山遍野地生長，每個人都能得到。」馬雅烏艾莉被打動了，問：「可是我現在被奇奇米特爾控制了，她要是知道我和你走了，會瘋狂地找我，殺死我。」羽蛇神說：「別害怕，我幫妳換個模樣，她就找不到妳了。」馬雅烏艾莉好不容易盼到像羽蛇神這樣的救星，她馬上快樂地脫下了奇奇米特爾送給自己的花裙子，和羽蛇神來到人間。

羽蛇神和馬雅烏艾莉落在曠野上，風吹在他們身上，獲得自由的馬雅烏艾莉快樂得像小鳥一樣，看周圍什麼都新鮮，羽蛇神轉過頭對她說：「我們眾神造出來的世界，美不美？」馬雅烏艾莉點點頭，心裡對羽蛇神十分崇拜，她抬頭看看天空，黎明將至，天空已經是近乎透明的淡藍色，但是星星依然閃耀，如同屍骨上的磷火。她又害怕起來，不知道奇奇米特爾要是發現自己不見了，會怎樣上天入地尋找自己。

羽蛇神見狀說：「來，別害怕，我倆摟在一起，化成一棵大樹，奇奇米特爾就不會發現妳了。」馬雅烏艾莉聽話地抱住了羽蛇神，羽蛇神在念動咒語前，在馬雅烏艾莉的耳邊說：「我用法術將我倆定住一天一夜。」馬雅烏艾莉紅著臉點點頭，隨著他念動咒語，兩人變成一棵筆直的大樹，這棵樹有兩個完美對稱的枝椏。

而在天上，奇奇米特爾已經醒來，她看到骷髏仙女們紛紛起來，貪婪地啃著水果，就像四百隻老鼠在吃東西，但是那個一直不聽話、不肯放棄肉身的馬雅烏艾莉卻不見了，奇奇米特爾大怒，她沒想到有人敢從自己這裡逃走。她馬上對骷髏們喊道：「孫女們，別吃了，馬雅烏艾莉跑了，我們趕緊去把她找回來。」

星星魔女奇奇米特爾帶著一幫骷髏仙女也來到了地上，尋找逃跑的馬雅烏艾莉。她們找遍了高山，找遍了河流，找遍了人類的村舍，就是不見馬雅烏艾莉的身影。一個骷髏仙女不耐煩了，提議回天上，奇奇米特爾就用拐杖把她打倒在地，一下一下將她打得粉碎，身體再也不能復原，其他骷髏仙女見了，便不敢再多言。

她們默默地跟著奇奇米特爾走在曠野上，心裡暗罵馬雅烏艾莉。忽然，她們看到眼前有棵大樹。「這棵樹真漂亮啊，」一個骷髏仙女忍不住誇讚：「你們看，光滑的樹幹，如此筆直，連樹杈都是完美的。」奇奇米特爾也注意到了這棵奇怪的樹，她心想：「世間萬物，沒有完美，樹自然也是如此，朝著太陽的，枝葉茂盛些；背陰的，便稀疏些，為何這棵樹長得完全對稱呢？」她摸摸樹幹，嗅了嗅，聞到了羽蛇神的味道。

「我說搗亂的人是誰呢，」奇奇米特爾暗自冷笑：「我說那個丫頭怎麼一下子膽子這麼大。」奇奇米特爾一下子躥到另一頭的樹杈上，心想：「那邊的是羽蛇神，這邊的就一定是馬雅烏艾莉了。」她把樹杈劈了下來，用她雞爪一般的手將堅硬的木頭捏得粉碎，羽蛇神這時被自己的法術定住了，不能動彈，只能看著自己心愛的人被捏得粉碎。奇奇米特爾把碎塊丟給其他骷髏仙女，說：「吃吧，這是馬雅烏艾莉的肉，把她吃掉，她就無法復生，永遠消失了，這就是背叛我的下場。」骷髏仙女本就對馬雅烏艾莉不

龍舌蘭

滿，又正好餓了，她們抓起木頭塊，吃得津津有味，很快就吃完了。

奇奇米特爾帶著吃飽的骷髏仙女們回到天上了，而羽蛇神杵在原地，五內俱焚，等到法術效力過了，才能活動。他看到美麗善良的馬雅烏艾莉已經被吃掉了，一點都沒有剩下，傷心地流下了淚水。但是他馬上想到，變成樹的馬雅烏艾莉應該還有一部分在地下，他便用手刨地，而刨出來的，是已經顯現出原形的馬雅烏艾莉的肢體——一塊一塊的肉和骨頭。羽蛇神含淚將碎骨用附近的河水沖洗乾淨，找了一個向陽的山坡，將馬雅烏艾莉的遺骸埋下。

龍舌蘭

第二年，埋骨的地方長出了一種誰也沒見過的奇特植物，有厚厚的葉子，形如一朵盛開的花，而馬雅烏艾莉也從土裡爬了出來，她的樣子也變了，臉和身體呈藍色，頭上有仙人掌的頭冠，鼻子比以前扁平，眼睛卻更大了，她身體裡長出的植物被命名為龍舌蘭，她也成了龍舌蘭女神，比之前法力更強大。她召喚風，將龍舌蘭的種子散播到各處，整個曠野上都長出了花朵般美麗的龍舌蘭，青綠色的堅硬葉子好像在訴說她成熟起來的女人心智。

馬雅烏艾莉被老實的農業神派特卡特萊相中，兩人結為夫妻。馬雅烏艾莉想起羽蛇神的話，她試著在龍舌蘭上割了一刀，裡面流出了像蜜一樣的水，她和派特卡特萊商量，把這些蜜水收集起來，發酵，釀為龍舌蘭酒，所以派特卡特萊也被後世尊為龍舌蘭酒神。

馬雅烏艾莉決定老老實實和農業神派特卡特萊一起過日子，所以一口氣為他生了四百個兒子，這些兒子全部都是兔子模樣，所以被人合稱為「四百兔神」。據說「四百兔神」是被戰神殺死的那四百個兄弟轉世，他們在人間羞於為人，所以只以兔子的樣子生活。

龍舌蘭酒被人類所鍾愛，他們在重要慶典的場合飲用，而「四百兔神」代表了人類在飲酒後的四百種不同的表現，比如歡樂、幻想、傷心、具有攻擊性……等等。

而羽蛇神幫馬雅烏艾莉逃出了星星魔女的掌控，卻害她粉身碎骨，也沒有臉再去見她。重生後的馬雅烏艾莉也立下誓言，說羽蛇神一定會因為龍舌蘭酒而失去自己想要的一切。

阿茲特克人對龍舌蘭酒的態度是戰戰兢兢的，認為它既是神聖的，也是罪惡的，他們給五十二歲以上的人每天三杯龍舌蘭酒作為獎勵，但又給戰俘灌下此酒，讓他們酩酊大醉，進入特諾奇提特蘭城的時候又唱又跳，供人取樂。

第六章　老郊狼神的故事

取名

老郊狼到底是人還是狼，這是個謎。有人說，他是天地誕生之初，煙鏡神造出來的第一個人，但是煙鏡神沒為他造一個配偶，所以他一直孤孤單單，形態上似人非狼的，在天地間混跡。

不知這樣渾渾噩噩過了多少年，負責任的羽蛇神打算為動物們取名字，老郊狼來了精神，因為他不喜歡自己的名字，想換個威猛一點的名字。羽蛇神對動物們說：「在明天天亮之前，你們到我這裡來，先到者可以隨便挑選名字。」

老郊狼下定決心，要第一個到，他用小樹枝撐住自己的眼皮，但是他太老了，熬不住，還是睡著了，等他醒來，已經天光大亮。

他趕緊跑到羽蛇神那裡去討名字，羽蛇神說：「你來晚了，老郊狼，熊領走了最威風的名字，從今天起，他就叫熊，鷹也領走了自己的名字鷹，就連鮭魚都來得比你早，所以陸地、天空和水裡，都有了王者。」「那我以後還是叫郊狼嗎？」老郊狼不甘心地問。羽蛇神看他可憐，說道：「你別傷心，我賜給你一種神力，你和他們不同的是，你可以任意變化自己，想變成什麼就變成什麼；你可以和女人相好，也可以和男人在一起；你是死亡，也是生命；你代表好運，也代表厄運。」老郊狼糊塗了，問：「那我到底是什麼啊？」

羽蛇神說：「你是轉化之神，好和壞在你身上轉化，你在和平時代就是音樂和歡樂之神，在戰爭到來的時候，你就是戰爭之神，想轉運的人類都要向你祈禱，以此來扭轉運勢。」

老郊狼聽後，若有所思，又問：「那天空、陸地和水裡都有了主宰的動物，我去哪裡呢？」

羽蛇神微微一笑，說：「你和人類在一起啊，老郊狼。」

老郊狼

伏魔

老郊狼來到一座神山，山頂有座清澈的湖泊，裡面卻住了一個怪獸，這個怪獸水陸兩棲，一頓能吃掉幾百條魚，或者幾頭棕熊，所以在它居住的湖泊附近，雖然風景優美，但卻死氣沉沉。

老郊狼到了這裡，心想：這個怪獸不知是第幾個太陽紀元留下的孽障，看我老郊狼怎麼收拾它！一心要立威的老郊狼到了湖邊，等著怪獸出來，但是當他看到怪獸捕獵的模樣也不禁嚇了一跳，那尖刀一樣的利爪，能輕易把熊的肚子戳穿，老郊狼看了看自己老邁的癟癟的肚子，心想對付它真不那麼容易了，還要從長計議。

老郊狼變成一條肥肥的大魚，在湖裡游動，為了吸引怪獸，他還為自己變了一條紅色的尾巴，果然怪獸看到了，張口就要吃他，老郊狼忙不迭地鑽到怪獸的喉嚨裡，躲開了它的利齒。等進到怪獸的肚子裡，老郊狼把自己變成一隻兇悍的美洲豹，又撕又咬。怪獸吃痛，在水裡翻滾撲騰，大口吐血，把湖水都染紅了。慢慢地，怪獸的扭動慢了下來，最終不動了，老郊狼剖開了它的肚子出來了。他用小刀把怪獸的屍體分成許多塊，把怪獸肚子上的碎肉變成矮矮胖胖的人，手臂和腿都很短，這些人就在湖邊定居，以貝類為食；腿上的肉，老郊狼把他們變成山谷的子民，個個都有飛毛腿，是拉弓射箭的好手；肋骨上的肉不多，所以老郊狼把他們變成山頂上的居民；怪獸的腦子變成的人都很聰明，吵起架來沒人是他們的對手；至於毛髮和血，老郊狼嫌噁心，扔得遠遠的，幾乎沒人找得到，但是有傳言說這些血和頭髮變成殘暴的美洲原住民，他們居住在海的那一頭，被稱為加勒比人。

老郊狼也被視為好運的象徵

老郊狼想為人類做點好事，他發現早期的人類日子過得很艱難，也沒什麼食物，就開始留心為人類尋找可以果腹的東西。一天，他沿著河走，奇怪的是，河裡一條魚也沒有。老郊狼轉了一下眼珠，朝著河的上游走去，果然，他看到海狸鼠在河的上游築造堤壩，攔住了遷徙的魚群，於是，老郊狼把海狸鼠叫出來，打了一頓，還搗毀了它的堤壩，海狸鼠幾個老婆出來要和老郊狼拚命，結果反被變成蘆葦。

老郊狼順著河繼續走，被釋放的魚群密密麻麻，像烏雲一樣跟著他。老郊狼來到人類的村莊，告訴他們去河裡捕魚，還教他們如何編製漁網，如何曬魚乾，在婦女們燉魚的時候，老郊狼還在鍋裡放入一種樹葉子，讓魚可以很快燉熟。人們對他感恩戴德，但是這時老郊狼提出了一個要求，他說：「你們送個年輕漂亮的女孩給我做老婆，我就讓你們天天有魚吃。」

但是村民們打量了一下老郊狼，覺得他又老又醜，沒人願意把女兒嫁給他。老郊狼生氣了，他讓河道改道，讓魚直接游到大海裡去，河岸的人再也吃不到魚。有戶人家住在山上，沒什麼東西吃，但是有個漂亮女兒，老郊狼看中了這個女孩，上門求婚，但是被女孩的父母拒絕了，女孩卻十分懂事，對父母說：「天下沒有白吃的午餐，為了能天天吃到魚，我們要答應他的求婚。」

老郊狼就這樣得到了一位嬌妻，他為了報答岳父岳母，專門為他們修築了一道堤壩，可以把魚群攔下來，女孩的父母也高興起來，因為他們想吃多少魚就有多少魚。附近的人也紛紛遷徙到女孩家附近，跟著一起沾光。

有了一個妻子，老郊狼還不滿足，他打聽到山裡有個老人，家裡有七個美麗的女兒，於是又登門求婚。老人看了老郊狼醜怪的模樣，心裡就不樂意，說：「我的女兒們每天要為我拾柴火，不然我就凍死了。」

老郊狼看著周圍都是葳蕤大樹，疑惑這裡會缺少柴火嗎？但是他記取上次的教訓，「人類都是些不能信任的傢伙，」老郊狼心裡想：「我不能再像上次那樣為他們白白忙活，我要使用我的神力。」想到這兒，老郊狼對老人說：「不就是柴火嗎，很容易，明天讓姑娘們和我一起去撿柴火。」

到了晚上，老人告訴女兒們，老郊狼會為他們提供足夠的柴火，但是她們中的一個要嫁給他。

老人還不知道，老郊狼心裡已經改變主意：既然七個女孩都很漂亮，不分上下，那就全都娶了，也讓她們不至於因分開而感到孤單。老郊狼的如意算盤打得很好，等到了第二天，看到七個美貌的女孩站在自己面前，他笑得合不攏嘴。老郊狼把自己變成一把巨大而鋒利的斧頭，在森林

墨西哥民間舞蹈中的老郊狼

裡瘋狂地砍伐起來，兩人合抱的大樹，被老郊狼變成的利斧砍倒，倒下後，又被劈成碎片。老人和女兒們吃驚地看著他，過了一會兒，老郊狼喜孜孜地變身回來了，身後是小山一樣高的柴火，「你們以後再也不用愁柴火的事了，請都嫁給我吧。」女孩們面面相覷，只好跟著老郊狼回家。

半路上，有個女孩求老郊狼，說還是想回家收拾一下東西，她一開口，其餘的女孩也開始央求，老郊狼耐不住她們撒嬌，就答應了，但是女孩們一跑回家，就再也不和老郊狼走了。她們想得也很好：反正有這麼多的柴火，一輩子都用不完，何必搭上自己。

但是她們不知道，發怒的老郊狼會怎樣懲罰她們。老郊狼把自己變成一大塊冰，很快，周圍的樹木掛上了白霜，土地也結凍了，河流凝住如鏡子一般，老郊狼把這裡變成冰雪之地。老人和女孩們為了取暖，不得不燒很多柴火，柴火消耗得非常快。就這樣兩年過去了，老郊狼為他們砍的柴火都用完了，到了第三年，老郊狼對他們說：「這裡將不會有生命，土地凍裂，樹木成泥，你們也會死去。」

果然，老人一家被凍死了。老郊狼也受到了神明的懲罰——永遠在人間流浪，不能去天上，也不能入冥界。

第七章　納瓦人的傳說

寫在納瓦傳說之前

首先大家要知道一點，納瓦人的概念指涉廣泛，其中包含阿茲特克人。墨西哥政府是按照語言而非血緣來劃分族群的，因此納瓦人其實是生活在墨西哥中部、使用納瓦特爾語原住民族群的統稱。

納瓦特爾語曾經是美洲大陸上十分強勢的語言，在七世紀到十六世紀的漫長時光裡，從墨西哥中部到如今的哥斯大黎加北部，大部分地區都講著這種語言。我們所熟知的起源於美洲的番茄tomato一詞就來源於納瓦特爾語。

在古代，墨西哥中部算得上是各個部落的兵家必爭之地。在繁華與廢墟、商賈與戰士的交替中，神話成了部落族群間奇特的紐帶和聯繫。換言之，儘管存在激烈的衝突，但就像交換商品一樣，他們共用著神話故事。

所以，後世人看到的阿茲特克人的故事其實是多個族群的歷史結晶，而本章為大家講述的則是除了主要神話傳說以外，流傳於民間的小故事。

這些故事頗有格林童話的風格，目的無非是懲惡揚善。納瓦人相信，世上大部分物質都是可見的，而「世界」位於宇宙的中心，從水平和垂直兩個方向向外擴張，世界不是目前我們所見到的，並且在人類生活的世界上方有十三層天堂，下方有九層地獄。這是宇宙穩定的體系，而人們的貪婪如果超過了宇宙的供給，那麼宇宙就會降下災難重新平衡世界。

事實上，由於納瓦人自古以來就擅長以類似跳蚤市場的形式來交易產品，他們的玉米、豆子、南瓜、辣椒、番茄以及工藝品都在不同族群中交易流轉，因此，納瓦人的一些小故事不可避免地帶有詼諧務實的商人色彩，算得上是對莊嚴宏大的阿茲特克神話的有益補充。

納瓦貴族婦女歷史照片

大洪水

很久之前，有個叫巫奇奧的年輕人，他的夢想是擁有一片玉米地，種植很多的玉米，所以他每天天一亮就跑到森林裡去砍樹，開墾自己的田地。他有點貪心，砍倒一棵又一棵大樹，絲毫不覺疲累。當他靠在木椿上休息時，腦海中勾勒出自己有一片看不到邊際的玉米地的場景，到了秋天，金燦燦和白瑩瑩的玉米長出來，越長越大，在地上堆得像小山那麼高，他可以成為部落裡最富有的小夥子。

一天早上，他像往常一樣去林子裡砍樹，結果發現他前幾天砍倒的那些樹重新長回了樹椿，枝葉繁茂，就像從沒被砍過似的。他很奇怪，繼續幹活，但是一連四天都是如此，他開始氣惱了，心想這是哪個神在惡作劇。到了第五天，他索性把這片林子的樹都砍了，也不回家了，坐等天黑，看是什麼精靈鬼怪在施法。

到了夜裡，一棵倒在地上的圓木，像人一樣地站立起來，踉蹌了幾步，走到一個樹椿子前，試著跳上去，發現不對，又跳下去，直到找到自己原來的樹椿。巫奇奧看傻了眼，在夜幕中，一個老婦人慢慢浮現出來，她年歲很大了，手裡還有一根手杖，巫奇奧不知道她就是有起死回生之力的地仙納卡薇。納卡薇的手杖向東南西北四個方向來回一指，木頭就像聽到號令一樣長回到樹椿上，樹林又恢復了鬱鬱蔥蔥。巫奇奧忍不住站了出來，對老婦人嚷嚷：「原來是妳，妳是何方妖怪，拿我開心？」

「年輕人，」地仙慢條斯理地說：「你所做的一切都是錯的，何況在五天後，大洪水就要來了，你現在砍多少樹都是沒有用的。在洪水到來之前，空氣會辛辣如辣椒，每個人都會咳嗽不停，等洪水一到，大地上什麼都留不下。」

巫奇奧聽了這話，突然覺得嗓子有點發癢，咳嗽了幾聲，他趕忙問：「請問我該如何是好？」

地仙笑了笑，說：「我要在大地上挑選一個人，作為人類的種子，那就是你了。你聽我說，你趕緊用之前砍的木頭做一艘大船，帶上五條枝椏、五粒玉米、五粒蠶豆上船。對了，別忘了帶火種。」

巫奇奧一一記下，最後地仙輕輕地說：「你還需要一條黑狗，也帶上船吧。」巫奇奧手很快，到了第五天天剛濛濛亮，一艘大船就做好了。他把地仙交代的東西都帶上了船，還包括一條黑色的狗。

地仙從地裡鑽出來，在船上東看看，西看看，像孩子一樣，這時天開始下雨。雨一直下不停，地面上的積水高漲，將大船托了起來。雨越下越大，人間成了汪洋，無論多麼高的參天大樹，此時都淹沒在水下。地仙穩穩站在船頭，肩膀上站著一隻鸚鵡。地仙下令巫奇奧，將船向南駛去，因為已經沒有土地，所以這片孤舟航行四方，走到南方的盡頭，看到了冰天雪地的極地，便向北折返，如此便過去了兩年。第三年船去了東方，第四年去了西方。在每個方向，他們都丟下一粒玉米、一粒蠶豆和一條枝椏。地仙是沉默的，巫奇奧也只好不說話，只聽地仙一兩個字的指示。

到了第五年，他們回到了巫奇奧的家鄉，地仙放出了鸚鵡，過了一會兒，鸚鵡啣回泥土，他們知道洪水已經開始慢慢退去。船繼續行駛，他們看到一小塊陸地，巫奇奧認出，那是家鄉的小山。

洪水讓出了土地，在大陸的四周形成大洋，土地潮濕而新生，散發著清香的氣息。他們丟下的種子和枝椏開始生長，這個世界很快又被綠色所覆蓋。看到世界已經恢復舊日面貌，地仙從船上跳下來，沒和巫奇奧告別便一言不發地消失在樹叢裡。

地仙走後，世界上貌似只剩巫奇奧一個人了，他在船上待了三天，最終他下定決心，作為世界上唯一的人生活下去。他帶著火把，和身邊的黑狗一起下了船。他在小山上安了家，蓋了一間木屋，依舊每天去森林裡幹活，他開墾了一小塊土地，種上了玉米，心想無論如何也要活下去。

生活比他想像中要美好得多。因為每天回到家，他都能看到飯桌上有豐盛的飯菜，他很奇怪，難道世界上除了他，還有其他人類？一天，他假裝出門，然後躲在屋外，透過木板的縫隙往裡看。

他看到，黑狗不一會兒就伸了一個懶腰，狗皮一鬆，從它身上滑落。一個女人從狗皮裡站了起來，大眼睛，黑色的長髮，很是漂亮。

狗女左看看，右看看，輕車熟路地把玉米放進石磨，磨出了玉米粉，然後她開始和麵，準備

納瓦人的繪畫

生火做飯。

看到火升起來了，火苗正旺，巫奇奧輕手輕腳地進了屋，在狗女背後拿起了她的黑狗皮，一股腦地扔進火裡。聽到背後有動靜，狗女回過了頭，看到自己的皮即將化為灰燼，著急了，想去搶奪，但是巫奇奧死死抱住了她。狗女看著自己的皮被火舔舐，成了薄薄的灰，她的大眼睛裡充滿了絕望的淚水。

然後她對著巫奇奧大吼：「你幹了些什麼！你就是這麼回報我的善意嗎？」她說話的聲音既像女人的吼叫，又似犬吠。

巫奇奧拿起桌上的玉米粥，裝作要潑灑出來的樣子，狗女見了，趕忙替他護住玉米粥，就這樣狗女認了命，跟巫奇奧過日子了。他倆就是後來人類的始祖，他們生了很多孩子，直到把這個世界填滿。

換臉女巫

從前有個漂亮的女孩，到了婚嫁年齡，來求婚的人絡繹不絕。但是女孩恃寵而驕，脾氣很壞，把每個求婚者都打跑了。部落裡有個年輕的勇士，真心愛慕女孩，他托人介紹，來到女孩面前，請求女孩能嫁給他。

這個壞脾氣的女孩看了他一眼，冷笑說：「你說你喜歡我，拿什麼來證明呢？」小夥子茫然不知所措，只能低下了頭。

女孩眉頭一皺，竟生出一條毒計，她笑吟吟地說：「這樣吧，若是你肯用仙人掌的刺把自己的臉和身體都刺出一條一條的傷口，並且用鹽水擦拭，就能說明你肯為了我忍住疼痛，是真的愛我。」

小夥子一聽很高興，照做了，等到傷口長好，他又來找女孩了。女孩一看，心裡很煩，沒想到這個人居然照做了，她隨口又說：「仙人掌的刺算什麼，有本事用黑曜石磨出的刀把自己的臉和身體都割破，再用鹽水洗澡，那才算英雄呢，才配得上我。」這個要求一般人無論如何不會答應，但是小夥子太喜歡這個漂亮得像太陽一樣的女孩了，他又答應了。黑曜石刀可比仙人掌刺鋒利得多，小夥子渾身上下傷痕累累，人們見了他，都倒吸一口涼氣，繞道而行。但女孩還是反悔了，不肯嫁給小夥子。

小夥子哭了，他不知道帶著醜陋的臉龐和身體怎麼生活下去，這時有個好心人指點他，說在不遠的山裡住著一個好心腸的女巫，可以幫人換臉。小夥子燃起了希望，他想，要是換上一張英俊的臉，說不定女孩還能回心轉意看上他。

依舊在愛情迷霧裡無法自拔的年輕人就這樣上路了，他整整走了一天，爬過堅硬的灰岩，走過硬邦邦的砂石地，看到有一束煙在前方升起，他朝著煙的方向走去，來到一間茅屋前。

有個面善的女人坐在茅屋前，問他：「你來這裡做什麼？」

小夥子坦誠相告：「我破了相，想換張臉，聽說這裡有個能換臉的女巫，我想請她幫忙。」

女人說：「我就是換臉女巫，請進吧。」

在進茅屋前，小夥子看了一眼屋裡的樣子，果然是換臉女巫的家，四面牆上掛滿了密密麻麻的人臉，其中有一張臉特別英俊，他一眼就相中了。但是不知為何，待到進屋坐下，他卻怎麼也找不到那張臉了。

女巫詢問小夥子換臉的緣由，他答道：「我愛上了一個女孩，但是她對我冷若冰霜，我已經照著她說的把自己弄得傷痕累累，但是她對我依然不屑一顧，大概是因為我不夠英俊吧，請你給我一張漂亮的臉，這樣她就能愛上我了。」女巫聽了，說：「我這滿牆的人臉，你隨便挑一張吧。」

小夥子試了一張又一張，都不滿意，說：「這些都不合適，怎麼辦？」

女巫歎了一口氣，說：「我還剩最後一張，既然其他的都不合適，那這張人臉註定就是你的。」說著，女巫一伸手，手裡突然多了一張人臉面具。小夥子一看，正是自己進屋前相中的那張，於是他興高采烈地戴上了，向女巫道謝後，就按照原路返家了。

在路上，一隻巨大的美洲豹攔住了他的去路。美洲豹舔著爪子說：「年輕人，你去哪兒啊？」

「回家。」小夥子興沖沖地回答。

「先別回家，」美洲豹輕盈地躍起，在他面前停住，說道：「先去我家吃點東西吧，我是好客的動物，像你這麼英俊的年輕人，理應成為我的貴客。」

頭一次被人誇長得英俊，小夥子很高興，跟著美洲豹走了。

到了美洲豹家，小夥子吃了一驚，沒想到美洲豹的宅子這麼精緻漂亮。「你先在這裡等著，我去幫你拿點吃的。」美洲豹轉身走了。

它剛走，門就被一隻柔美的手輕輕推開了，首先映入小夥子眼簾的是一雙烏黑明亮的大眼睛——一個苗條美麗的姑娘進來了。她手裡端著一盤玉米餅，一進屋，她就示意小夥子不要說話，她低聲說：「這隻美洲豹不懷好意，要吃了你，我是他抓來的奴隸。待會兒他會帶蝰蛇的肉來給你吃，你千萬不要吃，是有毒的，你可以假裝吃蛇肉，其實是在吃這些玉米餅。」小夥子點點頭。姑娘剛走，美洲豹就回來了，手裡果然抓著幾條蝰蛇，他高興地說：「來嘗嘗蛇肉的滋味，你平時沒有吃過吧。」小夥子聽部落裡老人說過，蝰蛇有毒，不能吃，他假裝吃蛇肉，美洲豹粗心，沒有發現。

美洲豹看小夥子吃了沒什麼事，心想，大概是蛇肉不夠多，還沒毒死他，於是客氣地說：「哎呀，我這裡的食物準備得不夠多，這樣吧，你再坐會兒，我去去就來。」

美洲豹走了，姑娘趕緊出來，她拿出早就準備好的石塊和繩索，在小夥子腰間綁了一條石頭腰帶，在他背後靠近心臟的位置也捆上了石頭護心鏡，說：「你快逃走吧，別讓美洲豹追上你。」

小夥子趕緊邁開大步，向部落的方向跑去。跑著跑著，他感到後面腥風陣陣，美洲豹追上來了，它喊道：「年輕人，你要去哪兒啊？」

小夥子頭都不敢回，說：「回家。」

「你還是跟我回家吧。」美洲豹惡狠狠地說。

小夥子不敢再多說，加緊腳步，美洲豹在他身後，好幾次爪子快抓到了他，但是都抓到了石頭上，氣得它嗷嗷直叫。跑到最後，小夥子真是沒有力氣了，美洲豹一躍就到了他身前，獰笑著說：「你還是乖乖做我的盤中餐吧。」說著，它把小夥子囫圇吞到肚裡，心滿意足地回家了。

納瓦人的手工織物

看著美洲豹頂著個圓滾滾的肚子回來了，姑娘不敢多說，只好暗自傷心。到了晚上，美洲豹叫姑娘點上火，它覺得腹內隱隱作痛，過了一會兒，它疼得在地上打滾了。美洲豹說：「沒辦法，我要去灰鶴醫生那裡看看。」

灰鶴把頭貼在美洲豹的肚子上聽了一會兒，說：「我覺得你吃了一個人。」被灰鶴猜到自己吃人的惡行，美洲豹瞪圓雙眼：「胡說，我就是吃多了，你快用你的細嘴把卡在我食道裡的東西取出來，我就舒服了。」灰鶴照做了，小夥子在美洲豹肚子裡沒有死，他一把抓住灰鶴伸進來的長嘴，從美洲豹的嗓子眼裡爬出來了，並且把石頭留在了它肚子裡。美洲豹看著小夥子安然無恙，不敢相信自己的眼睛，只覺得肚子越來越痛，過了一會兒，就生生疼死了。

小夥子來到美洲豹的家，對幫助過自己的姑娘說：「美洲豹死了，妳自由了，和我一起回家，我們結婚吧。」姑娘高興地答應了。

回到家，兩人舉辦了盛大的婚禮，知道小夥子之前受到不公正的待遇，大家都為他找到這麼好的妻子而感到高興，而且嘖嘖讚歎小夥子換的臉實在是太俊美了，可以和太陽神相媲美。這話傳到了那位壞脾氣女孩的耳裡，她心想：「之前被我毀容的醜八怪居然換了一張比我還美的臉，那我也去換臉女巫那裡試試。」

她興沖沖地跑到山裡，循著炊煙找到了茅屋，她見到有個女人坐在茅屋前，很不客氣地問：「喂，妳知道換臉女巫在哪兒嗎？」

女人說：「我就是。」

「快，給我找一張比我現在還美的臉換上！」女孩命令女巫。

女巫說：「好的。」她回屋取了一張最醜陋的臉，放在女孩臉上。

女孩並不知情，換好臉後也不向女巫道謝就揚長而去。回到部落，她得意揚揚，對路人說：「怎麼樣，我是全天下最美的人吧。」路人掩口而笑，說：「沒見過妳這麼不知羞的人，醜成這個樣子還覺得自己美。」女孩大駭，到小河邊一照，發現清澈的河水裡倒映出一個從未見過的醜女，而那正是她的臉。她拚命想把這張醜臉撕下來，但是臉已經長進皮肉裡了，她氣惱之下，用刀子割，割得鮮血直流也取不下來。

而小夥子和他的救命恩人幸福地生活在一起，走到哪裡別人都誇：「真是一對璧人啊。」

很久之前，有座山谷，裡面有口清泉，清冽湍急，附近的人都在這裡取水。在泉水的旁邊住了一戶人家，生了好多個兒子，所以夫妻倆就盼著有個女兒。後來女人懷孕了，她做了一個夢，夢見自己肚子裡的孩子是個女孩，但是這個女孩未來會未婚生子。醒來後，她覺得很不安，對丈夫敘述了夢中之事。丈夫安慰她說：「如果是女兒，我們就嚴加看管，不讓她和那些男人接觸就沒事了。」妻子安心了，過了幾個月，果然生出一個漂亮的女兒，全家都很高興。

夫妻倆為了女兒操碎了心，一天到晚眼睛都盯在女兒身上，從不讓她單獨離開家門。女兒越來越漂亮，夫妻倆的心從來沒有放下過。

在女兒十七歲的時候，夫妻倆要帶著兒子外出，他們叮囑女兒不可離開家。女兒雖然滿口答應，但是父母和哥哥前腳剛走，她後腳就溜出了家門，來到泉水邊。那天實在太熱了，女孩把柔嫩白皙的雙手浸泡在水中，清涼的泉水讓她覺得很舒服，她解開自己的髮帶，用手抹平有些毛糙的頭髮，看著泉水中自己秀美的身影，心裡非常得意。忽然，一股急流過來，把她手腕上的鐲子捲進水裡，不知沖到哪裡去了。女孩急了，想要追過去，這時，水流突然暴漲，一條巨大的魚冒出水面。女孩嚇了一跳，正想跑，卻發現自己的鐲子正在大魚一張一闔的嘴裡。她壯著膽子拿回了鐲子，頭也不回地跑回了家。

幾天後，她的父母回到家，卻發現女孩肚子已經大了起來。父親又急又氣，說：「若是在這幾天裡發生的不齒之事，那肚子裡的必是個妖孽。」

母親不忍苛責自己的女兒，她每日流淚，只當是命中註定，依舊細心照顧懷孕的女兒，直到她生產。在臨盆那天，從遠方的山中吹來了罡風，天空中烏雲密布，閃電在雲中時隱時現。「妖孽啊，妖孽，」父親口中喃喃自語，他更加堅信，即使出世的孩子是個危害人間的妖物：「我定要除去他。」

嬰兒一降生，父親不顧妻子和女兒的阻攔，將孩子用布一裹，帶出了家門。他來到寒冷的山頂，這裡的夜晚可以把一個成年人凍死，他把孩子往山頂一扔，覺得大患已除，就回家了。第二天天亮，父親又去了山頂看看嬰兒死了沒有，他沒想到，嬰兒不但沒有死，反而手舞足蹈，十分愉快，父親蹲下查看，看到一串黑麻麻的螞蟻往孩子的嘴裡送著花蜜。氣急敗壞的父親把孩子抱離了山頂，他想，不如扔到水裡吧。這一次，他心中留了幾分慈念，心想反正孩子離開自己家就好了，就把孩子放進一個籃子裡，籃子順流而下，是生是死全看他自己的造化了。

納瓦戰士

河水湍急，眼看籃子要沉了，幾隻鸚鵡飛了過來，用喙啣住籃柄，讓籃子不再下沉。有鳥兒用自己的硬喙把玉米磨成粉送到孩子嘴裡，還有鳥兒用翅膀為他遮光，就這樣孩子在籃子裡活了好幾天，又吃又睡，還長大了不少。

河流的下游住了一戶老夫婦，他們膝下無子，終日裡十分悲傷，覺得自己應該是全世界最孤苦的人了，老婆婆經常說：「我這輩子連一聲孩子的哭聲都沒聽過，也不曾摸摸那胖嘟嘟的小手，我沒有兒子，也沒有孫子，天神已經把我倆拋棄了吧。」老爺爺聽了，心裡也很痛苦。

有一天，老爺爺去樹林裡拾木柴，回家的路上，在河邊，他看到一幅奇異的景象：河灘上幾隻大鳥正圍著一個東西轉，撲閃著翅膀，不願離去。老爺爺往前走幾步，定睛一看，是個籃子，籃子裡還有一個臉蛋粉嘟嘟的孩子！他把木柴丟在地上，三步併作兩步跑上前，小心翼翼地抱起孩子。

老爺爺像抱著一件易碎的珍寶一樣把孩子抱回了家，老婆婆見了，歡喜地說：「這是天神送給我們的孩子啊。不知哪個狼心狗肺的，居然把這麼好的孩子扔在河裡。」

從此，小屋裡有了笑聲，老爺爺和老婆婆的日子有了盼頭，他們悉心養育著這個撿來的孩子。孩子長得很結實，老爺爺為他取名為銅斧。銅斧長得比一般孩子高大許多，很快就可以搭弓射箭，自己去打獵了。自從銅斧可以打獵了，老爺爺和老婆婆再也沒有缺過肉吃。銅斧每天都帶回野兔或者野鴨，有時候還能獵到鹿。

當時，有個可怕的食人魔，專吃老頭子的肉，所以，世界上沒有老人可以安詳地死去，食人魔的使者會在人們老邁之後帶走他們，送去給食人魔吃掉。一天，銅斧回到家，發現爺爺正在哭泣，老人看到銅斧，哭得更傷心了，說：「銅斧啊，你以後要好好照顧奶奶，我的日子已到盡頭了。食人魔的使者剛剛來過，他們要我明天就和其他老人一起上路，我會被食人魔吃掉。」

銅斧見狀，說：「爺爺，你不要去，我替你去。」

爺爺說：「你這麼小的孩子，怎麼能替我去，食人魔喜歡吃的是我這樣的老頭子。」

老婆婆也哭著說：「銅斧，你未來的日子還長著呢，不能就這樣白白死了。」銅斧拍著自己的弓箭，說：「你們放心吧，我會平安回來的，等我回來，我還要和爺爺奶奶生活在一起，照顧你們。」

次日清晨，銅斧被食人魔的使者帶走了，他混在老人的隊伍裡，老人們都很喜歡他，一路上，銅斧邊走邊做記號。走了大約半個月，他們來到了一片荒漠，在荒漠上有幾座尖尖的高山，上面盤旋著鷹隼。食人魔就住在山上的宮殿裡，他的僕從一見老人們來了，趕忙生起篝火，把一個大泥盤子架在火上，準備給食人魔來場老人盛宴。

這些老人嚇得渾身發抖，戰戰兢兢地等待著厄運的到來。等僕從要把他們趕到大盤子上的時候，銅斧跳了出來，說：「我先來。」說著，他一個箭步就躍到盤子上，食人魔身形十分巨大，他的眼睛就有一個多人高，他看著盤子裡的銅斧，對僕人帶給他這麼一個年輕人很是生氣，但是他肚子的確餓了，於是抓起銅斧，塞到嘴裡。

銅斧沒等他咬下，就順著他的食道滑了下去，一直滑到食人魔龐大的胃裡。他忍住噁心，掏出了早已準備好的黑曜石刀，把食人魔的胃割開。食人魔大叫一聲，在地上翻滾起來，老人們在外面為銅斧加油叫好，銅斧用黑曜石刀把食人魔的肚子整個剖開，食人魔就這樣死了，而銅斧安然無恙地和其他老人一起返回了家鄉。從那時起，世界上的老人可以在家中安靜地辭世，再也不用做食人魔的盤中餐了，而銅斧，也被後世稱為銅斧神。

小瘸子和食人猴

這個世界有吃人的怪物，它們藏在各種地方：茂密的森林裡，乾燥的沙漠中，或者在幽深的藍色海底。很久以前，在某個潮濕悶熱的山谷中，人們的日子不太平，因為在他們周圍的森林裡來了兩隻食人猴，去打獵的獵人鮮有能平安歸來的，即使有個獵人回來了，也像丟了魂一樣，兩眼發直，瘋掉了。後來食人猴索性從林子裡出來，跑到了玉米地裡，把玉米連根拔起，一束一束往上拋，把正在種玉米的農夫抓來吃，玉米地成了屠場，屍骨散落一地，恐懼在整個部落蔓延。

人們從外面請來不知多少獵手和鬥士，每個都赫赫有名，擁有輝煌的戰績，曾經力克強敵或者捕殺過人們沒見過的猛獸，但是他們進了這片林子，都沒能出來。外來的薩滿和巫師對食人猴也束手無策，在漆黑的夜裡，部落裡的人能聽到迴蕩在山谷中的慘叫，有人說，是食人猴正在吃人，也有人說，是食人猴把鸚鵡捏死取樂。

部落裡的人討論著要離開這個山谷，遠離食人猴，但是離開土生土長的家園，大家又捨不得，他們把最後的希望放在了一家三兄弟身上。部落裡有一家人，兄弟四個，除了最小的弟弟是個瘸子，其他三個兄長都是健壯的勇士，這三兄弟決定為部落除害，因為年輕力壯，他們還有幾分信心。

出發那天，大哥讓老二和老三把弓箭擦拭乾淨。出門前，大哥看了一眼小瘸子，這個小弟弟又瘦小，又有殘疾，長得也不好看，平時經常受到部落裡人們的奚落嘲笑，大哥心裡有點難過，萬一自己和另外兩個弟弟死了，誰來照顧這個小弟弟呢？於是他對小瘸子說：「我們要去捕殺食人猴，路遠，你腿腳不好，就留在家裡等我們回來。如果我們一直不回來，你就和部落裡的人一起離開這裡。」

小瘸子含著淚點點頭，他知道大哥不帶自己是為了自己好，他也不想成為哥哥們路上的累贅，他目送哥哥們離開，一直送到森林的外緣，才看著他們拿著火把進入林子裡。

進入森林後，三兄弟步履輕快，他們都是出色的獵手，走路時幾乎不發出什麼聲音，同時他們的目光四處打量，警惕四周的動靜。因為有食人猴，他們已經很久沒來過森林裡了，這裡沒有一個活物，死一般地寂靜，走了一會兒，兄弟幾個覺得悶得透不過氣來，就像行走在巨大的墳墓裡，連樹葉落地的聲音都能聽到。他們費力地撥開雜草，跨過倒在地上的圓木，還要避免踩進沼澤裡。正當他們小心翼翼地穿過一片泥塘時，突然聽到腳底下有個東西在喊著：「小心點，別踩到我！」

三人嚇了一跳，在寂靜無聲的地方突然聽到人聲，心裡不由得一驚，他們低頭一看，是一隻雌蛙，它蹲在一個小水坑裡，一雙大眼睛望著他們幾個。

「我知道你們來幹嘛，」青蛙慢條斯理地說：「我可以給你們出主意，但是，你們其中一人得娶我。」

三兄弟一聽，都笑了。因為之前一直擔驚受怕，心裡像壓了一塊大石頭，突然出現一隻不知天高地厚的青蛙，氣氛一下子鬆弛了下來。三兄弟本來不是刻薄的人，但是這種情形下，他們也說了一些刻薄話：

「娶妳？娶個妳這樣的老婆，還不如不要那些勞什子主意。」

他們從青蛙身上跨過，揚長而去，根本不聽青蛙還在背後喊叫些什麼。

走著走著，前面出現了一小塊空地，看起來有點詭異，更可怕的是，空地上散落著人骨，血跡斑斑。他們還沒來得及拿出弓箭，草叢裡一張食人猴的巨臉就出現了，它的眼睛裡滿是血絲，渾身長滿了硬硬的黑毛。兄弟幾人不禁退後幾步，但是另一隻食人猴就在他們身後，聽到動靜的他們幾乎不敢回頭。兩隻食人猴對視了一下，咕嚕咕嚕說了幾句，大意是今天可以吃頓大餐了。

而這時，家中的小瘸子守著火堆正在發呆，幾天過去了，哥哥們還沒有回來，家裡只剩他一個人，時間過得很慢。突然間，火苗跳起，火花躥到空中突然變了一下顏色，小瘸子驚呼：「他們一定是出事了，我該怎麼辦？」

他胡思亂想了一陣，自言自語道：「不行，我得去找他們。」他費力地站起來，拿出自己的拐杖，就這麼一瘸一拐地進了森林。他走得慢，但是也走到了哥哥們曾來過的沼澤地，見到了同一隻雌蛙。雌蛙對小瘸子提出了同樣的要求。小瘸子倒吸一口氣，說：「我沒想到您能看上我，我又醜，又是個瘸子。」

然後他靦腆地笑了一下，說：「我願意。」

青蛙高興地呱呱叫了好幾聲，從小水坑裡跳出來，對小瘸子說：「跟我走，跟緊了，別往左偏，也別往右偏。」小瘸子依言而行，青蛙帶著他從沼澤中一條極為狹窄的小徑前行，果然往左或往右偏一點都會陷入泥淖出不來。小瘸子看著黑醬一樣的泥水，聽到下面有極為淒慘的叫聲，但是青蛙什麼都沒有解釋，他也閉嘴不問。

就這樣，一隻蛙帶著一個緊閉嘴巴的男人走出了沼澤地，來到了一口清泉旁，汩汩的泉水流到一個池子裡，青蛙說：「你要在這個池子裡泡三次，每次都要泡很長時間，不能中途出來。在水中你會經歷想像不到的疼痛，但是一定要忍住。」

小瘸子點點頭，他扔掉拐杖，跳到池子裡，剛開始，他不覺有異，只是水有點熱。等他在青蛙的指示下第二次入水的時候，水已經滾開了，到了第三次，小瘸子痛得已經麻木了，身上的肉摸起來不再像是自己的了。等到青蛙說可以出來時，小瘸子趕忙躍出水面，趴在地上喘著氣，當他站起來準備去拿自己的拐杖時，突然發現自己的雙腿變得一樣長了，不用拐杖也能健步如飛了。小瘸子試著跑了幾步，又跳了起來，他發現這是真的，高興得像孩子一樣。他俯下身，去看這神奇的水到底是怎麼回事，卻更加驚喜地發現自己的臉也有了變化，之前灰暗的皮膚變得透亮，五官彷彿被神重新調整了一番，一個英俊的年輕人在水中看著自己，他笑了一下，水中的美男也笑了一下。他摸著自己的臉，不敢相信這一切。看著小瘸子笑得像傻子一樣，青蛙潑了他一盆冷水，冷冷說道：「先別高興太早，你還有個重任，不過我會幫你完成的。」

這時，小瘸子才想起哥哥們，他很愧疚，居然忘了自己來森林的目的，他不安地看著青蛙。青蛙不知從哪裡叼來兩支箭，說：「這是兩支魔箭，從無虛發，每次都會命中目標，當兩隻食人猴在你面前跳來跳去，別理會它們的障眼法，直接放箭，魔箭會射中它們。等你找到哥哥們的屍體後，在屍體上灑上這個葫蘆裡裝的水。」

青蛙把葫蘆和箭遞給小瘸子，說：「我在部落旁等你，別忘了你的諾言。」說完蹦蹦跳跳地走了。

小瘸子有個優點，那就是做事不猶豫，他馬上就出發去尋找食人猴，走著走著，便看到哥哥們的屍體，幸好食人猴還沒吃他們，所以屍首還是完整的。這時，幾段樹枝從小瘸子頭上飛過，他回頭一看，兩隻食人猴怒氣沖沖地站在那裡。小瘸子趕忙搭弓射箭，魔箭飛出，就像長了眼睛一樣分別飛向兩隻食人猴，正中它們的心口。食人猴低頭看著穿過身體的箭，不敢相信自己的眼睛，卻也緩緩倒下了，地上發出咚咚兩聲悶響。

小瘸子馬上撿起一根枝條，蘸上葫蘆裡的水，灑到哥哥們的屍首上，他們便復活了。

「發生了什麼事？」一個哥哥站起來，摸摸腦袋，迷茫地問：「你是誰啊？」「我是小瘸子，」小瘸子對哥哥們講了事情的來龍去脈，然後他高興地說：

「咱們得趕快回去，我的小青蛙一定等急了，我要娶它。」

哥哥們卻有不同的意見，他們說：「你聽過誰家的男人娶青蛙為妻的，你這樣做，我們也很難堪。」

小瘸子很堅定，說：「我不會忘了是誰為我治癒了腿疾。你們也不要忘了，是誰的神水讓你們復活。」哥哥們還是不肯讓步，吵吵鬧鬧的，小瘸子覺得心煩，大步流星地走在前面，哥哥們像饒舌的女人一樣嘰嘰喳喳跟在後面，就這樣走向回家的路。

還沒到家，他們遠遠地看到一個月亮般美麗的姑娘站在門口，翹首以待他們歸來。

小瘸子先到了門口，禮貌地問姑娘：「請問妳有沒有看到一隻青蛙？」

「看到了。」姑娘調皮地眨眨眼。

「它在哪兒？我要娶它。」小瘸子說。

「你認不出我了嗎？我就是沼澤裡的青蛙。」姑娘笑意盈盈地說。

大家都吃了一驚，姑娘在幾個男人七嘴八舌的詢問中講出了自己的故事。原來，姑娘是被食人猴從很遠的山村擄來的，它們本來色心大起，想娶她為妻，但是姑娘一直不答應，它們索性就把姑娘變成青蛙，下了詛咒，除非有男人真心願意娶她，詛咒才能化解。青蛙姑娘看到食人猴每次受了傷，都會泡在那個池子裡，心知池水有療傷的功效，所以才讓小瘸子先泡了神水，並且用神水救活了他的兄弟。

小瘸子很高興，他迎娶了青蛙姑娘，至於魔箭是從哪裡來的，他沒有問，姑娘也沒有說。

但是他的幾個哥哥有些嫉妒，他們覺得小瘸子太幸運了，人類就是這樣，總是為沒有得到的東西懊惱。後來，三兄弟經常在一起談論，為何當初他們之中沒有人答應青蛙的要求。

而小瘸子，依然平凡而果敢地和他美麗的妻子一起生活著，直到死亡把他們分開。

夜鬼

把羽蛇神趕走之後，煙鏡神仍不滿意，他覺得羽蛇神離開時依然像個偉大的英雄，把自己比了下去，於是他把怒火撒到了阿茲特克人身上，因為他們是羽蛇神忠誠的信徒。煙鏡神決定造一些幫手出來——一種在夜裡出沒的鬼怪。他把動物的殘屍放在熔爐裡，施以黑魔法，到了夜晚，從裡面爬出來了無數隻形容殘缺的夜鬼，它們有的少了頭，有的斷了胳膊，有的呈人形，有的則是噴火的妖獸，但無一例外都能夠引發人類心底最深的恐懼，就連勇猛的戰士看了都會戰慄。夜鬼身上還帶著瘟疫的種子，它們在人類的居所出沒，散播疾病、恐懼和死亡。白天，人們見了夜鬼自然會跑，會躲避，但是到了黑漆漆的夜晚，幾乎不可能從夜鬼手上逃脫。夜晚變成地獄，到處都能聽到夜鬼咯吱咯吱地在啃食人類。

煙鏡神造出來的夜鬼裡有一種最為駭人，這種夜鬼長著小女孩的模樣，長髮及腰，走起路來一搖一擺像鴨子，喜歡出現在廁所，笑咪咪地看著上廁所的人，然後用一種尖厲的聲音高聲叫喊，聽到的人會馬上忍不住跑出廁所，一直往前跑，直到倒地死亡。

第八章　阿茲特克世界

富饒谷地的最後主人——阿茲特克人

白令陸橋、玉米和沒有輪子的世界

阿茲特克人的故事可以從幾萬年前講起。迄今為止，科學家沒有在美洲發現任何人類進化的跡象，因此這裡的居民必然來自世界的另一頭。

在冰河時期，海平面降低，白令海峽大片海底的陸地露出水面，形成了白令路橋，將亞洲和北美連接在一起。來自西伯利亞的首批「移民」經此來到了這片大陸。沒有人能確切知道這批最早的移民何時抵達美洲，也不知道他們的某一支子孫何時開始遷徙到墨西哥地區。

總之，這些人的後代與世界其他地方的人類一樣，從狩獵採集到發展農業，在自然和人類共同的選擇下，玉米這種作物被他們培育了出來，從而對整個美洲文明都產生了關鍵影響。

儘管農業還算發達，但早期的居民依然面臨諸多困難，比如，他們沒有馬，也沒有駱駝。在缺乏馱獸的情況下，只有依靠手提肩扛，而這個缺憾還導致了另一個後果——美洲原住民沒有發明出有輪子的運輸工具，使得生產效率難以提高。但不知輪子為何物是個偽命題，其實他們已經意識到輪子的原理，否則不會雕刻出腳踩輪子的美洲豹。然而，古代美洲文明是以叢林文明為主，山地丘陵，叢林密布，在沒有大型牲畜可以拉車的情況下，人力攜帶是最簡便實惠的方式。

地形通常會對一個地方的文化產生不可估量的影響。比如，墨西哥中部高原上的山脈就成功阻斷了地區間的交流。因此，許多小部落城邦逐漸興起，並且為了爭奪資源而不斷爆發戰爭。

墨西哥谷地（Valley of Mexico）坐落於跨墨西哥火山帶，包含如今墨西哥城的大部分地區，以及墨西哥州、伊達爾戈州、特拉斯卡拉和普埃布拉州的部分地區。以自然條件來說，墨西哥谷地是一個非常適合人類生存的好地方。

首先，水源自給自足，墨西哥谷地裡所有的河流都匯聚在特斯科科湖內。其次，氣候溫和，周圍都是海拔超過五千公尺的高山，擋住了寒風。同時，物種資源豐富，湖泊的水並不深，適合捕魚，山上也可以打獵。更重要的是，泥沙在湖中形成一小塊一小塊的沖積平原，非常適合農業的發展。

人類從一萬兩千年前就在這裡開始了自給自足的生活，並孕育出了前哥倫布時期的印地安文化。

消失的特奧蒂瓦坎

人類早期是否如同任性的孩子，這點無法在所有古老民族身上得到印證，但是中美洲密林中的奧爾梅克文化卻像一面鏡子，映照出人類的喜怒無常。在西元前兩千多年興起的奧爾梅克文化從墨西哥灣海岸一直向外部延展，直到如今墨西哥城的位置——也就是後世阿茲特克人的都城。

從奧爾梅克文化的遺跡中，發現這裡的人喜歡將藝術作品毀壞，再透過某種意識掩埋。這一看似矛盾的行為卻為人祭埋下了合理化的種子。此外，金字塔和寬大的廣場以及阿茲特克文化中的四個象限的世界劃分，也能在奧爾梅克文化中找到端倪。

在漫長的歷史中，文明的出現如同靈光一閃。西元五〇年，建築設計師們正在趕工全新的城市特奧蒂瓦坎的建築圖紙：中軸線道路的一端是月亮金字塔，一端是太陽金字塔。說是金字塔，指的是形狀，而與埃及金字塔完全不同的是，這裡的日月金字塔是祭臺。在當地語言中，特奧蒂瓦坎是「神明居住的地方」。而這條中軸線被後世稱為「亡靈大道」。

特奧蒂瓦坎是前哥倫布時代美洲最大的城市，然而，城市主人是何方神聖，無人知曉，只能以地名將之稱呼為特奧蒂瓦坎人。特奧蒂瓦坎人生存的手段頗為簡單，即發展商業。這裡曾經是美洲原住民商人進行獸皮、寶石和可可交易的地方，同時特奧蒂瓦坎人從山間開採出黑曜石，黑曜石成為當地特產，增加了城市的收入。

西元七世紀，特奧蒂瓦坎被毀滅。在神話中，美洲原住民對這座城市的分崩離析有詩意的描述：神以白粉塗面，穿上彩色的羽衣，點燃了篝火，在蒸騰的煙氣和熊熊火光中，離開了自己的居住地特奧蒂瓦坎，

墨西哥谷地

消失在無盡的蒼穹中。一直以來，關於特奧蒂瓦坎文明的神祕消失有各種猜測，其中比較有說服力的是乾旱等自然災害或者游牧部落的入侵所致。但根據墨西哥人類學家琳達．曼薩利尼亞近年來的研究發現，輝煌一時的特奧蒂瓦坎很有可能是因內部衝突而崩潰的。

從特奧蒂瓦坎的發跡史來看，西元一到四世紀，火山噴發導致人們紛紛移居到附近的盆地，並且聚居在特奧蒂瓦坎城。不同族群帶來的多元文化使得這裡成了多部族聚居、充滿活力的城市。這些人中，不少人有手藝在身，而居住在城市裡的商人為他們提供了工作機會。如此一來，不斷有新的移民擁入，城市也得以發展。

現代墨西哥的阿茲特克體育場

據後世推測，特奧蒂瓦坎是一個階級森嚴的社會，管理者是神權政府，而城市的財富則來自商人階層。此地有豐富的黑曜岩礦和肥沃的土地，民眾根據職業劃分為陶工、油漆匠、寶石拋光工、農民、漁民等，分別居住在城市的不同區域。

但是，隨著時間的流逝，富有的商人階層和城市的官員階層之間的關係日趨緊張，當官員們堅持對所有的資源都採取壟斷措施時，衝突最終爆發。暴民毀壞了城市的主要建築、雕塑和壁畫。整個城市成了廢墟，人們散去，只留下年復一年不斷生長的植被。

有趣的是，特奧蒂瓦坎並不是當時城市的名字，而是幾個世紀以後來到這裡的阿茲特克人，驚訝地發現了這片廣闊的城市廢墟，他們或許認為，只有神才有能力建造出如此雄偉的城市，因此將此地命名為「特奧蒂瓦坎」，意思是眾神之城。他們也認為，諸神在這裡升起了第五個太陽。

走馬燈一樣的統治更迭

經常有人問起特奧蒂瓦坎與馬雅的關係，事實上，它們是地域相近的不同文明。特奧蒂瓦坎荒廢了許多年，但隨著好戰的北方游牧民族不斷尋找新的聚居地，谷地於是重新成為權力的競技場。

比如，米斯泰克人來到這裡，這個民族有精細的工匠和英勇的戰士，生產力和戰鬥力都達到相當高的水準。米斯泰克人留下的精巧絕倫的金器、陶器等成為整個墨西哥地區的藝術珍品。

隨後，托爾克特人在西元九五〇年左右於谷地北部的圖拉定居下來。在此後的兩個世紀裡，圖拉逐漸成為繼特奧蒂瓦坎後美洲又一重要城市。

托爾克特人繼承了特奧蒂瓦坎人對貿易的熱愛，曾為尋找珍貴的寶石展開大規模的探險。更為重要的是他們「尚武」的文化。在他們的神廟裡，繪有美洲豹、草原狼這些代表戰士精神的圖案。

托爾克特人崇拜許多神明，其中最有名的就是羽蛇神。他們以羽蛇神的名字呼喚主持羽蛇神祭典的大祭司，即托爾克特人的最高統治者。在經歷慘烈的部落戰爭後，托爾克特人的首領落敗，不得不帶領托爾克特人逃離了圖拉，其中一部分托爾克特人到達了墨西哥谷地。而這段故事，被後來的阿茲特克人採納，演化為羽蛇神與煙鏡神之間的爭鬥。

開啟阿茲特克人輝煌時代的序幕已經被托爾克特人拉開，美洲原住民最後的輝煌時代就此到來。

富饒谷地的最後主人

托爾克特人的圖拉城毀於戰爭，一部分托爾克特人逃到了墨西哥谷地，和其他游牧或半游牧的部落聚居在這裡。彼時，谷地地區有太多居無定所的小部落，為了震懾敵人以及對內樹立威嚴，首領們開始自稱有能力和保護神溝通，甚至能和神合為一體。故而，在後來阿茲特克人的傳說中，也可以看到神就是部落首領的橋段。

在這個時期，阿茲特克人還是一個顛沛流離的游牧民族。他們用了兩個世紀的時間才輾轉遷徙到墨西哥谷地，最終定居在特諾奇提特蘭，也就是如今墨西哥首都墨西哥城的位置。

在建立特諾奇提特蘭之前，阿茲特克人曾受雇於多個部落當雇傭兵。但是由於驍勇善戰，尤其是善於使用黑曜石製成的武器，阿茲特克人幾乎百戰百勝，這引起了雇主的恐慌。

雇主們聯合起來暗算阿茲特克人，在谷地地區引發了一系列的戰鬥。這類部落間的爭鬥到了一四二八年有了結果：阿茲特克人、特斯科科人和塔庫巴人在這一年結成「三聯盟」，後改成

「阿茲特克帝國」。

阿茲特克帝國透過武力擴張，將勢力延伸到墨西哥的大部分地區。十五世紀時，已經建立起一個十五萬平方公里的帝國，面積相當於今天的義大利。直到西班牙人到來前，阿茲特克帝國專注於如何獲取戰爭勝利和鎮壓其他部落，將一個龐大的體系運轉起來。能夠滋養這個體系的，是不停的戰爭、殺戮以及掠奪和進貢。阿茲特克人繼承了托爾克特人的神話遺產，吸納了其中的尚武精神和血腥的一面，將自身行為不斷宗教化和合理化。

他們不斷發動戰爭，目的是獲得更多的戰俘作為人祭的犧牲品。阿茲特克人聲稱，鮮血可以為太陽提供源源不斷的能量，以維持這個世界的基礎秩序。

阿茲特克人從托爾克特人那裡繼承下來的羽蛇神是什麼樣子的？簡單說，就是一條長了羽毛的巨蟒。在阿茲特克以及之前的幾種文明中，它的形象頻頻出現在廟宇和建築中。從形象上說，羽蛇神代表了某種矛盾性：無手無腳的蛇身意味著束縛，而羽毛又象徵了飛翔的自由。從身分上來講，它是神，也是人，被高高供奉在廟堂，也在現實中統治蒼生。

根據傳說，離開人類的羽蛇神會以白面長鬚的男子形象自水上而來，重新回到人間，而西班牙航海者的到來，讓阿茲特克人誤以為是羽蛇神歸來，從而失去了反抗的勇氣。一五二一年，在西班牙入侵者的圍攻之下，阿茲特克人的特諾奇提特蘭城陷落，阿茲特克貴族幾乎全部慘遭殺戮。西班牙「瘋女王」胡安娜之子查理五世開始統治這片新的土地。

五個紀元

和許多美洲的原住民民族一樣，阿茲特克人也相信，我們生活的這個世界曾經歷經多次的創造和毀滅。在阿茲特克人的創世神話中，有五個太陽紀元，分別是美洲豹紀元、強風紀元、暴雨紀元、洪水紀元以及目前正在進行中，被稱為地震紀元的第五太陽紀元。

前四個黑暗的紀元，世界處於動盪與不安之中，人們並未得到神明的過多憐憫，大多死於美洲豹之口或者天災之中。那麼，從歷史的進程中是否可以找到這四次災禍的跡象呢？這四次紀元的天災是否只是一種隱喻？

先說美洲豹，美洲豹是中美洲一種常見的生物，在不同部落的神話中都有出現。阿茲特克人認為美洲豹習慣在黑暗中捕捉獵物，所以美洲豹的嘴巴可以直通幽冥。面對如此詭譎的動物，阿茲特克人在描繪品行不佳的煙鏡神時，自然而然將美洲豹作為他的象徵動物加以詳細描繪——認為此神披著豹皮、長著豹爪，同時，煙鏡神也總與陰謀、復仇、洞穴、死亡聯繫在一起。

美洲的原住民對美洲豹普遍又愛又懼。他們認為這種身形流暢、雙目炯炯有神，隱匿於密林中的生物，是死去的人類所幻化而成的。當有人被美洲豹偷襲受傷或者死亡時，他們相信，這是亡靈在報復族人。

不過，第一個太陽紀元中的巨人是誰呢？有學者認為，「巨人們」指的其實是大型哺乳動物。而當人類從亞洲經過白令海峽來到美洲時，美洲乳齒象等大型動物成了人類的移動糧倉，人類將其捕殺殆盡。因此，敏捷而善於捕獵的美洲豹很有可能是人類自身的一個隱喻。其中最好的證明莫過於阿茲特克人將最勇猛的戰士選入「美洲豹兵團」，稱其為「美洲豹戰士」。

而身為太陽的煙鏡神從天上被砸了下來，世界陷入黑暗，很有可能指的是一次日蝕。

第二個太陽紀元中，被羽蛇神創造出的第一批人類被煙鏡神變成猴子，據推測，早期的美洲原住民可能意識到了人類和猿猴間的相似之處，所以認為惹惱神明的後果是變成「猴子」，是合情合理的。而所有的資料都顯示，第二個太陽紀元毀於強烈的風，風捲走了一切，黃沙遮蔽了太陽。

第三個太陽紀元毀於熱雨，也有人稱之為「火雨」。許多人認為，在這一紀元，人類學會了使用火，火種的來源很可能是火山。「火像雨一樣降落在人類身上」很有可能是指一場火山噴發，而太陽也隨之消失，指的是噴發引起的火山灰遮蔽了天日。

美洲豹戰士

羽蛇神

第四個太陽紀元毀於水。氣象學告訴我們，當墨西哥灣受到中央高原冷風侵蝕時，熱氣流受壓就會引起降雨，這大概反映的是冰河期結束時全世界洪水氾濫的狀況。

而第五個太陽紀元，被阿茲特克人視為最後一個紀元。神話裡提到，這個紀元最後會出現地震和饑荒，或者更為可怕的災禍——地震、火山噴發和洪水同時出現，這與目前世界擔憂的氣候危機頗為相似。

備受崇敬的羽蛇神

羽蛇神是整個中美洲地區備受尊崇的神明之一。阿茲特克人的鄰居馬雅人也供奉此神。羽蛇神的名字中，前半截是指中美洲大咬鵑的尾巴羽毛，後半截是「蛇」、「雙胞胎」的意思，所以這個名字可以說成是長著羽毛的蛇，也可以說是「燦爛的雙胞胎」。因此，羽蛇神具有兩種形態，猶如並蒂雙生的花朵——長著翠綠色羽毛的蛇，或俊美白皙的男子。

羽蛇神是中美洲一個古老的神。特奧蒂瓦坎有一座修築於西元三世紀的羽蛇神神廟，此處代表天地匯合的地方，可以理解為墨西哥古老原住民民族的「龍王廟」。這些從事古老農耕的民族認為，雨水從天而降，是天與地之間的聯繫，而羽蛇神可以帶來農業豐收所必需的雨水，因此，雨水帶來的是生命和豐饒，正是羽蛇神把天和地連接在了一起。

在不少部落的傳說中，羽蛇神是天空中的一條龍，可以用身上的海螺號角帶來颶風，並降下洪水，懲罰人類。當然，獎懲有度才是一個好的神，羽蛇神也會用風調雨順來獎勵忠心的人類。

中美洲民族信奉「人神合一」，所以在托爾克特人的谷地傳說中，他是圖拉的最高統治者，開創了一個和平安寧和禁欲的時代，但是最終如同欲望般不熄滅的火焰吞噬了他的城池。

在關於圖拉的神話中，羽蛇神的凡間名字是托皮爾琴，意思是「我們的王子」，他的母親是一位名副其實的公主。從歷史現實上看，這代表著先後抵達谷地的部落，努力和具有相似宗教崇拜的部族聯姻，與公主這類貴族的血統融合帶給他們統治這裡的底氣。

從現有記載來看，的確有一位致力於改變宗教血腥屠殺方式的英雄，他向戰士貴族階層發起了挑戰。他和他的追隨者反對人祭，宣稱神明想要的是鮮花和羽毛，並非血肉和挖出的人心。

全新的理念讓當時的民眾耳目一新，在寬鬆的氛圍下，人們對宗教的熱情高漲，也開始了更大規模的農耕。辣椒、玉米等作物大量生長。在傳說中，這些農作物大得驚人，玉米穗和人的臂彎一樣，棉花天然就是五彩的，天空中，色彩鮮豔的鳥兒婉轉歌唱。

據歷史的記載，圖拉是托爾克特人所建，是定居民族和游牧民族共處的地方。來自北方的托爾克特人先是從事農業，然後開始建造城市，過起了城市生活。由於成了谷地的發展中心，大量移民蜂擁而來。每一批移民都保留了自己的傳統習俗和宗教儀式。城市內部分工明確，工匠和祭司住在城裡，地位較高。

據說，圖拉的發展水準很高，聚集了中美洲所有的主要技術。文獻記載，「那裡有作家、珠寶商、石匠、泥水匠、紡織工以及礦工」。

在圖拉，中美洲曆法被設計出來，托爾克特人定下哪天是黃道吉日，哪天諸事不宜。知識也成為圖拉吸引人的地方之一。圖拉的祭司們是羽蛇神的信徒，可以為人們解釋夢境、占卜吉凶。相傳，祭司們可以到天上去獲取知識，得到神諭。

羽蛇神的化身托皮爾琴帶領著他的人民苦修、齋戒、放血，甚至在半夜用冰冷的水沐浴。但是圖拉在過於莊嚴和肅穆的氣氛下，還是走到了它的終點。

歷史記載，由於未知的原因，圖拉無法吸引外族人，同時，城裡的外族人和定居者之間的關係失去和諧的平衡，導致遷徙成為解決衝突的最便捷方式。到了十二世紀，托爾克特人的統治陷入了崩潰，民眾四散奔逃。在傳說中，這段歷史則體現為羽蛇神犯下人倫大錯，導致城市崩塌。

煙鏡神

逃出圖拉的托爾克特人有些還是選擇在墨西哥谷地居住，並保留部分風俗習慣，而另一部分人則向南和馬雅人融合，帶去了對羽蛇神的信仰。位於墨西哥猶加敦半島的馬雅古城奇琴伊察，也被歷史學家認為是由一部分從圖拉逃走的托爾克特人與馬雅人共同修建的。

一百多年後，阿茲特克人來了。這個民族愛的是戰神，對羽蛇神的態度十分含糊。他們認為，羽蛇神也是晨星之神，即「黎明時分的神」，是太陽神的對手：因為只有晨星消失，太陽神才能露面。

這種對羽蛇神兩面性的態度其實反映了阿茲特克人矛盾的哲學。他們認為，光明和黑暗是對立的，那麼，晨星和太陽理應相互仇恨。太陽幫助萬物生長，那麼晨星便是凶神。阿茲特克人認為，當晨星，即羽蛇神發怒之時，老人、孩子和統治者容易受到傷害。

有趣的是，馬雅人的傳說裡也出現了羽蛇神，而羽蛇神離開人間的年份和阿茲特克大亂的時間大致相當，當時歷史上究竟發生了什麼事，目前不得而知。

愛挑事兒的煙鏡神

在阿茲特克人的神話體系裡，煙鏡神是個類似惡魔的角色。這個兇神惡煞的神明被描述為「萬能而無敵」，而且「能看到每個人的內心深處」。從某種意義上講，他代表人性中的惡。在太陽紀元的故事裡，我們看到煙鏡神引發戰爭，熱愛挑事兒，又「邪惡」又「猥瑣」。

煙鏡神的名字顧名思義，是「冒煙的魔鏡」的意思，從這面鏡子中折射出的歷史如同在煙霧之中，代表了阿茲特克人乃至托爾克特人對待歷史的態度——雲裡霧裡，不必深究。而鏡子之所以能「冒煙」是因為它是由黑曜石製成的。黑曜石是一種黑色的火山石，常用於武器的製造。

煙鏡神還被稱為「黑暗中的太陽」，如果說太陽神是白日，那麼煙鏡神就是黑日。這種光明和黑暗的對立在中美洲民族的球賽中得到了某種象徵性的體現。神話預言，到了第五個太陽紀元的終結，黑色的煙鏡神將會取得勝利。

煙鏡神受到阿茲特克人的敬畏，對煙霧鏡的祭祀是所有阿茲特克祭祀中最具戲劇性的一種。首先，阿茲特克人在儀式舉行前一年就早早找好一名俊美的戰俘來扮演煙鏡神。在這一年的時間裡，戰俘被教授各種禮節、樂理和舞蹈，並且在城裡好吃好喝，受到極大的尊重。在祭祀開始前一個月，會有四名漂亮女子滿足他的欲望。這是因為在神話中，包括誘拐的花神在內，煙鏡神有四名伴侶。

等到祭祀當天，四名女子會用淚水送別「煙鏡神」，而「煙鏡神」踽踽獨行，走上金字塔的臺階。每走上一階，就會折斷一根笛子。等到了金字塔的頂端，祭司會毫不猶豫地挖出他的心臟。他的屍體不會像其他人祭一樣被活生生丟下金字塔，而是被抬到一邊再安葬。這個儀式對阿茲特克人至關重要，因為在他們看來，時間由此得以延續下去。

阿茲特克人認為，時間是寶貴的，是透過人祭賄賂像煙鏡神這樣不大正派的神明而「偷」來的。

南方蜂鳥神——維齊洛波奇特利

根據阿茲特克人的傳說，他們的祖先是從北方一個叫阿茲特蘭的地方來的。到達谷地之前的阿茲特克人處於半文明狀態，在遷徙的過程中狩獵，也偶爾農耕。它的內部充滿了衝突和紛爭，新的部落加入，或者老的部落離開。由於不同的部落有不同的神明崇拜，因此，大家也經常為了供奉哪個神明而打起來，最終，南方蜂鳥神維齊洛波奇特利，也就是太陽神兼戰神，最終成為阿茲特克人的保護神，也是他們漫長遷徙中的首領。

阿茲特克人對殺人不太在意，因為部落之間的分裂總是伴隨著殺戮。生死這點事看破後，阿茲特克人呈現出兩大特點：第一是自信，第二是勇敢。

一開始，阿茲特克人彷彿籠罩在霉運裡。沿途經過的地區，當地人都不歡迎他們。就算是嘗試定居，也總是被人趕跑。更倒楣的是，他們不是被當作勞動力就是淪為奴隸為當地人勞作，受盡了折磨。一般來說，一個艱苦遷徙的民族通常是堅韌的，或者悲苦的，但是阿茲特克人相信自己是天選之子，是註定要統治世界的人。

最終，阿茲特克人被四處驅趕之下來到了一個叫庫庫瓦坎的地區，這裡蛇蟲遍地，一片荒蕪。當地部落允許他們在此定居，條件是阿茲特克人要充當雇傭軍。阿茲特克人同意了這個要求。

由於遷徙的過程中內部也有很多紛爭，所以阿茲特克人其實一直都在打仗，因而作戰經驗豐富，當他們加入庫庫瓦坎當地部落後就充分展現出了他們的驍勇善戰。同時，他們還和當地人做生意，並且通婚。

據說，一位當地的公主獲得了阿茲特克人雇傭軍的指揮權，另一說法是通婚後阿茲特克人將她活剝做了祭品，獻祭給了戰神及太陽神——南方蜂鳥神維齊洛波奇特利。此舉惹得酋長大怒，武力驅逐了這些野蠻的異鄉人。

隨後，阿茲特克人分化成了兩支，一支離開，另一支則根據維齊洛波奇特利的指示往南來到特斯科科湖。當他們來到湖中央的島嶼時，他們看到叼著蛇的老鷹站立在仙人掌之上。維齊洛波奇特利告訴他們，應該在此地建立城邦。一三二五年阿茲特克人在此處建立了特諾奇提特蘭，一座巨大的人工島，也就是現在墨西哥城的前身。而阿茲特克人看到的老鷹叼蛇的景象被繪製在現在的墨西哥國旗上。

有了固定的地盤，阿茲特克人逐漸發展出了更加精細和複雜的社會系統。儘管本身的勢力在增長，但是他們仍需依靠更為強大的特帕內克部落。特帕內克部落的首領對阿茲特克人戰鬥時表現出的勇猛十分欣賞，雇用了大批的阿茲特克人在自己的軍隊裡。阿茲特克人也由此學習到了軍隊管理和城市規劃。

但是，不能當家做主讓阿茲特克人很不甘。於是，他們和特帕內克部落打賭，來一場戰鬥，如果阿茲特克人取得勝利，那麼所有的特帕內克人都要為阿茲特克人工作，並且服從南方蜂鳥神維齊洛波奇特利的神諭；如果阿茲特克人敗了，那麼特帕內克人可以隨意向阿茲特克人復仇。

真實的歷史是否這麼戲劇化呢？其實現實的情況是，對阿茲特克人有知遇之恩的特帕內克首領──特索索莫克去世了，而阿茲特克人支持當初的首選繼承人──塔亞亞烏繼承了王位，沒想到後者卻被覬覦王位的特索索莫克的兄弟馬斯特拉殺害。馬斯特拉篡位成功後，大肆報復從前支持塔亞亞烏的勢力，包括阿茲特克人。一個名為「伊茲科瓦特爾」的人在危難之時成了阿茲特克人的首領，他與特斯科科部落以及塔庫巴部落結盟，向馬斯特拉發動了進攻。一百天後，馬斯特拉投降，並被放逐。

三個部落瓜分了特帕內克的土地，結成了同盟，取得了墨西哥谷地的統治權，歷史上稱為「三聯盟」。

三聯盟成為墨西哥谷地最強大的力量，迫使許多小部落臣服，從而不僅獲得了特斯科科湖的大片土地，還不斷向沿海大舉擴張。

征戰與不斷地征服，阿茲特克人和他們的盟友們品嘗到了戰利品的甜美——他們將土地賞賜給出色的戰士，將戰俘帶入特諾奇提特蘭作為給神明的祭品。

阿茲特克人在三聯盟中居於主導地位。他們改寫了這一地區的文化，他們把自己的歷史寫入當地歷史，並且對宗教進行了改革——強調了對南方蜂鳥神維齊洛波奇特利的尊崇，而人祭在宗教儀式上占據了非常突出的地位。

在阿茲特克人的描述中，維齊洛波奇特利作為太陽，每天穿過天空。從黎明到正午，陪伴他的是陣亡戰士的靈魂；而從正午到落日，陪伴他的則是分娩時死去的女子的靈魂。可以看出，阿茲特克人認為女人在分娩時死去和男人戰死沙場是一樣光榮的，都可以獲得在天空陪伴主神的資格。而到了夜晚，維齊洛波奇特利也沒閒著，他要照亮死靈們的家園——冥界。

在傳說中，蜂鳥神維齊洛波奇特利也是太陽神，他的母親被尊為大地女神，姐姐成為月亮女神，四百個兄弟成為星辰。但每天升起的太陽可以將月亮和星星的光芒都掩蓋，足見其威力。阿茲特克人擔心，儘管太陽神每天都打敗了月亮和星辰，但如果萬一輸了，太陽將不再升起，生命會陷入黑暗，所以和供奉煙鏡神一樣，阿茲特克人為此幾乎癡迷於人祭。

蜂鳥神的母親科亞特利庫埃贏得了阿茲特克人莫名的敬意，她的形象十分可怖。她的頭不是人類的樣子，而是由兩個巨大的蛇頭組成，臉頰部位的裝飾紋路象徵著正在流出的鮮血。她用骷髏、人心和砍下的人手作為裝飾，她渾身是蛇——腰帶和短裙都是蛇組成的，而手和腳則是老鷹般的利爪。從這個形象上看，阿茲特克人是把自己日常所見的蛇和老鷹都加諸大地女神的形象裡，讓她顯得又常見又駭人。據說，在阿茲特克帝國全盛時期，大地女神被供奉在主神的神廟裡，地位卓越。

而月亮女神就沒有那麼幸運了。她名義上是蜂鳥神的姐姐，但卻是弒母的罪魁禍首。在二〇世紀七〇年代末，墨西哥城鋪設電纜的過程中，工人從地底發現了一塊又圓又平的石頭，上面的石刻引人注目：那是一個女人，頭顱、四肢和軀幹被切斷，渾身赤裸。這就是月亮女神科伊奧莉沙烏基的石雕，本來放置在屬於她弟弟蜂鳥神的阿茲特克大神廟階梯的最下方。石雕的作用是接住人祭的屍體。在原本的傳說中，月亮女神形象不怎麼光彩，是一個叛徒，因此，石雕中她的頭顱被砍下，四肢也是斷裂的，腰上有骷髏的裝飾，無一不象徵著死亡。

人祭的主要目的是賄賂眾神，可以看出由於地震、狂風等災禍的頻仍，阿茲特克人無時無刻不戰戰兢兢地生活，選擇用最寶貴的東西來獻祭諸神——為了人類存續，他們不得不這樣做——把人作為祭品獻給神明。在阿茲特克人看來，時間會繼續下去是件無比重要的事，他們時常擔心自己的世界迎來末日。

還有一個令人玩味的小小問題是：如果太陽神如此偉大，那麼為何用世界上最小的鳥類蜂鳥來代表？據說是因為蜂鳥採食花蜜的姿勢容易令人聯想到獻祭。尖尖的嘴刺向花蕊，如同吸食花朵的血液一般。

阿茲特克人的宇宙

阿茲特克人相信，宇宙是會死亡的，時間是由一個又一個的週期組成的，每五十二年為一個週期。時間最終將化為靜止的虛無。

和中美洲其他民族一樣，阿茲特克人也認為宇宙是從一個固定的中心向東南西北四個方向延伸的空間。宇宙有三個層面，分別是天國、冥界和地面，而他們的都城特諾奇提特蘭就在宇宙的正中心。

阿茲特克人的詩歌中寫道：「誰能征服特諾奇提特蘭，誰能撼動天國之基？」意思就是說，如果特諾奇提特蘭遭遇毀滅，那麼整個宇宙將隨之崩潰。

阿茲特克人的王，在百姓眼中，既是國家的保護者，也是最大的祭司。他高高在上，擁有絕對的權力，也會在宗教儀式中當著民眾翩翩起舞，負責維護宇宙的和諧。

阿茲特克人認為，鮮血對於宇宙的維繫至關重要。因此他們是出了名的尚武好鬥。在他們心中，死在戰場或者祭臺之上，是對諸神最高的尊重。此外他們還認為，婦女的分娩也如同一場戰鬥。人們會對尚在襁褓的嬰兒說：「或許等你長大就會明白，死於黑曜石刀下是一件多麼值得的事情。」

阿茲特克戰士

阿茲特克帝國全民皆兵，所有的男孩都要接受一定的軍事訓練。十歲的時候，他們的頭髮就要被剃光，只在腦後留出一個小辮，算是成為戰士的第一步。十五歲開始，就要接受嚴格的軍事訓練。他們要和經驗豐富的戰士一起行動，完成運輸等一些與戰爭相關的任務，磨煉體力和意志。如果日後在戰場上俘虜了敵方士兵，那麼他們的身分就有望進階。俘虜多人便可成為「精英戰士」，那麼社會階層的提昇就在眼前：可以成為軍事將領或者君主智囊團中的一員。

成為精英戰士後，他們甚至享有參選未來君主的權利。阿茲特克的王位不會主動傳給長子，而是由阿茲特克戰士、祭司和各級官員組成一個選舉委員會，委員會成員有權利投票，從皇室家族範圍內選出下一任君主，而參選的標準是看候選人的軍事才能和宗教資質。

據說，新的君主一即位，就馬上要率領軍隊進行一次遠征，以展示自己的領導才能。這是一場考驗。有位新君在首次戰鬥中只俘獲了四十個俘虜，而己方卻損失了三百人，於是成為谷地各個族群的笑柄。阿茲特克人怒髮衝冠，為了讓「整個王國不再為此人的軟弱以及無能付出不值的代價」，他們直接毒死了這位君主。

儘管阿茲特克人一再表明自己是不可戰勝的，對其他族群形成了強大的威懾，但是這種威懾是雙刃劍。日後，西班牙人聯合那些對阿茲特克滿懷仇恨的部落，毀滅了這個王國。

最後的日子

噩兆

三聯盟並非十分穩固。阿茲特克人日益驕橫，修建了一個龐大的灌溉引水工程。但是工程失敗了，洪水沖垮了特諾奇提特蘭的房屋和花園，貴族們四散奔逃，十分狼狽。

阿茲特克首領只好向三聯盟盟友之一的特斯科科部落求助。特斯科科部落首領尼薩烏亞爾比建議，拆除水道，舉行慶典來平息上天的憤怒。阿茲特克人只好採納，待大水退去，谷地各個部落都派來了泥瓦匠，協助重新修建特諾奇提特蘭，並在運河的兩岸種植鞏固堤岸的樹木。

但是，危機在這場大水後顯露出來。人們在修築城池的時候口口相傳一個消息：阿茲特克首領曾暗害了一名勸阻修建水道的小部落酋長，為了伸張正義，擁有法力的特斯科科部落首領尼薩烏亞爾比降下天災，以此懲罰傲慢的阿茲特克人。

大水過後，尼薩烏亞爾比威名遠播，他作出預言，將有白色的神終結阿茲特克人的統治。

水道風波反映了阿茲特克人的統治危機。由於人力不足，他們不能直接控制征服得來的土地，外來的民族隨時會因畏懼人祭而發生叛亂。儘管征戰中獲得的財富不斷積累，但財富促進人口增長又會引發更大的掠奪需求。阿茲特克人不得不進行越來越疲憊的遠征。

事實上，西班牙人到來之前的幾年出現的噩兆已經令阿茲特克人膽戰心驚，人們陷入了某種未知的恐慌。

比如，明亮的彗星出現於天際，占卜師因為不能解釋這一天象而被阿茲特克首領罰在牢裡活活餓死。

特斯科科部落首領尼薩烏亞爾比預言了阿茲特克的崩潰。他說，自己願意拿整個部落的聲譽和阿茲特克首領來打這個賭，對方只需拿三隻火雞。賭局以球賽的形式舉行，在中美洲，素來有「以球賽定天意」的傳統。儘管阿茲特克人贏了前兩場，但特斯科科人贏了後三場，這樣的失敗令阿茲特克人十分不安。他們開始喪失自信，害怕未來。

越怕什麼，就越來什麼，這是歷史的定律。此後的日子裡，每到半夜，天上就降下一條火柱，神廟相繼燒毀。

空中無風，特斯科科湖卻波浪滔天，水中隱約聽到一個女人的哭喊：「我的孩子們呀，我們都要完蛋了，我們要到哪兒去呢？」

阿茲特克首領開始噩夢連連。恍惚間，他看到一些鬼怪來到他眼前，但他還沒看清這些鬼怪，鬼怪又即刻消失了。

最不祥的徵兆應該是一種怪鳥的出現。獵人發現一隻奇怪的鳥，便抓來獻給首領。大家都說，這種鳥的頭上長著一面可以照見天空的鏡子，但首領看向鏡子卻發現裡面分明是一支軍隊。

這些事情顯然並不是真實發生的，但是卻清晰反映出阿茲特克人面對西班牙人的恐懼。

羽蛇神降臨

阿茲特克的征服者科爾特斯在一五一九年的時候登陸猶加敦半島。他和他的士兵帶著從古巴偷來的船隻來到中美洲。路上有一些流浪的西班牙人加入了這支隊伍。

科爾特斯出生於西班牙一個小貴族家庭，從小膽子大，熱衷冒險。一五〇四年，他加入西班牙的殖民軍隊，一五一九年初，來到墨西哥灣，在馬雅人居住的地方登陸。馬雅人對入侵者奮起反抗，但是和中美洲其他民族一樣，他們從來沒見過馬匹。

當科爾特斯帶著騎兵衝過來的時候，馬雅人被騎兵踩踏而落敗。

聽到馬雅人戰敗的消息，尤其聽說打敗他們的是「乘船過海而來，且臉孔雪白的人」，阿茲特克當時的君主蒙特蘇馬二世很震驚，因為這與「羽蛇神歸來」的傳說不謀而合。於是他派了一支使團前去拜會，並希望能勸說這些人離開。

蒙特蘇馬二世的擔心是有依據的。根據阿茲特克曆法計算，每五十二年是一個週期，在第五十二年，也叫作雪阿卡特年，上天會降下災禍或者考驗。而一五一九年正是一個雪阿卡特年。

科爾特斯別有用心地招待蒙特蘇馬二世的使者們觀看他的部下表演騎馬衝鋒。當一名使者看到一個西班牙軍官頭戴銀盔，不禁驚呆了，因為這和羽蛇神的頭盔十分相似。他小心翼翼地提出要求，希望將頭盔帶給君主一觀。科爾特斯慷慨答應了。

蒙特蘇馬二世見了頭盔，越發堅信這些白色臉孔的傢伙就是羽蛇神的化身，馬匹是他們的神仙坐騎，而火槍是他們的殺人法器。他思忖無法和神抗爭，那麼最好還是用錢買平安。他獻上了一些珍貴的禮物：車輪大小的盤子，一個是金的，一個是銀的，還有用寶石和彩色羽毛編織的珍貴長袍。

本以為禮物能讓這些「神」見好就收，或是等下一個五十二年再來，不料這些金銀器物大大刺激了西班牙人的貪欲，他們要求，非要見到蒙特蘇馬二世不可。蒙特蘇馬二世只好答應，並派人送信，稱歡迎他們到阿茲特克的首都特諾奇提特蘭去看一看。

途中，科爾特斯一度想在反抗他的「阿茲特克聖地」——喬盧卡大開殺戒，讓這座城市屍橫遍野，成為廢墟，以在阿茲特克人面前立威。終於，在一個清晨，西班牙人抵達了特諾奇提特蘭。當晨霧散去，他們被眼前的景象驚呆了：整個城市如同浮在水面之上，水道縱橫，市井儼然，人們乘坐小舟往來，如同仙境。

而阿茲特克人也打量著遠道而來的不速之客，小聲議論著他們的來歷。

西班牙人進入城市後受到了阿茲特克人的優待，蒙特蘇馬二世竟然還安排這些人住進了自己父親的宮殿。儘管科爾特斯一行人已經要夠了威風，但畢竟周圍有數以萬計的阿茲特克人，他們生怕對方對自己下手，於是科爾特斯決定先下手為強，以士兵衝突為由，趁機將蒙特蘇馬二世挾持到自己的兵營，逼迫對方效忠當時的西班牙國王。

為了贖回自由，蒙特蘇馬二世讓手下送來數不盡的金銀珠寶，而科爾特斯還在地宮中發現了大量的寶藏，就是著名的「蒙特蘇馬寶藏」。後來有一款著名的遊戲「祖瑪」，就是以此為靈感開發出來的，當全世界都熱衷玩這款遊戲的時候，人們大概不知道「祖瑪」一詞來源於一位阿茲特克王的名字「蒙特蘇馬」，而在當地語言中，這個名字的意思是「憤怒的主宰者」。

然而蒙特蘇馬二世已經無法主宰任何事情，懦弱的他在勸說同胞順從入侵者時，被憤怒的阿茲特克人扔了石頭，頭部受傷。不過最終他因何喪命，仍是眾說紛紜。

青玉米節

就在西班牙人搶掠了「蒙特蘇馬寶藏」後，阿茲特克人世代積累的財富以及神廟裡的神像都被搬走。這一連串的暴行，激怒了阿茲特克人，他們開始暗中醞釀起義。

到了青玉米節，成千上萬的阿茲特克人聚集到戰神——南方蜂鳥神的神廟，為的是向外來者炫耀自身文化的尊貴。然而他們迎來的，卻是西班牙人一劍砍掉了用草藥種子熬制塑造的戰神的鼻子。科爾特斯的部將阿爾瓦拉多害怕阿茲特克人就此展開抗爭，於是將現場六百名阿茲特克人屠殺殆盡。

面對這場祭典中的屠殺，看著祖先的節日被屠殺的血泊玷污，阿茲特克人氣憤至極，他們將西班牙人的駐地包圍了將近七天，直到科爾特斯率領兩千名援軍趕到，他們才轉戰到了山中。

一五二一年，科爾特斯捲土重來，這一次他將仇視阿茲特克的幾個部落召集起來，組建了一支規模龐大的軍團，將特諾奇提特蘭圍住，城內居民堅持抵抗了兩個多月，終於城還是被攻破，阿茲特克帝國宣告終結。

史料記載，阿茲特克貴族幾乎被屠殺殆盡，只有少數兒童倖存。蒙特蘇馬二世的侄子、末代君主——夸烏特莫克被吊死。據說，城被攻破之後，曾有四個阿茲特克學者帶著他們珍貴的史書前去投降，本以為勝利者能保存這些寶貴的記載，但是西班牙人放狗咬死了這些學者，阿茲特克人的記載隨風飄逝。

後世分析，阿茲特克帝國的覆滅與南美的印加帝國有相似之處。首先，西班牙人在武器上具有顯而易見的優勢，他們擁有熱兵器，大炮、步槍等，還有馬匹，阿茲特克人曾經以為騎在馬上的西班牙人是半人半獸的神明。

更重要的是，西班牙人將美洲原住民從未得過的各式傳染病帶來這片大陸。阿茲特克人遭遇天花等傳染病後，人口從一千五百萬驟降至三百萬。瘟疫也成為導致帝國迅速衰落的原因之一。

在大炮、病菌的輪番攻擊下，阿茲特克人最終一敗塗地。

第二部

馬雅人的故事

第一章　當世界還小的時候

大週期的開始

又要講一個關於創世的故事了。

天地之間一片黑暗，沒有光，也沒有大地，只有天空和無邊無際的海洋。海洋翻滾著黑色的巨浪，天空中唯有呼呼的風聲。慢慢地，在風中誕生出天空之神哈里科恩，而從海底走出了海洋之神古祖瑪茲。哈里科恩形如一道閃電，古祖瑪茲黝黑而體胖，他倆在海面上碰面了，彼此對視，說出了世界上第一句話——「創造」。他們的相遇就是宇宙大週期的開始。

他們首先創造的是大地。要在浩瀚的汪洋中造出供動物生息的土地，他們運用神力，合力退去海水，露出大地，又讓部分土地繼續隆起，形成連綿的山脈。他們在山上和平原上撒滿種子，高高低低的綠色植物開始漫無邊際地生長，世界有了新的面貌。

但是，除了他倆，沒有別的會說會動的生命體，世界依然一片死寂。「多想有個會叫喚的東西啊。」海洋神古祖瑪茲嘟囔著說。「那我們再造出一些動物吧。」天空神哈里科恩說。於是，他們造出了美洲豹、鸚鵡、野鹿和巨蟒等動物，動物們讓大地熱鬧起來了，聽著美洲豹的吼叫和鳥類的啾鳴，兩位神滿意極了。

「咱們教它們說話，怎麼樣？」古祖瑪茲喜孜孜地說。哈里科恩沉吟了一下，回答：「可以試試。」

他隨手抓來一隻野狼，蹲下看著狼的眼睛說：「跟我學說話，隨便說一個字也好。」

可惜，不管哈里科恩怎樣教，野狼依然只會嗷嗷叫，他只好放開了它。

古祖瑪茲抓到一隻美洲豹，但是美洲豹怎麼也學不會語言，嗓子裡只有低沉不耐煩的吼叫。

一連試了幾種動物，都不成功，它們只會發出含糊的聲音，無論如何無法形成悅耳的語言，尖叫聲、咕嚕聲和吱吱聲弄得哈里科恩和古祖瑪茲又急又累，只好坐下來休息。

「我覺得這些生物一點也不尊重我們。」古祖瑪茲開口說。

「是的，」哈里科恩說，「我們沒有造出來懂得如何尊重我們的生物。」

「好吧，」古祖瑪茲把手一揮，所有的動物被一股看不見的力量推到了森林裡，「你們永遠都要待在森林裡，我們即將造出來的生物將成為你們的主人，你們要服從他們。」

二神創世

馬雅人眼中的宇宙

在造人之前，哈里科恩和古祖瑪茲想到的是這種生物必須懂得敬神，要會祭祀他們，定期獻上自己在大地的收成，因此柔順乃是第一大要務。古祖瑪茲建議，用海底柔滑細膩的沙子來造人，但是沙子怎麼也捏不起來，他煩躁地把沙子扔回了大海。哈里科恩用手在地上挖了一塊泥，捏出了一個泥人，給古祖瑪茲看，古祖瑪茲覺得不錯，也捏了一個泥人。兩個泥人被神力賦予生命後，蹦蹦跳跳地走了。兩位神見狀大喜，不畏疲倦，用一個晚上的時間做出了許許多多的泥人。

大地上從此開始有了這種泥土顏色的小人兒，但是他們的身體不大靈活，經常撞在一起，掉胳膊斷腿兒是常事，有時身體都撞成碎塊，無法復原，而且因為兩位神只用了一個晚上造他們，製作難免粗糙，他們的面部不平衡，一邊高一邊低，說話還是含含糊糊的，比動物強不了多少。雖然他們繁衍很快，大大小小的泥人迅速占滿大地，但是這種不成功的生物讓兩位神越看越懊惱。

哈里科恩為了讓自己和古祖瑪茲寬心，說：「也許泥人會祭祀我們，供奉我們，如果這樣，我們還是可以接受它們。」於是，兩位神將他們的曆法和祭祀的特定日子告訴了泥人。但是到了日子，泥人沒有絲毫要祭祀神明的意思。古祖瑪茲大怒，說道：「這些一點尊卑都不懂的泥人，我們還是毀滅了它們吧。」他念動咒語，讓海面上漲，淹沒大地，泥人躲避不及，很快化為一灘灘的泥水，最終消融在海水之中，海水退去，大地又是一片乾淨。兩位神不得不思考下一輪的造人。

接著，他倆開始了第二次的嘗試，哈里科恩從河邊取來蘆葦，將之變成女人，古祖瑪茲從海底的珊瑚樹上取材，造出了男人。由於這次造出的男人和女人的臉上都有細細的絨毛，所以被稱為猴人。起初，這些由珊瑚樹造出的猴人看起來比泥人強得多，相貌不錯，彬彬有禮，而且繁衍很快。但是過了一陣子，猴人的缺點就顯露出來了。他們的頭腦很簡單，內心沒有感情，對自己的創造者——天空之神哈里科恩和海洋之神古祖瑪茲沒有感恩之心，雖然沒有像泥人那般完全不祭祀神明，但是他們對這兩位神一點也不虔誠，祭祀活動時常敷衍了事。哈里科恩和古祖瑪茲看在眼裡，很是不滿。

終於，古祖瑪茲忍不住了，對哈里科恩說：「我們辛苦創造出來的世界，就讓這樣的生物主宰嗎？不如再重新來過。」哈里科恩說：「我也正有此意。」但是猴人並不像泥人那樣容易毀滅，他們不怕水，智商也高，可以從火中逃生，為了徹底毀滅它們，哈里科恩和古祖瑪茲頗費了一番腦筋。

而此時，猴人還在過著自己安靜的小日子，它們有自己的村莊、農舍和牲畜，吃得飽、穿得暖，它們認為這樣的日子會持續到地老天荒。它們並不知道，神明已經震怒，災難即將降臨。

猴人的末日

哈里科恩性格本就急躁，他急於把對神不夠恭敬的猴人從世界剷除。他念出了最可怕的咒語，從天上召喚來兩頭可怕的嗜血怪物，一個叫挖眼巨獸，形如老鷹，長著尖尖的利爪，專門挖猴人的眼睛；一個叫放血巨獸，兩隻巨掌長滿黑色茸毛，能把猴人的腦袋拔下來，令它們血如泉湧。古祖瑪茲也硬起了心腸，從山谷最幽深處放出了根本不是動物但卻以動物形態存在的怪物——碎屍美洲豹和撕肉美洲豹，它們的眼睛裡冒著藍色的煙火，牙齒咬得咯咯響，體形是普通美洲豹的十倍。這四頭巨獸聚在一起，準備對猴人進行一場大屠殺。

　　不少馬雅部落的古籍中都記載了那個開始屠殺的悲慘黃昏。傍晚時分，一個猴人孩子正在空地上玩耍，忽然從天上啪噠掉下一塊瀝青，小孩覺得好玩，用手觸摸，被燙了一下，他趕忙把手縮回去，但瀝青燙掉了他手指的皮，他疼得哭了起來。這時候，不遠處的小樹枝啪地一聲折斷，因為又一塊滾燙的瀝青掉了下來。慢慢地，天上熔化的瀝青一塊一塊掉在地上，就像下了一場黑色的瀝青雨，有的猴人身上沾到了落下的瀝青，被燙得尖叫起來。瀝青雨越來越密，猴人慘叫聲不絕，有的猴人已經倒在地上，身上依然不斷被天上降下的瀝青擊打，最終全身焦黑，抽搐死去。

猴人

　　跑得快的猴人趕忙跑回了家，以為有屋頂就安全了。但是一到家，他們就看到原本飼養在家中的狗、火雞等家畜都衝到了屋子裡，這些看起來怒氣沖沖的家畜面目猙獰，口吐人言，控訴著猴人虐待並最終吃掉它們的罪行。等罪行宣布完，家畜們撲上去，把猴人按在身下，撕咬起來，還嚷嚷著：「以前你們吃我們，今天嘗嘗我們的厲害，看我們咬死你們。」猴人剛遭遇了瀝青熱雨，又被家中的牲畜百般撕咬，又驚又懼，他們退到了廚房裡，把門閂上，把狗和火雞擋在外頭。聽到外面慢慢沒了動靜，猴人們舒了一口氣，但是廚房裡的鍋、罈子、石磨居然都長出了眼睛，它們盯著猴人，就像看著仇人一樣。石磨先開了口：「你們讓我的臉整天都在磨東西，讓我承受了多大的痛苦，今天我都要討回來！」罈子、鍋子和其他炊具都瞪大了眼睛，站在石磨身後，咬牙切齒地說猴人如何用火燻黑了它們的臉，烤焦了它們的嘴，現在到了復仇的時刻了。炊具們像火山爆發似的一股腦兒飛向了猴人，石磨狠狠碾，鍋子拚命砸，可憐的猴人被擊打成了碎片粉末，不復原來的形狀。

猴人們四散奔逃，有的手腳並用爬到了屋頂上，房頂便轟然倒塌，有的爬到山上，山石就即刻滾落，將他們砸死，有的攀到樹上，樹枝則像人的手臂一樣抓住他們，把他們摜在地上，周遭的一切都變了。

猴人們明白，末日已經降臨，神明對自己不夠滿意的作品十分憤怒，將降下最殘酷的災禍毀滅他們。最後一批猴人在地動山搖之中看到一個山洞，正張著黑色的大嘴等著自己，他們抱著最後一絲求生的希望衝進了山洞，等他們全部進入山洞，大地震動，洞口像吃飽的巨蟒一樣合上了。就這樣，最後一批猴人永遠被埋葬在了那裡，被神祇們斬盡殺絕。

在煙塵中，世界上沒了主宰生靈，又恢復了最初的模樣，這個紀元結束了。

第二章　七金剛鸚鵡和雙胞胎神

欺世盜名的七金剛鸚鵡

上一個紀元結束後，一場滔天洪水席捲了人間，此時正值北斗七星升起，所以這個星宿代表的七金剛鸚鵡就趁機聲稱自己是世界的新主宰。這個時候，天上既沒有太陽，也沒有月亮，只有一道朦朧的光透過厚薄不勻的雲層從天上照射下來，這隻怪鳥稱自己既是白天的太陽，又是夜晚的月亮，它可以讓世界明亮起來，不過這得看它的心情。

七金剛鸚鵡其實是喜歡這種昏暗的光線的，因為顯得它格外耀眼。七金剛鸚鵡渾身上下金燦燦的，羽毛是金子和銀子打造出來的，上面還鑲嵌著玉石，還有個大腦袋，頭上的羽毛更是華美無比，五彩繽紛，像是用各色碎寶石拼出來的，而牙齒是用最為堅固的藍寶石做的，所以經常大叫，目的就是為了讓大家看到美麗的牙齒。它最為得意的是白色的喙，喙通體發亮，在很遠的地方都能看到。

由於之前兩位造物神哈里科恩和古祖瑪茲都回到天上休息了，七金剛鸚鵡無人管束，便更加囂張了。它狂妄地說自己可以控制時間、制定曆法，而且生活也愈發奢侈，它用金絲編成窩，每天舒舒服服地住在裡面，還派遣兩個兒子去騷擾動物，索取供奉。

七金剛鸚鵡的兩個兒子也是怪鳥，同樣狂妄無比，一個叫「造山者」席派克納，一個叫「毀山者」恩斯奎克，他倆互相吹牛，一個說自己可以造物，一個說自己可以毀滅世界。總之，他們將自己的能力吹噓得和當年的天空之神哈里科恩與海洋之神古祖瑪茲不相上下。這種狂妄的態度讓天上的兩位造物神很是不滿，如果他們想要造出更為謙遜的生物來重新主宰世界，那麼怪鳥家族就必須被消滅。

七金剛鸚鵡

第一代雙胞胎神

除了被毀滅的猴人，世界上還存在著少量的半人半神的生物，因為數量很少，並沒有神明在意他們。為了制伏七金剛鸚鵡，哈里科恩找到了其中的雙胞胎兄弟烏納普和巴蘭凱，告訴他們為了讓真正的人類來到這個世界上，請他們把怪鳥家族勢力從世界上清除。這對兄弟聰明而強壯，一口答應了哈里科恩。

兄弟倆先是躲在暗處，觀察七金剛鸚鵡的習性，發現它特別喜歡吃一棵刺梨樹的果子，於是他倆埋伏在這棵樹下，等著它露面。過了不久，七金剛鸚鵡果然喜孜孜地來吃自己心愛的果子，它在地上踱步的樣子有些扭捏，巴蘭凱不禁笑出了聲。七金剛鸚鵡聽到有動靜，停了下來，烏納普覺得時機正好，吹了一支箭矢，直射七金剛鸚鵡的腦門，鸚鵡受到驚嚇，拍打翅膀準備飛走，但是箭正好在它起飛時射中肚子，痛得它掉了下來，引以為傲的大白喙摔在了地上，碎了。這時，烏納普衝上去，準備結束鸚鵡的性命，但是七金剛鸚鵡不是那麼容易對付的，它拍著翅膀，拚命掙扎，而尖利的藍寶石牙趁亂一下子咬住了烏納普的手臂，使勁扯了下來。烏納普的肩膀頓時血流如注，兩兄弟制不住七金剛鸚鵡，只好讓它跑了。

烏納普忍痛包紮好傷口，對弟弟說：「看來對付它沒這麼容易，還得想點別的辦法。」弟弟巴蘭凱點頭稱是。

七金剛鸚鵡帶著烏納普的一條手臂回到自己的窩裡，跟老婆吹噓：「他們兩個人用吹矢對付我，天殺的還讓我摔碎了我的白喙，不過我弄了他們一條手臂回來，他們中的一個人已經殘廢了，應該再也不敢來了。」說著，鸚鵡用牙齒咬住那條手臂，放在火上烤，過了一會兒，肉香飄出，七金剛鸚鵡和老婆一邊吃肉一邊說：「告訴咱們兩個兒子，以後見到這對雙胞胎不要客氣。」吃罷烏納普的手臂，七金剛鸚鵡才算平了心頭之恨。

就在這個時候，雙胞胎也在苦思對付七金剛鸚鵡的辦法，他們決定到北方去找兩位神通廣大的老人，一男一女，男的外號叫「白豬」，女的被稱為「白熊母」。兄弟倆跋山涉水找到了兩個半神，烏納普告訴了他們事情的經過以及自己是怎樣被七金剛鸚鵡啄去了一條手臂，他說：「這個七金剛鸚鵡戰鬥力很強，尤其是牙齒很厲害，我們不能強攻，只能智取。」白熊母聽了以後，沉吟片刻，說：「既然你說它摔碎了喙，那它一定要找醫生，我們扮作醫生或許可以接近它。」眾人稱好，雙胞胎兄弟扮作一對被薩滿收養的孤兒，而白豬和白熊母則扮作薩滿夫婦，一起出發去七金剛鸚鵡的地盤。

這時，七金剛鸚鵡正在犯牙痛，當聽說有薩滿會治牙，馬上就請他們進來了。四人進門後，狡猾的鸚鵡先是打量了雙胞胎兄弟，他倆穿著斗篷，手縮在裡面，彎著腰，弓著背，顯得很順從的樣子。鸚鵡開口詢問白豬二人：「你們二位一看就是老薩滿，那這兩位是誰呢？是你們的孩子嗎？」白熊母笑道：「我們二人沒有兒子，更沒有孫子，這是我們收養的兩個男孩，別看他們看著笨手笨腳的，在治病的時候也能當助手。」鸚鵡信了，向兩位老人吐苦水：「自從上次被人伏擊以後，我的眼睛就疼，還有我的牙，你們看，我美麗的白喙碎了，牙齒也鬆動了，我覺得裡面一定是生蟲了。」白豬假意仔細查看了鸚鵡的眼睛和牙齒，說：「牙齒裡的確有蟲，我們需要把牙齒拔下來，剃掉蟲子，再重新裝回去。你的眼睛痛也是牙齒引起的，所以拔牙是最好的選擇。」七金剛鸚鵡多疑，說：「你們會不會趁機偷走我珍貴的藍寶石牙？」白豬作勢要走，說：「你要是懷疑我們，就不要治了。」

七金剛鸚鵡牙痛很嚴重，只好同意，白豬和白熊母開始拔牙，他們把鸚鵡的藍寶石牙齒一顆

雙胞胎神

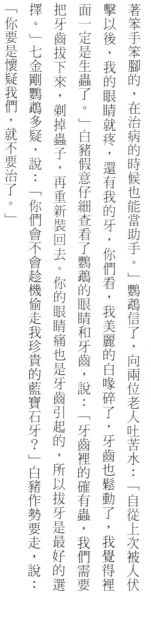

顆拔出來，不時小心翼翼地止血，鸚鵡覺得很舒服，閉上了眼睛。他們把牙齒放在雙胞胎兄弟的托盤上，然後把早已準備好的白玉米粒拿出來填在鸚鵡的牙槽裡，牙齒弄好後，他們又輕輕剝去鸚鵡眼周圍的金箔片，鸚鵡一點知覺也沒有，等它睜開眼時，發現自己的眼圈沒有一絲光彩，如同斑駁的石頭，它大怒，想去咬這四個傢伙，但是自覺牙齒軟綿綿，使不上力氣。此時，烏納普和巴蘭凱從斗篷裡跳出來，一下子制伏了鸚鵡，大聲呵斥：「沒了金子和寶石，你還剩什麼？沒有人再會聽你得意揚揚的鬼話，以為你是什麼天地之主，你不過是隻普通的怪鳥！」沒了金子做裝飾，沒了藍寶石牙，七金剛鸚鵡氣勢已墮，掙扎了幾下，就認輸了。直到現在，金剛鸚鵡的眼圈還是石灰般的白色，而且上喙大，下喙小，就是之前摔碎的樣子。

告別的時候，白豬和白熊母決定送烏納普一樣禮物，他們逼七金剛鸚鵡吐出了臂骨，用法術使之重新長出血肉，恢復如初，重新裝在了烏納普的肩窩上。這樣烏納普又有兩隻手臂了，可以去對付七金剛鸚鵡的兩個兒子——「造山者」席派克納和「毀山者」恩斯奎克了。

席派克納和恩斯奎克的覆滅

席派克納和恩斯奎克雖然是七金剛鸚鵡的兒子，但是他們卻有著人形，雖然外表和父親不一樣，但是內心則完全繼承了其妄自尊大。在雙胞胎動手前，就有人想除掉席派克納了。有一次，席派克納在森林裡，隨手拔了幾棵大樹，丟在一旁，在森林裡生活的四百個男孩看到了，他們認為這個破壞成性的大塊頭是個危險人物，必須除掉。他們和席派克納說，請他在地上挖一個洞，大到足夠能裝下他，他們願意支付他足以將洞穴填滿的金子作為報酬。席派克納答應了，幹得還很起勁，洞快挖好了，但是狡猾的他識破了男孩們的密謀，就在男孩們把一棵大樹砍倒準備砸死席派克納的時候，他迅速挖開了另一條通道，逃跑了，但是男孩們還以為他被砸進了挖好的地洞裡。為了迷惑男孩們，席派克納還剪下自己的一些頭髮和指甲，讓螞蟻帶到地面。這下男孩們確定席派克納已經死了，屍體就在地洞裡。為了慶祝勝利，男孩們喝酒喝到酩酊大醉，就在這時，席派克納突然出現，殺死了四百個男孩，把他們的屍體都丟到地洞裡。後來，這些男孩的靈魂升上了天空，變成了四百顆星辰。

雙胞胎聽說了四百個男孩的死訊，感到痛心，他們決定先對席派克納動手。

他們打聽到席派克納特別喜歡吃螃蟹，於是用石板和鮮花做了一隻巨大的假蟹，放在山上，然後放出風聲，說這是一隻非常美味的螃蟹，世間罕有。果然，席派克納聞風而來，但當他剛碰到螃蟹的背殼的時候，變成背殼的石板突然翻轉過來，將席派克納死死壓在下面，席派克納奮力掙扎，結果連同石板一起栽到了山谷裡，他的脖子在落地的時候扭斷了，他喘出幾口粗氣，白眼一翻，就死了。就這樣，雙胞胎沒費什麼力氣就除掉了席派克納，然後出發去找恩斯奎克。恩斯奎克是個不折不扣的破壞者，他的外號是「毀山者」，最喜歡做的事就是把高山夷為平地，順便毀壞這世間值得珍惜的一切自然美景。烏納普和巴蘭凱扮成年輕的獵人，做出一副很崇拜恩斯奎克的樣子，告訴他，在南邊突然又聳起一座高山，直插雲霄，聽得恩斯奎克心癢難熬，他命令兄弟倆為他帶路，並且摩拳擦掌要去毀了它。

烏納普和巴蘭凱一前一後夾著恩斯奎克，走在路上，他倆不斷用吹矢打鳥，等到了吃飯的時候，他倆先是把岩石碾碎成細細的粉末，仔細地塗在死鳥上，然後將獵物烤熟。恩斯奎克大口大口地吃著烤鳥，並不深究兄弟倆為何要這樣做。其實，烏納普和巴蘭凱是在施魔法，他們讓恩斯奎克吃掉被岩石泥土包裹的食物，預示著他在死後也會被泥土所包覆。

恩斯奎克一行人來到了那座傳說中新冒出來的高山，他動用蠻力，卻發現奈何不了這座山，因為此山正是雙胞胎製造的幻象。恩斯奎克看得見山，卻毀不了，心裡十分著急，他拚命用手去抓，用肩膀去扛，用腳去踢，但是山都紋絲不動，最終恩斯奎克累死了，他倒在大地上，身體漸漸變硬、變脆，好似一個陶人，表面出現了岩石泥土龜裂的樣子，終於，他變成一座小土丘，上面寸草不生。又一個巨怪被消滅了，雙胞胎完成了天空之神哈里科恩的囑託，勝利返鄉。

老大烏納普在母親的安排下結了婚，妻子又為他生下了一對雙胞胎，奇怪的是，這兩個孩子長得一點也不像，一個是猴子的模樣，有毛茸茸的臉，大家直接給他取名為「猴子」，另一個嬰兒身材矮小，如同森林裡的精靈，但是手指卻異常靈活，大家都叫他「工匠」。

雙胞胎制伏了七金剛鸚鵡，殺死了「造山者」席派克納和「毀山者」恩斯奎克，聲名大噪，他們的機智與勇敢被眾神交口稱譽。在造物神創造出人類之前，聰明的雙胞胎還發明了一種有趣的球賽來消磨時間，因為球賽太有趣了，以至於死神都垂涎，死神希望雙胞胎死去，來冥界陪自己踢球，服侍自己。

烏納普和巴蘭凱本性非常貪玩，為了玩，他倆發明了一個踢球的遊戲。巴蘭凱把橡膠樹割開，用空心椰子殼接住樹流出的白色的液體，過一個晝夜，將椰子殼敲碎，就有了一個完整的橡膠實心球。烏納普找了幾張獸皮，裁成護肘、護膝和護腰。他倆合力，把大石塊雕成圓環，掛在半空，然後比賽，看誰能先把球踢入圓環。二人玩得不亦樂乎，有一天，他們無意間來到通往冥界希巴厘巴的路上，他們擊球的聲音吵得死神們不得安寧。聽到球咚咚響，死神們心煩意亂，議論說：「這兩個人好大膽子，在我們頭頂上玩球，有本事下來和我們玩，他們完全沒把我們冥界希巴厘巴放在眼裡。」「要不，讓他倆到冥界來陪我們玩，順便給他們一點顏色瞧瞧。」一個死神建議說。

眾死神稱是，他們聚集在一起商量了一下，希望得到兄弟倆的皮具和橡膠球，因為他們實在想不出來那是怎麼做的，於是派遣了貓頭鷹信使去尋找二人。

貓頭鷹很快飛到了二人踢球的地方，傳遞了口信。聽後，巴蘭凱將信將疑，問道：「死神們邀請我們去踢球，是嗎？」「對，」貓頭鷹響亮地說，「馬上就走，對了，你們還要帶著你們踢球的皮具和球。」

通往冥界的道路並不順利，他們先是沿著陡峭的石梯一步一步往下走，走了一會兒，前面就是深深的峽谷。貓頭鷹輕巧地飛了過去，落在那一頭，略帶挑釁地看著他倆。兄弟倆對視一眼，烏納普鼓動弟弟，說：「我們連欺世盜名的七金剛鸚鵡都不怕，它兩個兒子也敗在我們手下，區區一個冥界，算得了什麼？」他二人使出吃奶的力氣，跳過了峽谷。貓頭鷹拍著翅膀，說：「小子有本事。」接下來，兄弟倆游過了令人作嘔的血膿之河，爬過了布滿釘子的高山，來到一片金色沙漠。在沙漠的邊緣，貓頭鷹說：「這是最後一道關卡，通過了，你們就是第一個進入冥界的活人。」烏納普和巴蘭凱進入了沙漠，開始平平無奇，巴蘭凱還和哥哥說笑：「怎麼這樣安靜，死神們在哪兒等著我們呢？」話音剛落，沙子窸窸窣窣，下陷成一個又一個的小沙坑，就在他們疑惑之際，沙坑裡鑽出了大大小小的黑色的蠍子，貓頭鷹見狀大笑不止：「這才是最後一關！」

兄弟倆十分狼狽，生怕蠍子的毒針刺到自己，一時間手忙腳亂。烏納普把踢球的皮具遞給弟弟巴蘭凱：「快穿上，護住身體。」蠍子越來越多，烏納普強迫自己鎮定下來，他反覆告訴自己：「我是打敗過七金剛鸚鵡的英雄，這些蠍子難不倒我的。」

由於兄弟倆穿上了護具，身手又靈活，所以蠍子一時也找不到進攻的辦法。蠍子群有些焦躁，正當此時，不遠處一大片沙子陷下去，揚起來的沙塵幾乎讓兄弟倆睜不開眼，等塵埃落下，出現在他們眼前的是一隻巨獸般的蠍子，胸前的一對大螯黑得像黑曜石，閃爍著屬於冥界的光芒。他們看著蠍子，大蠍子也轉動著眼珠，看著他倆。

「怎麼辦？」巴蘭凱問哥哥，額頭上冒了汗。

「看起來強大的東西都有自己的弱點，我們好好觀察這個傢伙，看看哪裡是它的弱點。」烏納普低聲說。

這時，蠍子的巨螯插到沙土裡，掀起一場沙子雨，趁著兩兄弟揉眼睛的工夫，它衝到他倆面前，舉起巨螯，眼看就要落下。

烏納普大喊一聲：「螯的後面沒有甲殼，攻擊那裡。」

巴蘭凱不知什麼時候拿出來橡膠球，一腳就踢到蠍子的軟肋上。蠍子疼得縮成一團，尾巴咯吱咯吱直抖。烏納普趁機一刀砍斷蠍子的尾巴。蠍子掙扎了幾下，倒在沙子上，不動了。

貓頭鷹見兄弟倆殺死了蠍子，便從半空落了下來，扭著一張胖胖的臉，撇著嘴說：「好了，通往冥界聖殿的路，就在你們腳下了。」話音剛落，大地抖動，從地下升起一條黑色的大路。

兄弟倆正要問貓頭鷹，這條路先開了口，它的嘴巴像一個洞，一張一闔地說：「沿著我行走，你們會到達冥界的中心——死神的聖殿，但是，年輕人，我有預感，你們將再也不能回到人間。」

「別亂說話，」貓頭鷹呵斥黑路，「他們是死神閣下們請的朋友，我會送他們回來的。」然後回頭對兄弟倆說：「請吧。」

雙胞胎神

古馬雅人球場球籃

就這樣，兄弟二人去往死神的居所。

死神的詭計

到了死神的聖殿，烏納普和巴蘭凱看見眼前有一排死神，個個呆若木雞，他們心想，到了人家家裡，不能失禮，所以恭恭敬敬對著他們鞠了幾個躬，說：「死神大人們，你們好。」死神們毫無反應，兄弟倆又說了一遍，對方還是無動於衷。

殿堂的盡頭，黑暗的角落裡響起了笑聲：「哈哈，還以為這兄弟倆有多機靈，原來也蠢得要命。」

「可不是，連我們擺了木頭人迎接他們都沒發現。」

從濃得像焦油一般的黑暗裡走出了一排人，有的手持骨頭做的棍棒，有的腳下流膿，臉色發黃，還有的長得非常胖，其他死神加在一起都沒有他身材寬，兄弟倆知道最後這個胖死神其實最可怕，看起來笑咪咪，但凡有病人垂危，他便一屁股坐在人家胸口上，使其吐血或者窒息而亡。其中一個死神說：「你們來了很好，明天帶著工具和球，準備比賽。」然後，指著兩張石凳說：「你們坐吧。」

烏納普和巴蘭凱依言坐下，剛一坐下，二人便感到屁股灼熱無比，原來這是燒得炙熱的石凳，要不是趕緊站起來，屁股就燒焦了。死神們見狀，笑得前仰後合，胖死神揉著肚子，直嚷自己肚子都笑疼了。

「你們屁股受傷了，不能踢球了，你們去那間小屋睡覺，有人會送火把和捲煙給你們。」腳下流膿的死神說。二人到了屋子一看，裡面漆黑一片，只好蹲在地上。過了一會兒，有個小僕人來了，帶給他們一個松木做的火把和兩根捲煙，說：「死神要你們點著火把和捲煙，但是明天，你們必須把火把和捲煙還給他們，這兩樣東西必須看起來和現在一樣，不可有絲毫損耗。」

這個時候，死神們在商議：「明天他們交不出原樣的火把和捲煙，我們就殺了他們，這樣踢球的皮具和球就歸我們了。」

玩球的雙胞胎神

小屋裡，火把漸漸燒完，捲煙也被兄弟倆抽掉了，他們並沒有把死神們的要求放在心上，只是顧念著屁股上的燙傷。

第二天，死神們問他們：「昨天給你們的火把和捲煙去了哪裡？」

「已經點完了。」巴蘭凱說，「我們的屁股好多了，什麼時候開始踢球？」死神們相視一笑，露出猙獰面孔，說道：「好，你們交不出和原來一模一樣的火把和捲煙，那今天就是你們的死期。」胖死神像大山一樣壓下來，把兄弟倆死死壓在身下。過了一會兒，他抬起屁股一看，烏納普和巴蘭凱兩兄弟已經斷氣了，眼睛睜得大大的，臉上還保留著死前的驚詫，就像是無法相信自己戰勝了那麼多強大的對手，最終卻因一個可笑的藉口死在屁股之下。

在掩埋屍體之前，死神砍下了烏納普的頭，把它掛在樹上。說來也奇怪，過了不久，掛著人頭的樹上果實累累，從遠處看和一顆顆人頭一樣。死神們覺得忌諱，下令任何人不許接近這棵樹。

兄弟出世

和死神住在一起的還有血神，血神的女兒血月亮是個好奇心很重的年輕女孩，她看到樹上長出像人頭一樣的果實，覺得新奇，便靠近樹，想看個清楚。風吹著樹梢沙沙作響，一顆果實居然開口講話了：「血月亮，妳願意摸摸我嗎？」血月亮點點頭，伸出了手，說時遲那時快，果實居然對著她的手心啐了一口唾沫，然後便消失不見了。血月亮低頭看，眼睜睜看著唾沫鑽進了掌心，隨即，她的肚子開始熱乎乎的，彷彿有兩團血肉在裡面打架。血月亮慌忙跑開了，身後樹上的果實在微風中輕輕碰撞，發出悅耳的聲音。

血月亮的肚子大了起來，沒幾天的工夫，她就生下了一對雙胞胎兄弟，即小烏納普和小巴蘭凱。當得知女兒有失檢點，血神大怒，他命令女兒殺死剛出生的雙胞胎，然後自裁。死神們也紛紛附和，他們還派了貓頭鷹監督她自殺。血月亮是個聰明的女孩，她在無人處對貓頭鷹說：「父親不過是一時氣憤，才說要殺我，如果我真死了，他定會遷怒於你。」貓頭鷹聽了，翅膀不自然地抖動了一下。血月亮趁機繼續嚇唬它：「到時候，他會把你渾身的血都放掉，你會全身乾癟地死去。」貓頭鷹聽了，果然害怕起來，說：「那怎麼辦，死神們要我把妳的心帶回去給他們，有什麼東西可以代替心臟騙騙他們的嗎？」血月亮拿出一塊心臟形狀的紅色松脂，說：「你拿這個去交差，就說這是我的心就行了。」貓頭鷹啣起松脂飛走了。死神們拿到紅色的松脂，下令僕從把火弄旺一些，然後把松脂丟進去焚燒。松脂融化，散發出香氣，胖死神還嘖嘖讚歎，說不愧是漂亮的血月亮的心臟，連燒起來味道都這麼香。

告別貓頭鷹後，血月亮也沒有耽擱，她馬上動身去找自己的婆婆——烏納普和巴蘭凱的母親。她來到人間，進了烏納普的家門，看到一位老婦人和兩個孩子在家中，其中一個孩子長得很像猿猴。她表明身分，對老人說：「我是血月亮，妳的兒媳，我身上懷了烏納普和巴蘭凱的兒子。」老人聽了很生氣：「妳是哪裡來的？我的兒子們已經很久沒有回家了，但願他們沒死在冥界。」血月亮說：「我來自冥界，是血神的女兒，我的確是妳的兒媳，妳會從我生的孩子身上看到他們的模樣。」老人哼了一聲，指著猴子和工匠說道：「看見這兩個孩子了嗎？他們才是我的孫子，妳這個來歷不明的女人，還是趕緊離開這裡吧。」

猴子和工匠看了一眼身懷六甲的血月亮，相視一笑，充滿不屑，他們繼續吹笛子和畫畫，渾然不顧勞作的祖母和風塵僕僕的懷孕的繼母。血月亮見狀，柔聲哀求：「您年紀大了，讓我來照顧您和孩子吧，我唯一的願望就是讓孩子平安降生，得到天地和神明的認可。」

老人說：「好吧，既然妳說可以照顧我，那我現在餓了，去給我摘點玉米回來。」血月亮答應了，拿起筐，出了門。猴子和工匠一反常態走在前面，說要為她帶路，等到了他家的玉米地時，血月亮才知道原來地裡只有一株玉米，上面也只結了一穗玉米，猴子和工匠在田壟上笑得直不起腰來。血月亮揪下一些玉米鬚，裝在筐裡，然後向農神查哈爾祈禱，過了一會兒，筐裡的玉米鬚就變成玉米棒，塞得滿滿的，猴子和工匠目瞪口呆，心知這位繼母不能小看。

血月亮把玉米帶回了家，沒想到老人一見滿筐的玉米，嚷嚷起來了：「妳是把所有的玉米都摘下來了吧，那我們以後吃什麼？」她跑到田地裡去看，發現唯一的玉米還好好地長在那裡，趕緊回家對血月亮說：「妳真是我能幹的好兒媳，妳就留下來好好生孩子吧。」

到了分娩的時候，老人和兩個孫子卻躲得遠遠的，血月亮在天神的幫助下才生下來雙胞胎兄弟——小烏納普和小巴蘭凱。兩個孩子一出生，哭鬧不止，老人很心煩，說：「吵死了，把他倆扔到外面去吧。」猴子和工匠巴不得祖母這麼說，他倆一人一個，把小雙胞胎丟在螞蟻窩上，但是一天一夜過去，嬰兒安然無恙。猴子和工匠又把他們扔在荊棘叢裡，他們照樣在裡面安睡，沒有受到任何傷害。血月亮在身體恢復後，把孩子重新帶回了家。

孩子在血月亮的照顧下很快長大，他們身體強壯，喜歡在陽光下玩耍，而他們的哥哥——猴子和工匠則喜歡待在家裡吹笛子、畫畫，用一些美麗的藝術玩意兒去逢迎祖母。老人偏愛他倆，她讓小烏納普和小巴蘭凱出去打獵，打回來的獵物做成香噴噴的飯菜，給兩個長孫吃，而血月亮和小雙胞胎只能吃些殘羹冷炙。

過了玉米收穫的季節，老人要求更多的獵物，小烏納普和小巴蘭凱經常一整天都在山裡，又累又餓，血月亮覺得忍耐已經到了極限。一天，她對兩個孩子交代了一番，就躲了起來。小烏納普和小巴蘭凱打獵回來，老人見他們兩手空空，很生氣，責備他倆為何沒帶獵物回來。小烏納普不慌不忙地說：「奶奶，我們打了很多鳥，都掛在了樹上，請兩個哥哥和我們一起去取吧。」老人同意了，猴子和工匠和他們一起來到一棵樹前，雙胞胎指指樹上的鳥，果然如鐵鑄在樹杈上一般密密麻麻，猴子和工匠見狀大喜，想馬上吃到鳥，他們開始爬樹。雙胞胎用從母親那裡學到的法術把樹不斷變高，兩個哥哥驚慌失措，手忙腳亂，小巴蘭凱喊道：「你們把褲帶解下來，拴在樹梢上就不會掉下來了。」猴子和工匠照做了，結果馬上就變成不折不扣的猿猴，褲帶變成猴尾巴，嗓子也只能發出猿鳴一樣的吱吱聲。小烏納普和小巴蘭凱看著哥哥們滑稽的面孔，不由得哈哈大笑。

變成猿猴的猴子和工匠別無他法，只得從一棵樹跳到另一棵樹上，一直跳到幽幽的森林深處。

祖母看到只有小雙胞胎回來了，而且對兄長的下落絕口不提，她感到害怕，便向回到家中的血月亮求饒，請血月亮原諒自己之前的過失。血月亮對兒子們說：「從今天起，你們不要去打獵了，拿起鋤頭，去種玉米。」

小烏納普和小巴蘭凱天還沒亮就去了地裡，他們把石鋤和石鏟往地裡一扔，念動母親教的咒語，結果鋤頭自己就把地鋤好了，鏟子自己就把雜草都鏟乾淨了，一片荒廢已久的田地就這樣整好了。兄弟倆在田壟上睡了一覺，還拿著吹箭筒玩了一會兒。快天黑了，老斑鳩叫了起來，他們知道該回家了，於是從地上抓了把泥，塗在臉上，又把木頭的碎屑撒在頭上，就好像砍了木頭，在泥地裡打滾過一般。

「奶奶，我們今天可是累壞了。」小烏納普故意在老人面前抖抖身上的土，讓她看自己臉上的泥。小巴蘭凱補充說：「不過我們今天把玉米地整理好了，可以播種了。」老人聽罷將信將疑，說道：「這可是好幾天的活兒啊，你倆這麼快就做完了？不行，我要去地裡看看。」兄弟倆撇嘴，笑了笑，心想：「奶奶真是老糊塗了，我倆的本事還信不過。」

過了一會兒，老人氣急敗壞地回來了，一見二人就罵：「你們兩個小壞蛋果然是騙我，一天什麼活都沒幹，卻騙我說都做完了！」小烏納普和小巴蘭凱不敢相信，趕忙跑到地裡去看，果然，砍掉的樹又長回來了，藤蔓和雜草也依然爬滿地，一切如故。小巴蘭凱又把石鋤和石鐮扔在地上，念動咒語，讓它們自己幹活，不一會兒，田地又整好了。小烏納普說：「弟弟，我們找個地方躲起來，看看是誰在搗亂？」

兄弟倆趁著夜色，找了個土坑，躲了起來。不一會兒，大大小小的動物都出來了，它們在月光下直立起身子，齊聲言語道：「站起來，連起來，枝枝蔓蔓長起來。」

植物就像聽到命令一樣生長起來，很快就將整理好的田地恢復到原來的樣子。小烏納普和小巴蘭凱跳了起來，去捉體形最大的美洲豹，但是美洲豹身形靈活，沒有成功捕捉到；又去追野鹿和兔子，但是只揪掉了它們的尾巴，所以這兩種動物的尾巴特別短。兄弟倆又眼睜睜看著野豬、野狼從自己身邊溜走，很是惱火，最後只抓到了一隻老鼠。

他們用火燒掉了老鼠尾巴上的毛，所以到現在老鼠的尾巴都是光溜溜的。當他們想取老鼠性命的時候，老鼠開口說話了：「我本不該死在你們手裡，你們也不該在玉米地裡。」

「你說什麼？」小巴蘭凱的手稍微鬆了一點，讓老鼠喘了口氣。

老鼠說：「你們的父親，烏納普和巴蘭凱死在了冥界，他倆最寶貝的玩意兒就是實心球和踢球的一身裝備，這些東西就藏在你們家屋頂上，連你們的祖母都忘記了。」

小烏納普和小巴蘭凱嘀咕了一陣，決定帶著老鼠回家。他們先是設法把祖母和母親支到河邊去打水，然後讓老鼠爬上屋頂，把繫著球和護具的繩子咬斷。東西掉了下來，兄弟倆如獲至寶，興致勃勃地玩起球來，你踢給我，我踢給你，玩了很久，不知不覺，來到了當年父親和叔叔踢球的地方，正好在冥界的正上方。

他們踢球的咚咚聲又吵得死神們心煩意亂，死神們說：「這是什麼聲音，竟和當年烏納普與巴蘭凱踢球一樣令人討厭。」冥界僕役出去一看，說：「是兩個長得與烏納普和巴蘭凱一模一樣的年輕人，他們在踢球。」

死神們商量了一下，說：「那麼，就請他們來冥界吧。」

兄弟涉險

小烏納普和小巴蘭凱又如當年的父親和叔叔一樣被請到了冥界，死神們又故技重施，在幽暗的大殿裡擺出了一些泥塑，並且躲在暗處，想看小雙胞胎對泥塑行禮。但是兄弟倆早有準備，他們覺得屋裡太黑，所以也不忙著行禮，而是找來一隻蚊子，讓它到裡面去咬人。蚊子飛到死神的大殿裡，繞了泥塑一圈就飛走了，它發現了躲在暗處的幾個死神，便朝著第一個死神的臉叮了上去，第一個死神「哎喲」叫了一聲，叫著第二個死神的名字問他：「你知道是什麼東西在叮我嗎？」蚊子又衝著第二個死神去了，叮了一下，第二個死神又叫出了第三個死神的名字，就這樣，小兄弟在門外聽得清清楚楚，等知曉了所有死神的名字後，他們從容地進門，對著黑暗裡的死神們行了個禮，然後叫出了所有死神的名字，令對方啞口無言。

「你們坐下吧。」一個死神指著石凳說。

小巴蘭凱搖搖頭，說：「我們不坐，那不是給我們的凳子，那是一塊燒熱的石頭。」死神的計策又失敗了。

死神們焦躁起來，對兄弟倆說：「你們去那間黑屋子裡休息，給你們火把和捲煙，記著，一個晚上火把和捲煙不能有任何損耗，明天要交出一模一樣的，否則，你們的死期就到了。」說罷，死神們哈哈大笑，覺得兄弟倆和他們的父親叔叔的死法一樣，倒是怪有趣的。

進了黑屋子，小烏納普就把火把和捲煙熄滅了，小巴蘭凱笑咪咪地伸開手掌，原來他準備了幾根紅色金剛鸚鵡的羽毛和幾隻螢火蟲。他們舒服地躺在屋裡睡了一覺，清早醒來，他倆細心地把紅色羽毛粘在火把上，讓螢火蟲趴在捲煙上，交給了前來的死神。

死神們惱羞成怒，他們先後把兄弟二人關在尖刀屋、嚴寒屋、美洲豹屋和烈火屋，但是兄弟倆都憑藉著超人的智慧和小心謹慎度過了難關。死神們無可奈何，便對二人說，最後的考驗是殺人蝙蝠屋，如果能再平安出來，就和他們比賽踢球。整整一個晚上，兄弟倆都守在牆角，拿著刀，沒讓蝙蝠靠近自己半步。到了第二天早上，小烏納普有些懈怠，把頭伸出窗外看天是否亮了，但早有死神埋伏在外面，把小烏納普的頭一下子砍了下來。死神們高興極了，連忙把他的頭收了起來。

小巴蘭凱望著兄長無頭的屍體，心裡滿是憤懣，但是他很快鎮定下來，然後找來一個南瓜，在上面刻上小烏納普的五官特徵，念動從母親血月亮那裡學到的咒語，帶著南瓜頭的小烏納普又站了起來，而等著南瓜頭和小巴蘭凱的是和死神們的球賽。

冥界的天空也有各種光線變化，在臨近黃昏的時候，天空泛紅，還透著鐵灰色，死神們在等著他們。小巴蘭凱和半死的兄長到了球場，他看到死神們腳下的球正是兄長的腦袋。小巴蘭凱球技嫻熟，比賽開始後，他很快控制了球，在進球後，故意把球踢到場外。他裝作找球，和南瓜頭兄長一起到了樹叢，然後迅速把南瓜頭摘下來，把小烏納普的頭安置回原處，為了騙過死神，又把南瓜變成腦袋。等比賽重新開始，南瓜在死神們的腳下重擊中爆裂了，於是雙胞胎宣布比賽結束，他們勝了。

手刃敵人的雙胞胎神

死神們是不會認輸的，他們又給了雙胞胎一個考驗——穿過一條火溝。雙胞胎心裡有數，他們毫不猶豫地衝進了火裡，身體燒成了灰。死神們又是一陣高興，他們本想把兄弟倆的骨灰撒到土裡，但是又怕再次長出果實，兄弟倆會再次輪迴，一個死神提議，不如撒到水裡去，被魚兒吃掉就徹底不能復活了。

當死神們興高采烈地把骨灰撒到冥河裡，小烏納普和小巴蘭凱的身體竟在水裡重新組合，長出血肉，五天後，兄弟倆在水中變成人魚，復活了。在水裡游了幾天，兄弟倆找了把石刀，在魚尾間一劃，就分出了兩條腿。他們上了岸，衣衫襤褸，雙眼卻充滿了神彩，因為想到了報復死神的好法子。就這樣，冥界裡多了兩個雜耍藝人，他們善於跳舞，一會兒跳貓頭鷹舞，一會兒跳猴子舞，除此以外，他們還會變戲法，把東西丟進火中燒掉，然後再將其恢復原狀，更令人咋舌的是，他倆可以把對方砍成碎塊，然後還能復生。他們的名聲在冥界越來越大，死神們也聽說了，議論紛紛：「這兩個人是什麼來路，有這麼大的本事？」於是讓僕從請二人來為他們表演。

「你們從哪裡來的，是什麼時候死的，來到了冥界？」面對形如乞丐的小烏納普和小巴蘭凱，死神們還真沒認出來。

小烏納普使勁彎著腰，小巴蘭凱則做出愁眉苦臉的醜樣，說道：「我們是孤兒，父母早就死了，我們也不知道自己怎麼也就死了，來到了死神老爺們掌管的冥界。」

「好吧，你們盡情表演，舞跳起來，火燒復原和起死回生的本事都拿出來，能在冥界死了再活，這個本事我們還從沒見過。」死神們吩咐說。

兄弟倆先是跳各種動物的舞蹈，讓死神們看得眼花繚亂，然後又當眾燒了死神的大殿，片刻間大殿又恢復原樣。他們找來一條狗，剁成一塊一塊，然後在屍體上蓋上紅布，掀開後，狗兒又活蹦亂跳。死神們看得很過癮，說：「你們在彼此身上試試。」兄弟倆依言，小烏納普把小巴蘭凱的心臟挖出來，小巴蘭凱隨即倒地閉氣，當心臟被放回胸腔裡，他又神氣地站起來；小巴蘭凱把哥哥分了屍，剁下了四肢，扔得遠遠的，還挖出了心臟給死神們看。這時，死神們已經亢奮了，嘴裡喊著：「活！活！活！」小巴蘭凱手心向上，慢慢抬起，兄長的身體站了起來，四肢和心臟也長回來了，恢復原狀，死神們興奮得不能自已，一個死神不假思索地說：「你們把我們殺死，然後讓我們復活。」兄弟倆點了點頭，他們迅速把死神們一個一個砍倒，還將心臟挖出，其餘沒死的死神都在哈哈大笑，覺得這個遊戲有趣極了。等輪到最後一個死神的時候，他發現兄弟倆的眼神不對勁，他大叫：「你們不是雜耍藝人，是那對雙胞胎。」但為時已晚，他也死在了刀下。

兄弟二人把死神們的屍體堆在峽谷邊，一個一個丟下去，剩下的僕從嚇得渾身發抖，向他們求饒。小烏納普宣佈說：「我們的父親被死神用卑劣的手法殺害了，我倆也曾飽受死神設下的種種死亡陷阱之苦，現在已經報仇雪恨。但是你們和死神所帶來的權勢都將不復存在，你們不配得到天神的憐憫，等待你們的只有野草和無盡的沙漠，你們只能把罪惡的生靈帶走，記住，不要用你們骯髒的血去污染世人。」說罷，兄弟倆將冥界砸了個夠，正要離開，一隻貓頭鷹飛來，為他們指引了父親和叔叔的埋骨之處，正是冥界的球場。兄弟倆把遺骨挖出，用淚水和溫柔的話語告慰他們的靈魂。「我們殺死了死神，清除了世界上的死亡、毀滅與痛苦，」小烏納普說，「現在我們要回家去看母親了。」

在家中，血月亮正焦急地等待兒子們歸來，當他們被火燒成灰時，她種的甘蔗的嫩葉也隨之枯萎，她以為兒子們已死，終日以淚洗面。當看到兩個兒子安然無恙地歸來，甘蔗也萌芽了，從此血月亮便奉甘蔗為神明，說它是「一家的中心」。

看望完母親，小烏納普和小巴蘭凱就告辭了，他們在一片光明中飛升上天，一個變成太陽，一個變成月亮，但是沒人知道他們之中誰變成太陽，誰變成月亮。

從此，天下光明，就連夜裡也有光亮。

基切人始祖

雙胞胎順利上天，成為日月，人間彷彿又安靜下來了，寂寞許久的天空神和海洋神又開始琢磨著造人了，因為如果沒有主宰的生物，神不過是個空殼子，得不到供奉。

他們找來了狐狸、草原狼、鸚鵡和烏鴉這四種動物來幫忙。「去尋找一塊土地，讓新造出來的人類能繁衍生存。」天空神這樣下了命令。「物產最好要豐富一些，」海洋神補充說，「這樣他們就能給我們更多的供奉。」

於是，四種動物組成的尋地小分隊就這樣出發了，那時大地一片乾旱，只有山上才有泉水流下，動物們就往遠處的山的方向前進，在快到目的地時，狐狸突然大聲說：「你們看，好多果子！」鸚鵡和烏鴉最愛吃漿果，聽罷連忙抬眼眺望，果然，眼前鬱鬱蒼蒼，低矮的灌木叢裡綴滿了深色的漿果，散發著醉人的香氣。草原狼又喊道：「前面有玉米。雙胞胎神家最喜歡玉米。」就這樣，動物們對這片土地很滿意，這裡有果子、有玉米，還有山上流下的清泉匯成的小河。它們在河邊喝水，剛喝了一口就吐了出來，烏鴉說：「這水怎麼這麼苦？」

鸚鵡若有所思，說：「那麼，這塊地就叫苦水地吧，苦澀的水裡竟長出甜蜜的果子和香甜的玉米，多麼有意思的事啊！」

它們摘了一些果子和玉米，帶回去給天空神和海洋神，神表示很滿意，天空神先把動物帶來的黃白兩色的玉米碾碎，用自己的洗手水去攪拌，然後和海洋神一起，用這種軟軟的玉米麵團捏出第一批人類——四個年輕的男人，他們的名字分別是美洲豹奎茲、美洲豹奈特、黑美洲豹和今無存。

他們四人從誕生之日起，就顯現出和當年由珊瑚樹造的猴人完全不同，他們是聰敏的孩子，口齒清晰，對神的意志心領神會，幹活從來不叫累，種植出來的農作物和打獵得來的獵物大部分都獻給神。他們還有個特點，就是視力超凡，多遠多高的物體都能看得清清楚楚，甚至連山巒的走勢和海洋的深處也不例外，由此，四個人類的始祖很快積累了浩如煙海的知識，對自己生存的土地也越發熟悉。他們驚歎神竟然創造了這麼美麗的世界，所以對神充滿崇敬。

看著幾個最初的人類這麼出色，造物的天空神和海洋神也很興奮。海洋神對天空神說：「這幾個人和我們之前造出的那些東西不一樣，你看，他們的眼珠子裡透著智慧的亮光，走路都帶著風，最重要的是，他們懂得尊重我們。」

天空神笑而不語，心裡對四人也是很滿意。

海洋神順勢說：「要不咱們再多教他們一些東西，他們會變得更聰明。」天空神和海洋神輪流為美洲豹奎茲、美洲豹奈特、黑美洲豹和今無存傳道授業，回答他們的問題，對宇宙的古往今來無所不談。漸漸地，聰敏又虛心的玉米人就有了神一般的智慧，天地間，再也沒有能難倒他們的事情了。

然而，神開始不安了。

最先開口的依然是海洋神，他說：「我再也沒有什麼知識可以教這些傢伙了。」天空神也說：「是的，有一次，黑美洲豹問了我七金剛鸚鵡這隻怪鳥是誰生出來的，我竟不知道。」海洋神有點焦躁地說：「不能讓他們的能力再這樣增長下去了，否則世上的事情就不再由我們掌控了。」

天空神說：「那好辦，先把他們非凡的視力拿掉。」

二神將四個玉米人叫來，海洋神想了一會兒，說：「這個世界你們也看得差不多了，你們透視的本事和千里眼的本事我們要收回來。」

玉米人們沒有說話，乖乖地讓神拿掉了自己神奇的視力，然後他們揉揉眼睛，發現神還給他們保留了能看清近處的視力，而遠處的山和樹木則是模模糊糊的黑點，再也看不清了，泥土岩石也無法再透視。神就這樣將他們拴在原地，使他們成為平凡的生物。

但是，即便如此，小心眼的神依然不放心。天空神決定為四個玉米人找配偶，用女人去阻礙

馬雅玉米造人

馬雅玉米種類豐富

墨西哥經典小吃玉米粽

他們對世界的探索之路。海洋神從海底挖出濕漉漉的白沙和黑沙，捏出四個女人，給她們隨便取了幾個名字——紅海龜、蝦屋子、水蜂鳥和鸚鵡窩。四個玉米人一覺醒來，發覺身邊多了幾個女人，天空神和海洋神笑咪咪地看著他們，宣布他們結為夫妻，從此在人間繁衍。

這四對夫妻生了許多許多孩子，過上了安定的生活。玉米人也不再想探索世界了，而他們生下的孩子各種膚色的都有，不同膚色的孩子組成了不同的部落，他們還為自己起了一個高貴的名字——基切人。

第一次黎明

在這個時候，世界上除了基切人以外，還有一些人類，有人說他們是神在七金剛鸚鵡統治時期隨手造出來的，總之不是神用玉米造出來的，所以出身不高，只在人間苟且度日。基切人不屑於與他們為伍，基切人住在高山密林之中，不讓凡人看到自己的生活。

基切人和其他人類在一起生活，他們共用日夜，但是他們都從來沒有見過太陽，雙胞胎神變成日月，但是沒有出來普照人間，世界在一片朦朦朧朧的光亮和昏暗中一天一天過去。所以，作為被神眷顧的玉米人，基切人還承擔著讓太陽降臨的重任。他們每日除了採集和狩獵，便是向天神不斷祈禱，讓光明偉大的太陽來到人間，普照萬物，使得人間有光明的法則。

在他們的虔誠祈禱下，金星出現在暮色中的天際，讓基切人激動不已，因為金星是太陽的使者，在金星升起後，接下來必然是旭日東昇。一個孩子問媽媽：「為什麼我們一定要有太陽？」媽媽回答說：「只有穩定的光和熱，我們玉米人才能在這片土地上長長久久地生存下去，基切人的生活才有了可以崇拜供奉的凝聚核心。」孩子懵懵懂懂，大約也明白了，太陽不僅可以提供光和熱，還能成為基切人內心的牽絆。說罷，媽媽把孩子的頭髮向上梳理，紮成一個朝天的辮子，基切人一向以長臉為美，頭頂上的辮子象徵著玉米穗，這種審美一直延續數千年，作為神眷顧之下的玉米人，基切人充滿驕傲。

金星出來了，基切人的首領決定帶著部族向金星的方向遷徙，直到他們的祈禱可以感動太陽，使之顯現。他們走過暗黑的沙漠，跨過湍急的河流，終於到了一個叫圖蘭的地方，定居下來。圖蘭是個開闊的地方，有不少肥沃的土地，基切人開始了農耕生活，他們認為自己應該以玉米為食，這樣才是不忘初心，不忘自己的來處。不過耕種就要靠天吃飯，就在基切人耕種了幾年之後，一場大冰雹把玉米全毀，更糟的時候，冰雹把基切人的火種熄滅了，他們陷入了困頓。

有個無足輕重的小神出來，他叫托希爾，只有一條腿，只能一蹦一蹦地走。他對基切人說，他願意成為他們的保護神，給他們火種和食物，但是有個條件。

基切人又餓又冷，急於擺脫困境，便問獨腿神托希爾是什麼條件。托希爾說，基切人必須以人為祭品，獻給包括他在內的諸神，獻祭的方式是把肋骨切開，伸手把心臟掏出來，用這些撲通撲通跳動著的新鮮心臟來祭神。萬般無奈之下，基切人只能答應，但是他們留了個心眼，沒答應獨腿神一定要用基切人來祭祀，這為他們日後征戰、掠奪奴隸埋下了伏筆。

看到基切人答應了自己的條件，獨腿神很是得意，把自己的腳後跟在草鞋上來回蹭，使之產生火花，火花點燃了周圍的乾草，就這樣基切人又有了火種。獨腿神又弄來了一些野生玉米，讓基切人渡過了難關。

基切人首領以暫時找不到戰俘為由，只以鹿肉和兔肉來祭祀神明，獨腿神托希爾雖然有些不高興，但是也沒有其他辦法，但是為了突顯自己神明的地位，托希爾勒令基切人不能吃四條腿的動物，只能吃肥大的蟲卵。那時，每個基切人的家裡都供奉著獨腿神的石像，打來大的獵物，將喉嚨咬開，讓動物的鮮血流進石像的嘴裡，算是完成了對神的供奉。

基切人的首領覺得一天到晚只能吃蟲卵和玉米，過得很憋屈，於是他決定帶領部眾繼續尋找太陽。告別圖蘭的生活不是一件容易的事情，很多基切人已經習慣了每天種玉米的生活，從樹林裡打來大的獵物，奉獻給神，自己只吃蟲卵，甚至他們對黃蜂的蟲卵和蟋蟀的蟲卵還有不同的烹飪方法。但是首領激勵他們，太陽還沒有出世，光明和幸福並沒有降臨，就這樣，基切人又上路了。獨腿神托希爾也繼續跟著他們。

基切人身上披著獸皮，手裡拿著裝滿乾玉米粒的口袋，在黑暗中向東行走，因為獨腿神告訴他們，東邊是太陽升起的地方。由於基切人不停地尋找太陽，有的天神覺得很煩，他們聯手弄來像厚厚的毯子一樣的烏雲，連一絲絲光線都不給人間了。基切人在黑暗中蹣跚而行，又累又餓。

忍饑挨餓的基切人爬上了一座高山，在山頂上，他們精疲力竭，一步也走不動了，於是坐下開始祈禱，期盼著太陽出來，帶給世間豐富的食物，驅散饑餓和寒冷。突然，太陽出來了，人間的第一個黎明降臨了。基切人第一次看到了太陽，新生的太陽就像一張金色的盤子，它的光芒就像金色的匕首般鋒利。太陽這時還不會控制自己的光熱，一下子就把原來潮濕的土地曬得乾裂，小一點的河流也紛紛蒸發斷流。基切人不敢抬頭，生怕被陽光刺瞎了眼睛。

隨著時間的推移，太陽的光逐漸柔和下來，清晰而不失溫暖，感受到暖烘烘的陽光，山谷裡、森林裡的小動物都跑出來了，和基切人一起沐浴光芒，但是陽光也催生了世界上第一批猛獸和毒物，狼蟲虎豹，各色毒蛇，也都從地下鑽出來了。

就這樣，好的，壞的，都在陽光下了。

祖先們的消失

在目睹了第一次黎明後，獨腿神托希爾開始逼迫基切人履行承諾，為他獻上人祭。基切人沒有辦法，只好跑到森林裡去，伏擊附近部落的獵人，他們模仿動物的叫聲，將獵人引誘到自己的包圍圈，然後上前將他殺死，切開肋骨，挖出心臟，用鮮血和心臟來祭祀獨腿神。

臨近部落的人發現森林裡開始變得不安全，很多男丁失蹤，還在林子裡發現了一具具屍體，大多已經被野獸撕咬壞了。但是很明顯的是，這些人並非死於猛獸口中，而是被挖心而死。

部落的人選出一個強壯的男人當誘餌，讓他偽裝成獵人深入密林，果然，基切人上當了，他們照常伏擊了這個男人，正當他們準備用刀子捅他的肋骨的時候，他不斷撲騰、劇烈反抗，從而引來了部落的人，就這樣基切人的行跡敗露了。基切人傲慢地告訴凡人們，自己是神用玉米造出來的天選之子，太陽也是在他們的祈禱下才來到了人間，他們殺人是為了敬神。但凡人們管不了這些，基切人高人一等的態度惹惱了他們，他們大聲咒罵著基切人的保護神獨腿神，但是凡人又打不過基切人，只好回去再想辦法。

凡人部落的首領們商量，用美女去誘惑基切人，然後摸清他們的老巢，將之一網打盡。他們選出四個漂亮的姑娘，讓她們進入森林，找個清澈的小水塘，脫去衣衫，沐浴戲水。這四個凡人姑娘雖然貌美，但是她們的長相不符合基切人的審美觀——臉不夠長，頭髮也不是玉米穗的樣子，所以基切人抓住她們，輕蔑地將之送回了部落。之前受到咒罵的獨腿神決定懲罰凡人，他用繪有美洲豹、大蟒蛇、大黃蜂和草原狼的斗篷將美女們裹起來，送回部落，還聲稱斗篷是送給首領的禮物。

看到這些精美的斗篷，部落首領們果然很高興，他們馬上將斗篷穿在了身上，彼此誇耀。沒想到，斗篷忽然自己動了起來，首領們看著身邊的人露出驚駭的表情，也害怕起來，斗篷上的動物活了起來，在部落裡大肆吃人，巨型黃蜂也不斷螫人，被螫到的人渾身抽搐，很快死去。首領們知道上當受騙了，怒火中燒，決定發動一場戰爭來了結和基切人的恩怨。

基切人和他們的保護神得罪了凡人，因此附近幾個部落的男丁集合起來，裝備上最好的武器，雄赳赳氣昂昂地向基切人生活的森林進發。他們一進入森林，就在獨腿神的監控之下，等他們走到林子的深處，獨腿神用法術迷倒了整個隊伍，使其昏昏睡去，還惡作劇地將他們每個人的鬍子眉毛和頭髮都剃掉，並且偷走了他們的武器。等凡人們醒來，發現自己的毛髮沒有了，十分難看，更加生氣，他們哇哇叫著衝到基切人的堡壘，聲稱要把獨腿神唯一的腿給剁下來。

基切人數量雖然不多，但是他們用幾個大葫蘆裝了黃蜂，等凡人攻上堡壘時，基切人就往他們身上撒蜂蜜，然後打開葫蘆嘴，讓黃蜂飛出來，黃蜂最愛蜂蜜，成群的黑煙般的黃蜂就衝著凡人們去了，在他們的手臂上、大腿上和腦袋上叮出大包，他們疼得嗷嗷直叫。正當凡人軍心大亂之時，在獨腿神托希爾的帶領下，基切人用弓箭和石斧殺得凡人沒有反擊之力，節節敗退。

最終，凡人臣服於基切人，答應每年為他們進貢食物，更重要的是，為他們提供人祭的祭品，讓獨腿神永享供奉。

這批基切人是四個玉米人和四個女人生下的第一批後代，他們活了很多年，經歷了沒有太陽的歲月以及尋找太陽和人祭的時光，在和神的心意相通之中，他們瞭解到死亡即將到來，生命已到了盡頭。他們在一個黃昏為自己唱起了輓歌，他們尊自己的首領為鹿王，他們的時代也被後人稱為鹿王時代。

輓歌唱罷，太陽落山，第一批玉米人的後代就像空氣一樣消失了，也沒有屍首留下。

第五章　不存在的末世

讓考古學家掉到「兔子洞」[1]

維拉．蒂斯勒是一名熱衷馬雅文明的西方考古學家。二〇〇三年，她和她的團隊在墨西哥灣沿岸發現了一組馬雅古屍。檢查後發現，一塊胸骨上有極其乾淨的切痕，而切口為橫向，不太可能是在戰鬥中留下的。於是，她得出一個結論：這是一次手術留下的切痕。

當在其他屍骨上也發現了類似的切痕後，她聯想到馬雅人的風俗習慣，方才恍然大悟，馬雅祭司們如同手法嫻熟的外科醫生，可以在這些犧牲者還活著的時候就用薄薄的石刀切開他們的胸膛，心臟在跳動中被取出，獻給神明。而此時，犧牲者的意識是清醒的，同時也感到無上光榮。

對於維拉．蒂斯勒來說，這不是屠殺，更像是一種關於人類獻祭的兔子洞，充滿未知的恐懼和期待。這些人因什麼而死？

事實上，與阿茲特克人一樣，馬雅文明中也充滿人祭、鮮血、朝聖、金字塔等元素。而且和阿茲特克文明一樣，馬雅文明的鼻祖也可以被視為中美洲最早的文化主流——奧爾梅克文明。

1 編按：指一種複雜、奇異或未知的狀態，典故出自經典名著《愛麗絲漫遊奇境》。

這個文明在消亡前留給後世的是數不盡的精美玉器和類似紀念碑一樣的神祕的巨大石製頭像，同時，還有對於這個世界四個方位的劃分方式和對天文學的出奇關注。

和其他中美洲文明一樣，馬雅人也認為自己所處的宇宙是非常不穩定的，但是又處於嚴密的組織之中。他們悲觀地認為，這一套宇宙運行的系統中，人類和其他生物的位置都是上天註定的，各有天命。任何人和力量都無法改變宇宙最終毀滅的命運，但是可以用鮮血將衰落的過程推遲。

同時，馬雅人的創世說比一般民族的神話來得混亂，有天空之神哈里科恩和海洋之神古祖瑪茲的聯手創世說，也有巨鳥神七金剛鸚鵡的欺世盜名說。據史學家考證，在馬雅文明的最初時期，七金剛鸚鵡作為主要鳥神的地位是很崇高的，然而在馬雅朝代的更迭中，它淪為了一個自負的騙子。

馬雅人重視謙虛的品德，所以他們需要一個從高處跌落的神明來當負面教材，告誡族人不要驕傲自大、貪慕虛榮。而七金剛鸚鵡因其滑稽的鳥類造型不幸成為代表的典型。

到了西元一千年後的馬雅後古典時期，人們更加崇拜墨西哥中部的羽蛇神，而在西班牙人征服之前，農牧神又成了他們的心頭好，可見馬雅人十分務實，會根據實際需要調整自己的神明排序。

此外，馬雅人喜歡成雙成對。比如，他們的神話中，雙胞胎神占據了很大的篇幅。雙胞胎神上天入地，無所不能，同時在人間還擁有正常的生活，又是足球高手。對於任何一個馬雅少年來說，都是絕佳有代入感的偶像。馬雅人認為雨神和玉米神也是成對出現的，這樣可以確保他們的農作物豐收。

馬雅人的末日說

關於馬雅人最著名的傳說，莫過於二〇一二年的末日之說。因為馬雅人的古書中記載：「在二〇一二年十二月二十一日，一個時代將結束。」

事實上，這是一場誤讀。二〇一二年世界末日的說法，確實來源於馬雅人的曆法。在馬雅人的曆法中，於西元前三一一四年八月十三日開始的紀元，將於二〇一二年十二月二十一日結束，共計五千一百二十五年。但是，一個紀元的結束不代表世界的毀滅，而是意味著另一個新紀元週期的開始，而且這種毀滅和開始是周而復始的。

馬雅人沉迷於研究時間與週期，而先進的曆法是他們最重要的成就，在雨林中仰望星空是他們最大的愛好。他們的曆法可以追溯至西元前五世紀，和阿茲特克人的曆法也有不少相似之處。

馬雅人曆法的最大特點是由不同長度的週期組成。比如，卓爾金曆中規定一年有二百六十天，由二十個神明圖像和零到十二的十三個數位，不斷地組合循環，和中國的天干地支有點類似。此外，還有三百六十五天的太陽曆，這兩種曆法經一萬八千九百八十天重合一次，構成了五十二年的新週期。值得一提的是，馬雅人透過星象觀測，推斷出一年有365.242129天，這與今天科學測定的絕對年長365.242198天的數值，相差不足千分之一。

在沒有望遠鏡的情況下，馬雅人計算出了天體的精確運行週期，除了太陽週期外，馬雅人還特別重視金星的運行。他們認為每十七萬五千七百六十天將會有三百零一個金星回合週期，一個週期約為583.920266天，而今天測得的金星會合週期約為583.92天。馬雅人將自己在地球上觀察到的太陽運行的黃道帶劃分為十三個星座，用十三種動物來命名，如青蛙、鹿、美洲豹、鱷魚……他們還知道春分、秋分、夏至、冬至的存在，這對農業的發展很有助益。

然而，有著燦爛天文學成就的馬雅人，在農業生產力發展上卻極其落後。農業是最原始的刀耕火種，完全是靠天吃飯，農作物以玉米為主，因此有人也把馬雅文明稱為玉米文明。馬雅人幾乎沒有畜牧業，也沒有馴化馬、牛等大型牲畜，因此他們沒有耕地的幫手，也沒有馱獸，連輪子都沒有使用。

馬雅文明這種先進與落後並存的矛盾性讓現代人摸不著頭腦。直到今天，依然有人認為馬雅文明是外星人留下來的。

由於馬雅文明的神祕性，水晶頭骨也曾是名噪一時的謊言。科學家曾對水晶頭骨進行了電子掃描，發現了現代機器打磨的痕跡，所以水晶頭骨很可能是現代加工的。

馬雅人的天文學之所以發達，和他們善於利用工具有關。在肉眼觀測天體的時代，如果想要得到準確的天體測量資料，最簡單的方法就是藉助更長的測量基線，這樣可以提高精確度，而透過更長的觀測週期，則可以更準確地測算出時間。

馬雅人熱衷修建「天文建築」，通過這些建築的連線，形成規模不小的觀測網路。因此，西方人在雨林深處，可以發現一些廢棄的馬雅建築，其中最為常見的，通常都是作為天文觀測的神廟。

由於有著精密的數學和天文知識，建築是馬雅文明的另一項奇蹟。和埃及金字塔一樣，馬雅金字塔也是用巨大的石塊製成，但是馬雅金字塔有細細的臺階，正常人需要手腳並用，才可以從這樣的臺階爬上頂端，甚至有人說，馬雅人是外星人，身高兩公尺，因此可以輕鬆地爬上臺階云云。

馬雅金字塔的頂端是一個平臺，上面是神廟之類的建築，作為祭祀和舉辦慶典之用。令人吃驚的是，馬雅人和埃及人事實上並不屬於同一個時期。也許被前面提到的驚人的數學和天文學成就所震撼，人們通常會忘記，馬雅文明處於石器時代，那時人們還未使用青銅器，更不用說鐵器。不光沒有金屬工具，馬雅人也沒有輪子和馱獸，那麼幾十噸的石塊，完全用石器和木器開採出來，而且要依靠人力來搬運，著實難以想像。

馬雅金字塔全靠數學取勝。在猶加敦半島的奇琴伊察，有一座著名的馬雅金字塔。它的每道階梯有九十一層，四道共有三百六十四層，加上頂部的就恰好是三百六十五層。

這個數字正好與一年的天數契合。而東西軸線傾斜的夾角恰好是二十一度，這與在春分當天太陽的運動有關。在春分的那一天，當太陽開始落下的時候，落日的餘暉在金字塔的脊上呈現蛇形，與底部雕刻的羽蛇神的頭部連在一起，就可以產生極具動感的光影變化，如同一條閃閃發光的金蛇。

馬雅人認為人的周遭神無處不在

奇琴伊察馬雅金字塔

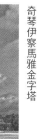

第六章　神話和現實世界的馬雅

馬雅人的歷史、美食、藝術以及對世界的貢獻

在西班牙人的入侵下，馬雅人的世界被割裂成「神話裡的世界」和「現實世界」。儘管生產力停留在石器時代，但一點也不妨礙古代馬雅人建造起許多宏偉的殿堂、神廟和陵墓。如今，人們還能在猶加敦或者洪都拉斯、瓜地馬拉的熱帶雨林中，看到宛如遊戲畫面的遺址，特別是斷壁殘垣上鮮豔的色彩和美麗的圖案。

馬雅人崇尚藝術，這和中美洲地區整體的氛圍有關。馬雅神話中的雙胞胎神就被視為所有藝術家、音樂家和舞蹈家的守護神。馬雅人認為，如果孩子有幸出生在馬雅曆法的第十一天——「1·猴」日，那麼他長大後就一定會成為天賦異稟的藝術家。

一九四六年，一名美國攝影師吉爾斯·海雷在墨西哥恰帕斯州探訪馬雅遺址時，得知有一處在雨林深處尚未公開的遺址。在那裡，吉爾斯看到了一組風格奇特的壁畫。後來，學者專家複製並且加工了這些壁畫，恢復了其豔麗的色彩。人們這才得以窺見，八世紀末古典時期尾聲的馬雅貴族生活。

樂手吹起響亮的號角，雨神的扮演者搖搖晃晃出現，一場慶祝勝利的慶典就此舉行。壁畫底

色是綠松石色，人物黧黑，裝飾誇張。有趣的是，每個人頭頂還有一個小小的名字標籤，像極了永遠存於石壁上的珍貴照片。

這些壁畫後來被稱為博南派克壁畫，是當今世界有名的壁畫藝術寶藏之一。從這些壁畫中，人們試圖分析馬雅社會的結構。

事實上，馬雅人的世界比較鬆散，從來沒有一個城邦統一整個馬雅。在城邦的內部，首領自然就是國王，國王之下會有分管不同事務的貴族們，這些人同時也是戰士，能夠管理軍隊。老百姓中有商人、農民、獵人、手工藝者……從而形成一個金字塔架構。

在中美洲，宗教是權力的重要來源。國王通常也是最高祭司，他可以讓自己進入一個致幻的狀態，直接與神明進行交流，用人祭的方式來維護宇宙萬物的運轉。因此，在馬雅的雕塑中，國王的形象千變萬化，有時是玉米神的化身，有時則是雨神的代表。

基切人是南部馬雅人中比較重要的一支，生活在瓜地馬拉的高山峽谷中。十五世紀，這個民族在高原地區迅速擴張，而且留下了一部類似馬雅聖經的書——《聖書》，記載了從天空神、海洋神創世，到七金剛鸚鵡，再到雙胞胎冥界歷險的神話故事。基切人也將自己描述為天選之子，相比於其他部落的人，有神明的額外眷顧。他們稱自己為玉米人。

馬雅人培育了許多後來在世界具有極為廣泛影響力的作物，比如玉米、番茄、南瓜、豆子、紅薯、辣椒等，最有名的就是玉米。玉米本是美洲的一種野生植物，經過馬雅人的培育，變成高產的糧食品種。玉米的種植非常重要，因為它為人類的定居和農耕生活奠定了基礎，早期的馬雅人以玉米為主食，輔以豆類、辣椒和南瓜。

玉米在馬雅神話中地位崇高，第一批人由玉米做成，而雙胞胎去冥界尋找父親的遺骸也被看作是玉米生長一樣不懈怠的探索。在馬雅的藝術品中，經常將人頭表現為玉米穗的樣子。

博南派克壁畫

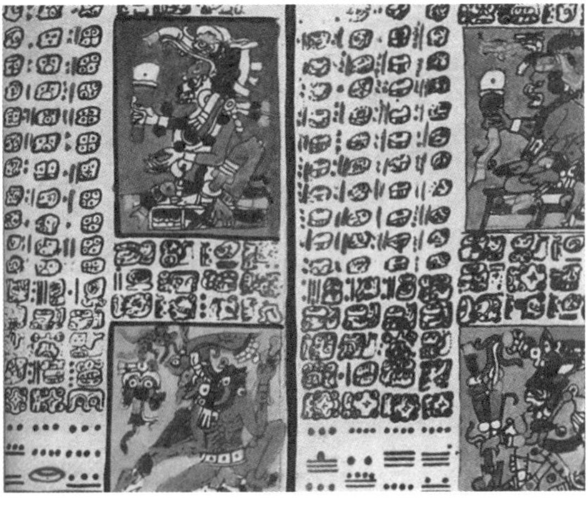
《波波爾烏》內容

歐洲人後來將玉米、南瓜等作物傳播到全世界，成了世界上許多地方的主要食物。此外，馬雅人還是火雞的培育者。而火雞已是歐美家庭聖誕節必備的美味佳餚，看來，全世界都應該感謝馬雅人為人類的延續和發展做出不可磨滅的貢獻。

在《聖書》的結尾，基切人記錄了一個叫作「幸運的旅行者」的傢伙，這是西班牙征服者阿爾瓦拉多的新名字。此人野蠻地征服了基切人。因此，這部馬雅人的神聖著作，以開天闢地為始，以國家毀滅收場。在結尾，基切祭司寫道：「關於基切人的一切已經足夠了，因為它將不復存在。」

的確，那些神祕文明的宏偉敘事以及末日預言，都和如今馬雅人的生活無關。神話中那些馬雅人已經消失了，現存於世的幾百萬馬雅人，正在按照自己的方式活著，作為這個星球的普通人，經歷著喜怒哀樂、生老病死。

馬雅人的聖書《波波爾烏》記載馬雅主要神話故事

與眾不同的審美觀

馬雅人對人類的腦袋特別感興趣，於是將獨特的審美觀在「頭部」發揮得淋漓盡致。比如，為了使頭部像美洲豹，他們會用木板夾頭的方式對剛出生的嬰兒的頭進行塑形。因為嬰兒頭骨柔軟，而且具有彈性，受到外力擠壓後，裡面的組織會自然地轉移到未被擠壓的地方。在精巧的技術下，嬰兒的腦組織不會受到損傷，顱腔大小也不會有大的改變。他們也希望讓頭變得更窄，以模仿玉米的形狀。

馬雅人還喜歡在面部和身體上呈現美洲豹的花紋，他們會用刀子在身上劃出自己喜歡的圖案，然後在上面填充泥土，使皮膚結痂，形成立體的圖案。

許多馬雅人的作品通常令人忍俊不禁，他們的眼睛俗稱「對眼兒」或「鬥雞眼」。因為他們想像中太陽神就是長了一雙這樣的眼睛，因此對眼是美的。為了讓孩子從小練就世間最美麗的眼睛，馬雅母親們會在孩子的頭髮上拴一個小球，使小球正好垂在孩子的兩眼之間，天天看，久而久之，就成對眼了。

不得不說的馬雅文字

馬雅人有自己的文字，形成於前古典時代的晚期，基本上是西元前三百年到西元一百年。透過考古，人們發現馬雅人已經在金字塔和宏大的公共建築上用文字記錄禮儀、曆法和重大事件。古代馬雅人用樹皮或者鹿皮作為載體，還會刷上一層薄薄的類似石灰的底子，在這個底子上，馬雅人用不同顏色的墨水繪製各種形象，圖文都有。通常是坐著或者站著的神，戴著精美的頭飾，旁邊有一些類似文字的象形符號。

這些符號是文字的雛形，而且大部分都在介紹曆法，對天氣做出預測。後來，發展成為一種書寫複雜的拼音文字，不同的音節有不同的圖案。馬雅文字的詞彙十分豐富，有三萬多個，透過這些文字，馬雅的歷史得以記錄下來。

儘管在歷史上，馬雅人的手抄本成千上萬，但是其中絕大多數都在十六世紀被宗教狂熱的西班牙入侵者焚毀，只有三、四個手抄本倖存於世。被派往猶加敦半島的西班牙主教迭戈是剛愎自用的傢伙，他毀了不少馬雅人的著作，竟然還說：「我們發現了許多用他們自己文字書寫的書，裡面除了魔鬼、謊言和迷信外，什麼有價值的東西都沒有，所以我們要把它們全燒光。」

在過去的數十年，馬雅文字開始被破譯，現在馬雅的文字大部分都能夠被解讀了。這對研究馬雅的歷史、文化和宗教有極大的幫助。

文字是馬雅文明的密碼。據說，在殖民時代，當一個馬雅家族的家主去世之後，新的繼任者要按照古老傳統，透過祖先流傳下來的《巫師與美洲豹之書》的相關謎題問答的測試，才會被認為有繼承這個統治家族的資格。

值得一提的是，不同家族所流傳的謎語書文本內容是有不同的，這也是為了防止謎語被家族以外的人知曉，從而篡奪他們的權力。

馬雅文字

第七章　消亡與被征服

盛極而衰

馬雅文明燦爛而獨特，然而在西元九世紀後，突然出現了衰落。

城邦繁榮不再，不少城邦開始變得無人居住。而又過了一百多年，許多城邦竟然在炎熱的雨林中漸漸萎縮，最終成了廢墟。

衰落的原因被歸結為氣候。歷史學家普遍認為，西元八百年以後發生了嚴重的乾旱，造成了農業的減產，而身兼祭司和國王職責的首領們無論怎樣舉行人祭或者對著上天祈求降下甘霖，都沒有作用。這種威信的下降，不啻讓馬雅社會陷入一場大地震。

戰爭也是一個不容忽視的原因。有大量的證據顯示，在古典時代的晚期，馬雅城邦之間的戰爭達到了慘烈的程度。號稱蛇國國民的卡克奇克爾人與崇拜美洲豹的提卡爾人發生了連續多年的戰爭。戰爭的目的包括控制重要的貿易路線，以及獲得珍稀禽類羽毛和寶

後人以電腦模擬古代馬雅人的城池

石等資源。但是，更為重要的是，雙方都是人口眾多的城邦，當有了俘虜，便可以舉行人祭，如果抓到了對方的貴族那便能作為高級祭品，討神明的歡心。

當破解了馬雅文字後，曾經有史學家對馬雅人的印象從和平生活在雨林中的神祕「科學家」變成殘暴的屠夫。在馬雅的文字中，記錄了數不盡的戰鬥和人祭，甚至有人直指馬雅人的君王都是「虛榮的暴君」，而「血是古代馬雅儀式生活的灰燼」。

馬雅建築1

馬雅建築2

在經年的殘酷戰爭和屠殺中，馬雅世界在不斷縮小。一些城邦退卻了，為了保全族人性命，他們決定北上。記載顯示，古典時代晚期，有一部分馬雅人從馬雅中心地帶向北遷移到達了猶加敦半島的北部，在那裡形成了非常有名的奇琴伊察地區以及周邊的馬雅新城邦。

奇琴伊察也是個謎。它是馬雅人所建，但是恢宏的羽蛇神神廟明顯帶有馬雅人精密的數學計算色彩，以及遠在幾百公里外墨西哥谷地的托爾克特人的建築細節風格，這種結合讓這座建築呈現了南北風格的交融。

馬雅世界衰落以後，阿茲特克的文明在墨西哥谷地興盛起來，在十五世紀形成了強大的阿茲特克帝國。阿茲特克人用自己特有的方法在一片湖澤之中建立了一座壯麗的水上之城。而在十六世紀上半葉，幾百名西班牙人在不滿阿茲特克殘暴統治的其他族群的幫助下，摧毀了阿茲特克。

手拿敵人心臟的馬雅戰士

馬雅智者在講授知識

事實上，無論是出走，還是城邦的廢棄，馬雅世界都在西班牙人到來之前就進入了消亡的快車道。和阿茲特克人一樣，給了馬雅人最後沉重一擊的，也是瘟疫。

病菌和傳教

瞭解過歷史的人都知道，滅美洲原住民者，非火槍，乃病菌也。

人類幾乎所有病菌最初都來自動物，而在西班牙殖民者到達前，美洲大陸上沒有牛馬，沒有豬，沒有雞，也沒有黑鼠。因此，天花、肺結核、麻疹、鼠疫等幾乎所有危險的病菌都無處寄生。而美洲的動物，又恰好不是病菌的合適宿主。

由於美洲與歐亞大陸隔著海，所以隔絕了來自外界的病菌侵襲。美洲成了某種意義上的「伊甸園」。但這既是幸運，也是不幸。因為不曾暴發瘟疫，因此整個族群都未能得到免疫。隨著西班牙人的到來，大量病菌被帶到美洲，爆發了地區性流行傳染病，那些致命的病菌讓未能統計出具體數字的大量的馬雅人死亡。

但是馬雅人對文化的保存卻比阿茲特克人好。原因有以下三點：第一，和阿茲特克人不同的是，馬雅人的居住狀態相對分散，而大一點的城邦早在幾百年前就解體了，大部分馬雅人居住在叢林和山區，這使得傳教士找不到他們的傳教對象，時間成本和路程成本都比較高，而在墨西哥谷地的阿茲特克帝國，傳教士很容易就能透過一兩所大型的學校，對阿茲特克貴族子弟進行集中教學和傳教。而馬雅人在相對保存自己文化的同時，也很難融入天主教主導的主流社會。

還有一個原因，在馬雅人數量相對多的猶加敦半島，氣候變化無常，降雨量少，對於以農耕為主的馬雅人來說，上帝顯然沒有雨神來得實際，因此在馬雅民間，傳統信仰根深蒂固。

此外，馬雅貴族沒有阿茲特克貴族那般驕奢淫逸，根據西班牙人的記載，甚至很多馬雅貴族

《方士秘錄》

的住宅還是「用蘆葦和木頭鋪設而成」，因此馬雅人也沒那麼仇恨上層，西班牙傳教士的說辭在他們聽來，就是一種天方夜譚。

然而，同化的速度雖慢卻也仍然在進行。在猶加敦半島居住的馬雅人留下一部《方士秘錄》，其中包含歷史與預言。有一位不具名的馬雅先知曾預言了西班牙人的入侵和馬雅文化的被同化。

「你們將與入侵者聯姻，將穿和他們一樣的衣服，戴同樣的帽子，說同樣的語言。」

人工智慧與馬雅人

馬雅神話中，出現了不少「人」的概念，泥人、猴人等等。但是馬雅人關於「人」的定義，很有意思：「人」的定義不一定是人，人類是人，但其他非人類的實體也可能是「人」。

古代馬雅人將「人」的概念運用在各種物品與器具上。在神話中，當神欲毀滅木人的時候，鍋子等炊具都具備殘暴的人格特點，開始像戰士一樣殺戮。

這種將物品與器具「人格化」的概念，呈現了早期的馬雅人講述故事、構建圖像甚至制定社會結構的方式。可以說，在馬雅人幻想的世界裡，想要碰到真人，還真不容易呢。

在早期的馬雅陶瓷器皿上，很容易找出這些無生命物體的面部，它們像人一樣擁有眼睛、鼻子和嘴巴的基本組合。可以看出，它們的創造者在努力賦予它們「人」的形態。

要想厘清馬雅人的哲學概念，宛如在四處是鏡子的迷宮裡走上一遭。首先，人類這個概念，對於馬雅人並不重要。他們認為，人類只是居住在這個世界的眾多主體之一，重要性不高。

第二點，這些原本「非人」的實體是否需要透過人類才能「人格化」？答案也是否定的。「非人」實體不受人類束縛，並且也不會從與人類的聯結中獲得成為「人」的資格。

按照馬雅人的思維方式，真正的人類如何將自己和「非人」實體區別開來呢？他們認為，可以透過體驗肉身的需求，以及對外與其他同類交往，在身體和精神的雙重體驗中，才能分別出人類和「非人」實體的不同。這種概念如果挪到現代社會，就可以視為為人工智慧與人類的相異之處；人類可以透過饑餓、倦怠和性這樣明顯的需求，以及信仰、祈禱和心甘情願為感情付出的特點，也就是從自我需求和對外交往兩個維度，作為和人工智慧迥然不同的實體。

此外，古代馬雅人也相信，「非人」實體可以進入人們的生活，也可以退出，它們還會對人類喋喋不休地說話，生命的活力這一點，它們也具備。

因此，世界在馬雅人眼中只怕是有點過於喧囂了，所有的事物都在講話，向人類發出友善或者不友善的訊息，他們必須學會分辨這些「非人」實體的跡象。他們看到，斧子自己在得意地砍樹，鍋自己冒出熱氣，而一切都是因為它們具有人格化的特徵。

當這個世界開始擔憂人工智慧是否會讓人類社會發生劇變時，古代馬雅人早就在設法習慣這樣的世界，世界是多元的，生活沒有必要固化。

第三部

印加人的故事

第一章　安地斯山最初的那些事

印加創世

在天地鴻蒙之時，有個叫空的神明從北方而來，他的身體極為柔軟，如蛇一般在地面蜿蜒而行。他可以用意念移開巨石，甚至是山巒，因為他是太陽神的兒子，為所欲為是他在這個世界上的特權。

空有一張美洲豹的臉孔，也有四肢，但是他覺得自己的樣子不夠好看，所以他用泥土捏出四肢協調、身材健美的小人兒——人類，作為幫助神明統治世界的助手。空造出了男人和女人，還給了他們肥沃的土地。那些赤身裸體的男女喜歡吃水果，空就讓水果的成熟期變短，只需幾天果子就能從青澀變得成熟，咬下去香甜如蜜。

在空無條件的寵溺下，人類像頑皮的孩子一樣對空索求無度，一會兒要在白天看到月亮，一會兒要騎在動物身上取樂，空都一一滿足。慢慢地，人類開始不拿空當回事了，荒疏了對他的祭拜，也不去修葺空的神廟，終於人類惹惱了空，空決定讓人類吃點苦頭。

空用法力把沃土變成堅硬如鐵的荒原，上面寸草不生，也停止了降水，人們如果要喝水，得去很遠的小河裡挑水。人類叫苦不迭，忙向空懺悔自己的過錯。空勉強原諒了人類，但是他的怒氣沒有完全消除。他讓山頂的雪水融化，從山上流到山下，形成新的河渠。在新的水源的澆灌下，堅硬的泥土軟化，可以長出穀物，但是收成很少，並且要等很久才能收割，總之，人類如今的生活和之前輕鬆快活的日子相比有天壤之別。

但是，空的好日子也不長久。空的兄弟、太陽神的另一個兒子——帕查卡馬克也來到了這個世界，他見空造出的世界不錯，就想要挑戰空的統治地位。在一番天地為之色變的打鬥中，帕查卡馬克打敗了空，取得了世界的統治權。空不得已，帶著他的兩個孩子，一路跑到海邊，他們一起穿過水面，消失在海上，從此無影無蹤。

印加人織物上的創世神——空

造人

留在世界上的帕查卡馬克打量著自己的戰利品，他對這個世界的景色大抵還算滿意，但是當他看到了空留下了人類，就覺得心煩。「空這個傢伙，造出這幫赤身裸體不知羞恥的傢伙，真不如沒有。」於是帕查卡馬克一揮手，用法力把空造的人都變成嘰嘰喳喳的猴子。而他自己，也學著空的樣子造出了新人類。帕查卡馬克創造出來了一男一女，但是粗心的他沒有為這對男女提供任何食物，男人很快就餓死了。女人不知帕查卡馬克去了哪裡，只好向他的父親——太陽神印蒂祈求幫助，於是太陽神用光線使女人受孕，生下了一個孩子。帕查卡馬克從遠方回來了，他看到女人有了自己父親的孩子，認為這是父親對自己能力的蔑視，他感到憤怒，說：「你就這麼希望地面上留下你的野種嗎？」他殘忍殺死了孩子，把屍體切成碎塊；又種下了孩子的牙齒，地上長出了金燦燦、銀晃晃的玉米；還種下了孩子的肋骨，長出了木薯和土豆；接下來埋葬血肉，結果長出了蔬菜和紅彤彤的水果。

帕查卡馬克

看到了帕查卡馬克的暴行，太陽神印蒂很生氣，他拿起了孩子殘屍中的肚臍和陰莖，造出了自己最小的兒子——維拉科查。帕查卡馬克生怕維拉科查的誕生威脅到自己在人間的統治地位，想再次殺死他，可惜，維拉科查已經被太陽神轉移到一個安全的地方去了。為了洩憤，帕查卡馬克殺死了維拉科查的母親，用她的屍體餵了山鷹。然後，帕查卡馬克跑到一座高山的山頂上，靜下心來，又創造了一對男女，看著這對赤條條的小人兒，帕查卡馬克汲取教訓，給了他倆一些吃的，又教導他們為這個世界繁衍後代。不過，他時常會想弟弟維拉科查到底被父親藏在哪裡。

帕查卡馬克手下的人越來越多，他們打獵、耕種，熱熱鬧鬧。

不過，在世界的南方，是另一幅景象。南方的中心是的的喀喀湖（位於今秘魯和玻利維亞交界處），湖中心的島上居住著非神非人的巨人，而他們的首領就是太陽神的第三個兒子，也就是空和帕查卡馬克的弟弟——維拉科查。維拉科查和巨人在一起生活，每天負責幫助太陽升起。太陽每天都是從的的喀喀湖裡升起來的，但是巨人因為不喜歡光亮，所以總是想把太陽淹在湖裡，這讓維拉科查很不高興，他懲罰了巨人，將他們變成石頭。沒了巨人，維拉科查決定去找兄長帕查卡馬克，為母親報仇。

維拉科查捲土重來了，和帕查卡馬克狠狠打了一架，把對方硬生生趕到了海裡，從此陸地上的事都由維拉科查說了算。但是他和帕查卡馬克一樣，怎麼看留下的人都不順眼，於是他把這些人變成石頭。萬事皆有犧牲品，帕查卡馬克造出來的人就這樣一點一點凝固，最終成為沒有生命的冷冰冰的石頭，石頭上還留著衣服上的花紋。維拉科查又有點後悔，他將這些有特殊花紋的人形石頭稱為「華卡」，也就是日後印加各個部落的聖物。該用什麼樣的生命去填充這個世界——維拉科查像他的兄長空和帕查卡馬克一樣，思考起這個問題。最後，他只好向父親太陽神求助，請他幫忙造出另外一種人。印蒂送了他三顆蛋，分別是金蛋、銀蛋和銅蛋。維拉科查敲碎了金蛋，蛋中鑽出來一個貴族模樣的男人，而銀蛋裡鑽出一個女人，銅蛋裡鑽出來一個平民，這三個人繁衍後代，建立了印加的基本社會結構。

維拉科查

第二章　印加王的誕生

水神的誕生

人類被創造出來之後，只維持了一段很短暫的和平時光，他們身上的好戰本性逐漸暴露出來，就算掌握了耕種打獵的本事，還是喜歡搶奪別人的東西，部族之間不斷打仗，弱肉強食，世風日下。就在人間道德天秤漸漸失衡的時候，五顆巨蛋悄悄出現在鷹山上，水神帕里亞卡卡打算用這個方式來到人間。

帕里亞卡卡還在蛋裡時就早早派遣他的兒子瓦塔亞庫里來到了人間，當了一個普通的樵夫，瓦塔亞庫里來到人間的使命是幫助父親出世。雖然貴為神子，但瓦塔亞庫里在人間不過是個一貧如洗的窮小子。他有個鄰居叫坦塔納姆卡，是個假薩滿，整天說自己可以通神，假借神的旨意欺騙信眾，以此斂財。但是由於人間風氣敗壞，坦塔納姆卡反而很受歡迎，各個部落的人絡繹不絕地登門拜訪他，詢問吉凶。

有一天，坦塔納姆卡突然患了重病，無法起床了，也不能繼續替人占卜吉凶，當地人對他的神力產生了懷疑，而他也召集了當地所有的醫生來為自己看病，不過沒人說得清他的病是怎麼來的。

瓦塔亞庫里從海上捕魚回來，睏倦不堪的他歪在小丘邊睡著了，他夢見一隻狐狸在往小丘上爬，而另一隻正好要下來，兩隻狐狸見面打了個招呼，說起了坦塔納姆卡的病。從狐狸的話中，瓦塔亞庫里得知坦塔納姆卡的妻子在烤玉米時被一顆七彩玉米粒燙到了私處，於是她將這顆玉米粒拿給自己的情人吃，這種噁心的行為招致了神明的譴責，神讓一條毒蛇盤踞在她家屋頂，讓一隻雙頭的癩蛤蟆藏在石磨下，是它們的毒氣把坦塔納姆卡給弄病了。

坦塔納姆卡有兩個女兒，大女兒已經嫁人，小女兒還待字閨中，於是瓦塔亞庫里來到坦塔納姆卡家說自己有能力治病，如果治好病，他要娶小女兒為妻。儘管對眼前的窮小子將信將疑，但怕死的坦塔納姆卡放下了架子，同意了。但是大女婿卻惱怒起來，說：「這麼一個窮小子憑什麼可以和我平起平坐？」瓦塔亞庫里沒理他，直接轉頭對坦塔納姆卡說：「你的病是因為你妻子和別人通姦，招來了毒物，損害了你的身體，但是你應該向大家承認，你並非神明，否則不會像一個凡人一樣生病。」話音剛落，坦塔納姆卡的妻子叫起來：「你是什麼人，憑什麼如此污蔑我？」瓦塔亞庫里一聲不吭，從屋頂找出了毒蛇，從石磨下找出了雙頭癩蛤蟆，坦塔納姆卡的妻子泄了氣，馬上承認了自己的不忠。

坦塔納姆卡病癒後，如約把小女兒嫁給了瓦塔亞庫里。但是瓦塔亞庫里心裡還惦記著另外一件事，那就是自己還未出世的父親。在結婚前，他趕到了鷹山，父親帕里亞卡卡還在其中一顆巨蛋裡。空氣中有種氣息微微流轉，像是無數隻蝴蝶在鼓動翅膀，這是以前從未有過的，瓦塔亞庫里知道，父親快要出世了。

坦塔納姆卡家的麻煩事還沒完。大女婿對這門親事很是不滿，他認為自己這樣頗有身分的人不能和一個捕魚種地的窮小子結為連襟，他提出要和瓦塔亞庫里進行各種比賽，好好羞辱瓦塔亞庫里一番。瓦塔亞庫里接受了挑戰，他跑到山上和還未有人形的父親講述了這件事。帕里亞卡卡告訴兒子，不管什麼比賽，只管應戰便是，他自會暗中相助。

大女婿提出，第一個比賽是比舞蹈和美酒。大女婿篤定窮小子不通音律，也拿不出什麼好酒。但是帕里亞卡卡告訴兒子，去對面的山上，變身成一隻羊駝，倒地裝死，清晨會有狐狸夫婦經過那裡，狐狸太太手上會有一罐美味的玉米酒，狐狸先生則拿著笛子和小鼓，當它們看到他，會以為他是一隻可以吃掉的羊駝，然後慢慢靠近他，當它們靠得足夠近，他就用全身力氣大喊，把它們嚇得連東西都忘記拿，這樣就可以得到樂器和酒。瓦塔亞庫里照父親說的做了。

到了比賽那一天，大女婿先開始跳舞，他帶了兩百個女舞伴，跳得十分熱鬧。輪到瓦塔亞庫里，他掏出了笛子和小鼓，和妻子兩個人一個吹笛子，一個打小鼓，邊奏邊起舞，優美的音色和曼妙的舞姿讓大地都陶醉得微微顫動，第一輪舞蹈比賽瓦塔亞庫里贏了。第二輪的美酒比賽，從狐狸太太那裡得到的酒罐裡有倒不盡的美酒，可以供在場每一個賓客飲用，這一輪依然是瓦塔亞庫里獲勝。

不甘心的大女婿又提出比穿著，瓦塔亞庫里穿著父親給的雪衣獲得壓倒性的勝利。大女婿接著說比賽戲獅，瓦塔亞庫里在泉水旁尋到一頭紅色的獅子，他為這頭獅子念誦歌謠，引得獅子和他一同起舞，正當他們跳起舞時，天空出現了彩虹，這道彩虹便是瓦塔亞庫里的神性化身。

大女婿接連受挫，被憤怒沖昏頭腦的他還要接著比，他提出比賽蓋房子，看誰能用一天的時間蓋出又大又好的房子。大女婿雇用了許多工匠，在一天之內就蓋出了一間像模像樣的房子，而瓦塔亞庫里一個人在白天只打好了地基，大女婿認為自己這回穩操勝算。但到了夜晚，瓦塔亞庫里喚出了天上飛的、地上跑的所有動物幫自己蓋房子，等到天明，一棟漂亮的宅院就矗立在那裡。瓦塔亞庫里又贏了。

瓦塔亞庫里對大女婿說：「每次都是你來決定比什麼，這次輪到我了。」大女婿同意了。瓦塔亞庫里提出比跳舞，大女婿和他的妻子就像往常那樣跳起來，瓦塔亞庫里突然念動咒語，將他們二人變成鹿。變成鹿的大女婿四蹄揚起，撒腿就跑，他的妻子跟在後面，瓦塔亞庫里追上了他的妻子，將她的頭按在地上，變成一塊石頭，而大女婿則跑上了山坡，不知蹤影。從那個時候起，人們便開始獵鹿來吃。

這個時候，帕里亞卡卡和他的兄弟從鷹山上的五顆巨蛋中孵化出來了，他們變成五隻隼，飛上天空，落地的時候化為人身。當得知這個世界上的人崇武尊富，甚至還有像坦塔納姆卡這樣冒充神明、欺世盜名的人時，幾位神極為惱怒，他們化身為暴雨，將所有的房屋和牲畜都一股腦地捲進海裡，只有少數品性純良的人得以生還。

帕里亞卡卡為了懲罰世人，把原本肥沃的土地變成旱地，作物生長緩慢，人們即使付出艱苦的努力也收穫寥寥。帕里亞卡卡掌握著水源，他不是個自律的神，他曾經在人類的村莊裡遊蕩，要求和村子裡最好看的姑娘交歡；如果被拒絕，他便切斷這個村子的水源，如果對方應允，他就讓源源不絕的水流入她的村莊，所以人類不是很喜歡他。

第一代印加王

維拉科查和帕里亞卡卡一樣好色，他在人間遊蕩的時候碰到一位美麗的少女，叫卡薇拉卡，他被她迷住了，於是變成一個英俊的年輕人向她示愛。卡薇拉卡專心在樹下紡線，根本不搭理他。維拉科查清清嗓子，用甜蜜的聲音對女孩說：「妳可曉得我是誰？我的威力足以創造這個世界。」卡薇拉卡聽了心裡氣惱，她把維拉科查當成了喜歡勒索人類的水神帕里亞卡卡，於是沒好氣地說：「不管你是誰，休想從我身上占什麼便宜！」說完繼續低頭紡線。

維拉科查心生一計，他變成一隻鳥，飛到她頭頂的樹上，把自己的精子放進一枚成熟的果子裡，然後讓果子正好落在女孩的面前。卡薇拉卡幹了半天活，口也渴了，看到有果子，就吃掉了。

吃完果子幾個月後，卡薇拉卡的肚子大起來了，九個月後，她生下了一個健康的男孩，但是她自己都不知道懷了誰的孩子。

當孩子滿月的時候，卡薇拉卡把村子裡的男人召集在一起，甚至還讓薩滿把死去的男人的靈魂也叫回村裡，她問道：「是誰讓我懷上了孩子，可否現身？」沒人答話。卡薇拉卡問了三遍，都沒有人回應。於是她說：「我把孩子放在地上，他向誰爬去，誰就是孩子的父親。」這時，維拉科查穿著破破爛爛的衣服趕來了，他也沒搭腔，而是混在人群中看熱鬧，孩子在地上爬來爬去，睜著圓溜溜的大眼睛在眾人的臉上看來看去，然後他徑直向維拉科查爬去。一看孩子的父親是這樣一個衣衫襤褸的人，卡薇拉卡大怒，她抱起孩子，向著大海的方向跑去，她一邊跑一邊喊：「我寧可和孩子一起變成石頭，也不願意承認你是他的父親。」維拉科查趕忙追趕，但是卡薇拉卡跑得太快了，他沒有追上，於是一路上到處問人和動物是否看到卡薇拉卡，如果動物給出了積極的回答，就能得到維拉科查的祝福。比如，禿鷲就對他說他一定能找到她和孩子，維拉科查就高興地賜予禿鷲長壽和驚人的捕食能力；而豚鼠說了喪氣的話，維拉科查就詛咒它生生世世為人類所食。

在尋找卡薇拉卡的路上，維拉科查意外地碰到了哥哥帕查卡馬克的兩個女兒，算是自己的侄女。他覺得這兩個女孩也十分美麗，便動了壞念頭。他誇讚大女兒比妹妹更漂亮，性情更溫柔，大女兒十分高興，她不知道眼前的人是自己的叔叔，就愉快地接受了對方的讚美，打算和他在一起。小女兒則比姐姐更警惕一些，對維拉科查愛理不理，這反倒更激起了維拉科查的興趣。在得到帕查卡馬克的大女兒之後，他又開始追求小女兒，但這次他的嘴皮功夫沒什麼用，小女兒不吃這一套，她聽得不耐煩了，變成一隻鴿子飛走了。維拉科查一氣

如今的的喀喀湖畔的美洲原住民

之下，把她們母親的魚塘搗毀作為報復，讓魚兒游入大海，從那時起，海裡才有了魚。

維拉科查繼續尋找卡薇拉卡和他的兒子，而這個女孩卻在山頂，把兒子洗乾淨，親吻他的臉頰，決定以兒子為祭品，向太陽神印蒂祈求幫助，懲罰維拉科查。她讓兒子坐在乾柴火堆上，正當她要點火的時候，天上降下一隻雄鷹，當著卡薇拉卡的面把孩子叼走了。鷹飛到的的喀喀湖，湖裡有許多用水草編織的浮島，鷹把孩子放在其中一個小島上，就飛走了。孩子只好一個人在島上生活，他是維拉科查的兒子，所以即使剛生下來，也什麼都知道，他以水草為食，與飛鷹和魚為伴，很快就過了二十二年。

在二十二歲的時候，他對島上孤孤單單的生活感到厭倦，便用草做了一葉扁舟，離開了小島，到了的的喀喀湖畔。看到周圍群山疊嶂，他感到十分新奇，但是好心情沒有維持太久，就來了一夥強盜，把他綁走了，賣給附近的部落當祭品。

在運送的路上，男孩和強盜學會了說話，他還給自己取了一個名字——瓜亞納易，意思是鷹之子。強盜把瓜亞納易帶到一個大部落裡，交給了酋長，酋長看他身材魁梧，相貌堂堂，決定在最重要的祭典上殺他獻祭，所以先把他關在牢房裡。

因為瓜亞納易的皮膚比當地人要白皙，頭髮是捲曲的，說起話來比鳥兒還要動聽，每天來牢房參觀的人絡繹不絕，最後，連酋長的女兒茜卡爾都忍不住來瞧這位英俊的俘虜。見到彬彬有禮的外鄉人，茜卡爾動心了，她決定把這個男人從死亡的邊緣拯救出來，並且終身陪伴他。

茜卡爾找到機會，避開看守，和瓜亞納易說了自己的計畫。她說，只要他願意，她願意冒著生命的危險來救他，但是有個條件，那就是他無論走到哪裡，必須把自己帶在身邊。瓜亞納易被姑娘的深情打動了，答應了她。

茜卡爾出了牢房，假傳了父親的旨意，對牢房的守衛說，為了祭典的莊嚴，獻祭的俘虜必須手持斧頭，於是瓜亞納易順利得到了一把斧頭。當天晚上，茜卡爾偷偷把牢房打開，被驚醒的守衛想阻攔他們，但是被瓜亞納易用斧子砍死了，他帶著茜卡爾逃了出去。

瓜亞納易

在星星天神的指引下，他倆逃到了的的喀喀湖，瓜亞納易很快用水草編織出了一條小船，帶著茜卡爾來到滿是浮島的湖心。瓜亞納易很滿意，因為他回到了他熟悉的小島，並和茜卡爾結了婚，教會妻子如何在島上生活，太陽神印蒂賜給他們一棵可以滲出甜水的大樹，讓他們和孩子可以生活下去。

瓜亞納易和茜卡爾生了好多孩子，他們把孩子安置在不同的島嶼上，他們也並非不和外界接觸，他們捕魚，和岸上的人換取織物和糧食，當瓜亞納易快要死的時候，他指定最愛笑的兒子阿塔烏作為家族繼承人。阿塔烏是個活潑和善的人，他娶了一個岸上的女人，女人很快懷孕，當她快要臨盆的時候，湖上忽然起了風暴，所有的浮島都開始搖晃，人們不禁抱怨說：「這是什麼神人誕生了，難道他不願意在島上生活嗎？」

待到嬰兒呱呱墜地，風暴就停息了，太陽從烏雲後面冒出了頭，雨過天晴，人們又開始讚美這個剛出生的孩子：「真是福星，能止住風暴。」阿塔烏給兒子取名曼科，意思是獨一無二。

曼科

小曼科長到七歲，其他的孩子都不願意和他玩耍，因為總有一隻巨大的鷹跟在小曼科身邊保護他。曼科去問父親，父親說：「你的祖父被一隻鷹帶到了島上，又乘著小船到岸上的世界找到了自己的妻子，也許你是要帶領大家離開島嶼回到岸上的人。」

曼科長大後，父親阿塔烏過世，他成為眾多島嶼居民的大家長，這時，浮島已經無法供更多人生活了。曼科召集大家，說他願意帶領大家離開這裡，但是如果有人想留下來，他也不勉強。就這樣，曼科帶著兩百人，包括自己的兄弟烏丘和妹妹奧克洛，乘坐小船來到了岸上。在岸邊過的第一個夜晚，曼科做了一個夢，他夢見太陽神印蒂對自己說：「曼科，你是我的後代，註定統治大地上的一切，我賜給你一根比手臂短、有兩個指頭粗的金棍。」在夢中，曼科接過金棍，不解地問：「這根棍子是做什麼用的？」太陽神印蒂回答：「當你們停下來吃飯或者睡覺的時候，你就把棍子插在泥土裡，如果它完全陷入土中，就表示這是塊肥沃之地，你要帶著部眾居住在那裡。」

曼科醒來，發現金棍就在身邊，知道夢中一切屬實，便向周圍的人說了此事。大家聽了都很歡喜，除了一個心胸狹窄的傢伙——卡其。卡其是個冷酷的傢伙，還是個投擲石塊的高手，他每到一個地方，都會和當地居民發生衝突，總是要殺死幾個人，為這支遷徙的隊伍惹來不必要的麻煩。卡其很嫉妒曼科，面對曼科時總是陰陽怪氣。他還經常用石斧劈開大山，弄得碎石和塵土飛揚，以此來示威。對於總是斜眼看自己的卡其，曼科起初百般忍耐，但是過了一段時間，隊伍裡其他人也怨聲載道，希望曼科能處理卡其。可是卡其神勇，沒人是他的對手，後來曼科想了一個好辦法。

印加太陽神印蒂

曼科先是叫卡其過來，故作神祕地告訴他，神賜的金棍落在了前一日留宿的山洞裡，請他去取回來。卡其有私心，心想倘若自己拿到金棍，那首領的位置屬於誰可就不一定了，於是他很痛快地答應去取金棍。

有兩個人陪同卡其一起去，但是卡其不把這兩個人放在眼裡，畢竟沒人打得過自己。到了山洞，卡其主動要求進洞取物，二人守在洞口。就在卡其進洞後，二人遵照曼科的指示，找來了石塊和木頭堵住了洞口，讓卡其出不來。卡其在漆黑的山洞裡找了半天，也沒摸到金棍，返回時又看到洞口被堵，心知上當，於是揮舞石斧，想要劈開大山出去，但是當他將洞頂劈開後，山體塌陷下來，轟的一聲將他埋在了下面。洞口的兩個人看到一切如曼科所料，心中敬服，隨後轉身離開。而這個地方也被後世印加人奉為聖地，告誡自己要尊重印加王，不可造次。

國土屬於太陽神

曼科帶著部眾繼續前行，究竟哪裡是神賜之地，大家都很茫然。隊伍中難免有人抱怨，甚至對曼科的能力產生了懷疑。經過漫長的遷徙，他們爬上了山頂，第一次俯視庫斯科河谷。在山頂，曼科無意中將金棍立在地上，結果土地就像有吸力一般，將金棍吸了進去，整根金棍消失在地裡，而這時，天空出現了一道彩虹。人們情不自禁歡呼起來，原來這裡就是他們要建立家園的地方。曼科的兄弟烏丘在彩虹下長出了翅膀，飛上了天空，他有幸見到了太陽神印蒂。印蒂渾身金色，臉龐渾圓，有狹長美麗的眼睛，烏丘幾乎不能睜開眼。印蒂告訴他，他的兄長曼科是自己在人間的代言人，他們將在庫斯科成就偉業。

烏丘飛回地面，將神諭帶給人們，人們紛紛拜倒，高呼萬歲。而烏丘則倒在一邊，變成一塊紡錘形狀的石頭。這塊石頭也成了印加貴族的聖物，貴族少年在成年禮上都要向它叩拜。

但是這時庫斯科城被酋長阿爾卡維卡及其部眾所占，曼科的妹妹奧克洛想了一個辦法，她殺死了一個附近村落的村民，把屍體剖開，取出內臟，把熱乎乎血淋淋的肝臟叼在嘴裡，就大搖大擺地走進庫斯科城。城裡的居民見了，人人驚懼，不知她是何方神聖。人群裡突然有人喊道：「難道是叢林裡那些食人族來了？」人群就像回過神來一樣，紛紛逃出城去。留下的人也是越想越怕，沒幾天也都跑光了，只剩下了阿爾卡維卡一人。曼科帶領部眾拜見了這位酋長，他走到阿爾卡維卡面前，用威嚴而渾圓的聲音告訴他，太陽神願意將庫斯科賜予自己的代言人成為發跡之地，這是神的旨意，而阿爾卡維卡也只得拜倒，表示願意。

曼科建立了自己的國度，他總是對子民說，自己是太陽神的後代，代表太陽統治人間，他所制定的法規都是太陽神的意志，不得違拗。因為太陽神叫印蒂，所以人們稱曼科為印加，這就是印加名字的由來。

第三章　印加王的故事

距離西班牙人到來的一百多年前，安地斯山還是各個部落勢均力敵的時代，錯綜複雜的安地斯神明體系裡有無數掌管自然界的神，這些神有各自的領地，每個部落都供奉著自己的神。印加部落和其他民族一樣，他們信奉造物主維拉科查，並為這位神加了許多頭銜來歌頌他的存在，稱他為「世界的指揮者」、「萬神之王」。

印加部落一直不算強大，不過是在各部落的夾縫中勉強生存而已，但是維拉科查子孫的命運出現了轉折，這個轉折要從一位不受寵的王子說起。

王子名叫帕查庫提，他不是父親心目中屬意的繼承人，母系力量也很弱，所以一直游離在權貴之間的鉤心鬥角之外，但是他是個有抱負的年輕人，在安地斯山灼熱的日光下，看著山鷹在半空盤旋，帕查庫提默默認定自己便是上天選中的那個人。他將統一安地斯，建立一個偉大的帝國，讓山鷹盤旋的地方都變成自己的領土。他記得小時候乳母講的故事，天地萬物都有神明操控，太陽神印蒂是宇宙中最大的神，印加人是他的子民，他派遣使者教導印加男人耕種，傳授印加女人紡織技術。

帕查庫提的父親懷拉科查是個固執又怕死的男人，他早早就指定了繼承人，好讓野心勃勃的帕查庫提趁早死了心。在一次羌卡人對庫斯科的進攻中，懷拉科查決定放棄庫斯科，帶著繼承人逃到深山中以保存實力。而帕查庫提決定拿起武器，保衛印加人的聖地庫斯科，他帶領留守的男

庫斯科印加太陽神廟

印加都城庫斯科

印加梯田

子與崇拜蛇的羌卡人接連進行了數場血戰，據說打得風雲變色，連城外的石頭都參加了戰鬥。羌卡人節節敗退，庫斯科保住了，帕查庫提王子贏得了印加戰士們的崇敬。一心想得到父親認可的帕查庫提把羌卡俘虜交給父親，讓父親在他們身上擦腳——這是印加人勝利的儀式。但是他的父親拒絕了，可能是覺得兒子的大獲全勝顯出了他的無能。他高傲地拒絕了兒子的獻禮，說這是屬

神獸羊駝

現代複刻太陽神祭祀儀式

印加人防禦工事

於下一代印加王的榮耀，要由他指定即位的王子來完成。帕查庫提十分生氣，說他的兄弟沒有他勇猛，怎麼能完成踐踏俘虜這麼重要的事情。懷拉科查很生氣，想殺了這個煩人的兒子，帕查庫提只好決定和父親一戰。

有這樣一個傳說講述了帕查庫提是如何下定決心的，說的是帕查庫提在山路上，被小溪中發出的一道光吸引，走過去才發現溪水中有一塊晶瑩剔透的水晶石，石頭裡居然有一個小人。小人從石頭裡走出來，裝扮如同印加的貴族，戴著黃金大耳環，額頭繫著紅色的頭巾，但是他明顯並非人類，因為他的手臂上纏繞著一條吐信的毒蛇，肩膀和兩腿之間有美洲獅的頭。帕查庫提王子嚇壞了，拔腿想跑，但小人叫住了他，要他別害怕，說自己就是造物主維拉科查。維拉科查向他透露，他不僅會成為印加之王，還會是眾國之王，他的軍隊將征服許多土地。維拉科查說自己會保佑印加的軍隊戰勝一切強敵，但作為回報，印加人必須敬奉他為保護神並時常獻祭。維拉科查把藏身的水晶石送給了帕查庫提王子。若干年後，帕查庫提從水晶石裡看到了自己要征服的土地。

印加信使

得到神佑的帕查庫提下定了決心，兵諫了自己的父親，成為備受爭議的新印加王。在即位儀式上，帕查庫提看到了貴族們不屑的眼神，他們和自己一樣，有長長的耳垂。印加貴族的身分不僅呈現在華貴的衣飾上，而且從臉上也一望可知，他們的耳垂被沉沉的黃金大耳環拉得很長。這種耳垂是貴族特有的，在一年一度的卡派克節上，十二歲到十五歲的印加貴族少年舉行成年禮，他們將接受一系列的考驗，殘酷的考驗之後是神聖的穿耳儀式，他們的耳垂將被金針刺穿，然後插入一枚金色的耳環，隨著年齡的增長，越來越多的功勳讓耳環越來越大、越來越沉。帕查庫提明白，統治印加，還要在未來開疆拓土，僅作為長耳者是不夠的。帕查庫提宣布自己是太陽神印蒂之子，受到造物主維拉科查的庇佑，代表光照萬物的太陽統治人間。後來他如同羅馬人一樣用軍紀嚴明的隊伍征服了許多部落，廢除了不少這些部落的主神節日，取而代之的是專門紀念太陽神的節日。

為了向太陽神獻祭，印加人每天都獻上數不清的豚鼠和羊駝，在重要的節日或者勝利慶典也用活人來祭祀，十五歲以下健壯的少年是最理想的祭品。在祭祀之前，少年們可以先飽餐一頓，喝上一壺美酒，醉倒後被帶到太陽神廟割喉。

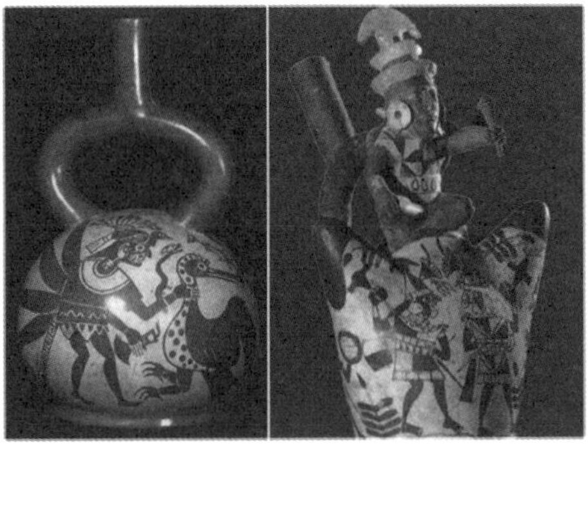
戰爭在印加人的陶器中是常見的繪製主題

這一切都是印加王帕查庫提推動的結果，他締造了印加帝國的中興和強大，但是對他個人而言，他對自己天上的父親印蒂的態度和他對自己人間的父親一樣，並不十分認可，一方面他在大眾面前努力讓人們相信太陽神是無所不能的，但是私底下卻對自己身邊的人表示，太陽並不是萬能的，否則他怎麼會允許卑賤的烏雲擋住自己的光芒，所以至高的神明依然是維拉科查。

與此同時，在庫斯科，修建太陽神廟的浩大工程在帕查庫提的監督下一刻不停，印蒂的地位得到充分的彰顯。這座宗教建築稱為「寇里坎查」，但是大家都叫它「黃金屋」。巨大的石塊經過磨合，隼接在一起，上面鑲嵌著密密麻麻的寶石，以至於石頭原本的顏色已經看不出來了，兩個手掌寬的黃金帶環繞著整座神廟，門廊和門框鑲嵌上金板，神廟的花園裡沒有活生生的植物，只有由黃金製作、惟妙惟肖的玉米和土豆，有葉、有稈、有花、有穗，連泥土都是金塊。這些只是陪襯，最主要的是以廟宇為中心向四周呈輻射狀修建的六間禮拜堂。第一間便屬於太陽神印蒂，牆壁上全是黃金板，禮拜堂的內牆上懸掛著金製日盤，上面鑲嵌的金絲代表太陽的光芒和火苗，它擺放的位置正好可以被初升的太陽照射到。每天清晨，祭司們懷著敬畏之心看到印蒂禮拜堂內發出耀人奪目的金光。

印加戰士和婦女

坐轎的印加王

祭司們有男有女，他們享受了印加人民上繳給神明的稅收，幾千名祭司在太陽神廟工作，大祭司通常是印加王的親兄弟。祭司們每天要宰殺一頭白色的羊駝獻給太陽神印蒂，一頭棕色的野獸給造物主維拉科查，還會順手照顧一下廟中供奉的其他神明，這些神明來自印加王征服的土地，如果這些土地上的人順從印加帝國，那麼他們的神尚可獲得禮遇，如果有一絲造反的苗頭，神像馬上會被拖出神廟，當眾加以鞭笞羞辱。

女祭司數量也不少，住在另一座神廟，她們的選拔和培養從十歲左右開始，只有出身高貴的女孩才有機會獲得這種「選女」的身分。被選中後，她們要跟隨年老的選女學習主持宗教儀式、紡織、印染、釀酒，三年出師後，她們要參加太陽慶典，在那裡印加君主和貴族將從她們中挑選自己中意的女人，留在身邊，而剩下的則打發回去，宣布她們為「太陽貞女」，即嫁給印蒂的女人。這些女孩必須忠於自己的太陽神丈夫，如果發現她們與世俗男子有不恰當的情感，就會被活埋。到了獻祭之時，這些女性的命運會更為悲慘，因為按照慣例，人祭所用的女性也是從太陽貞女中挑選。

第四章　印加滅亡

秘魯的印加人是南美原住民發展最興旺的一支，印加人以迷信著稱，對自然界各種徵兆所代表的吉凶深信不疑，認為都是上天傳遞下來的警示。大約在一五一二年，第十二代印加王瓦伊納在庫斯科中心廣場上率領群臣祭祀太陽神時發生了一件怪事，在眾目睽睽之下，一隻天上飛的安地斯山鷹被五、六隻遊隼追著啄，山鷹不敵，從空中掉下來，正好掉在了印加王和群臣之間，就這樣摔死了。山鷹是印加帝國的象徵之一，這個徵兆無疑是個凶相，臣子們議論紛紛，都說恐怕不久的將來帝國將會迎來流血和內戰，而此事發生在太陽神祭典上，意味著印加帝國國祚不保，太陽神的信仰也會被某種強大力量所摧毀。

其實，在山鷹事件之前，印加帝國就發生了不少怪事，大大小小的地震不斷，樹木成片枯死，在海邊的印加人還發現，漲潮次數明顯增多，更為駭人的是，月亮周圍多了三道圓環：第一道是血液一樣的紅色，第二道是黑綠色，第三道如同煙霧，有點看不清。印加王瓦伊納請占卜師解釋天象，占卜師流著淚說，這是上天示警，印加帝國要亡了。他解釋說，第一道紅色的圓環昭示著戰爭和鮮血，當這一代印加王去太陽神那裡安息後，他的兒子將同室操戈，血流成河。第二道黑綠色的圓環意味著在內戰之後帝國滅亡，土地落入外族之手。

第三道煙霧一般的圓環預示著現在強大的帝國、對太陽神的信仰、輝煌的神廟……這一切都將化成煙霧，直至消失。瓦伊納聽了，暗暗心驚，但是他還是裝作不在乎的樣子對占卜師說：

「你覺得太陽神會這樣懲罰自己的子孫嗎？」

又過了三、四年的時間，並沒沒有發生什麼事，大家對亡國之說也就漸漸遺忘了。印加人解釋說大概是太陽神又改變了主意，之前的天象不過是警告罷了。但是印加帝國內部派系林立，之前山鷹死在太陽神祭典上的事情再度被翻出來，瓦伊納還聽說有一群白人鬼鬼祟祟在海邊活動，他聽了心煩意亂。

印加戰士

不同裝扮的印加戰士

印加戰士抵禦西班牙入侵者

一天，瓦伊納去湖裡洗澡，沒想到著涼了，很快開始發燒，這時候天空出現了綠瑩瑩的彗星，不祥的天象又來了，這些凶兆讓占卜師和祭司們十分驚恐，只怕印加帝國在劫難逃。瓦伊納聽到各種流言，又急又氣，一病不起，彌留之際，他對身邊的兒子們說：「很久以前有一個預言，說的是印加帝國將在第十三代滅亡。我們的國土上會出現一些從未見過的人，取代我們統治這片土地。這些年上天示警不斷，我想他們可能已經來了，既然是天命，就不要違抗，順從他們吧，避免更多的傷亡。」他身邊的兒子們中就包括後來經過內戰取得統治權的第十三代印加王阿塔瓦爾帕。

瓦伊納死後，印加帝國果然陷入了內戰，瓦伊納和基多部落公主所生的阿塔瓦爾帕打敗了自己同父異母的兄弟瓦斯卡爾。瓦斯卡爾之前已經屠殺了一批印加貴族，而阿塔瓦爾帕作為外來公主所生的王子，本身在庫斯科沒有根基，更是大肆清掃政敵，印加帝國由此元氣大傷。後來的故事被史書撰寫過多次，阿塔瓦爾帕中了皮薩羅的圈套被俘，如約繳納金銀贖金後被殺，一小支西班牙隊伍就這樣控制了整個龐大的帝國。

西班牙人能如此長驅直入另一個重要的原因是，他們身上攜帶了天花等來自歐洲的病毒，讓美洲原住民陷入了死亡的旋渦。病毒比西班牙的火器更可怕，人們成批死去。其實在阿塔瓦爾帕被殺之前，在沿海活動的西班牙人已經把天花病毒帶到了這片土地上，據說第十二代印加王瓦伊納和他最開始指定的繼承人都死於天花。這種病毒在美洲大陸上從未出現，所以美洲原住民身上沒有任何抗體，染上了唯有死路一條。

印加帝國陷入了淒慘的境地，成百上千的印加人同時死去，田地荒蕪，屍體在棚屋裡堆積成山，沒有人耕種了，牲畜也無人照管，大家紛紛逃離疫區，但是到了荒野，他們又被饑餓折磨，直到活活被餓死。天花、傷寒、感冒、痲疹、白喉奪去近百分之九十的印加帝國核心區的人的生命。印加人徹底慌了，他們認為宇宙的秩序被白人破壞了，印加王是太陽神的兒子，他的死造成了天塌地陷的結果，世界末日就要來了。很多人不想被動等待末日的降臨，他們認為應該推動末日儘早到來，這樣宇宙才可以重生，秩序才能重新建立。

第五章　迷失在歷史與現實的印加帝國

找到了

一九一一年七月，南美秘魯。

三十五歲的美國探險家海勒姆．賓厄姆和當地嚮導沿著安地斯山脈東麓的一個陡坡，穿行於一片濕漉漉的森林。冬天多霧，他們什麼也看不清，深一腳，淺一腳，費力前行。還有一個秘魯軍人，名叫卡拉斯科的中士也緊緊相隨，他們要找的是一處傳說中的遺跡。

相傳，在前方的山峰之上，某個高聳入雲的地方隱藏著一處古老的印加遺跡。但是，就連賓厄姆這個異鄉人也知道，在這片秘魯東南部的叢林中，關於印加遺跡的傳言就像金剛鸚鵡一樣滿天飛。所以他非常肯定，自己要找的古城一定不在這裡。他連午飯都沒帶，就打算隨便看看。

美洲最偉大的遺跡之一，在幾個小時後，就由這個被悶熱潮濕折磨得如同苦行僧的考古隊發現了。

賓厄姆不會講當地土語，他用不太熟練的西班牙語和中士交流，中士再把內容翻譯成當地的克丘亞語給嚮導。賓厄姆時不時聽到他們之間說起「馬丘」這個詞，一會又成了「比丘」，然後這兩個詞連在一起成了「馬丘比丘」。他們轉過山腰時，當地人緊緊抓住了賓厄姆的手臂，指著前方一個巨大的山巒說著「馬丘比丘」。「古老的山峰，」卡拉斯科中士翻譯道。

當地人說：「你們要找的遺跡，就在雲端上的馬丘比丘。」

馬丘比丘，被稱為「失落之城」，是南美洲最偉大的原生文明——印加文明的見證。它曾在十五世紀隨著西班牙人的入侵而成為印加王族最後的棲息地，後來，它又在一夜之間神祕地成為空城，銷聲匿跡四百年從未被西班牙人找到，直至一九一一年被發現後震驚世界。

馬丘比丘

馬丘比丘是一座貴族的行宮，曾經也是印加王族的避難所。它最初的功能，據歷史學家的推斷，是神廟和貴族學校。在西班牙人到來之前，由素有「安地斯山的亞歷山大大帝」之稱的印加王帕查庫蒂建造，這是為了在接近太陽的高山之上，透過一些儀式與太陽神對話。

馬丘比丘坐落在高山之巔，時常被山霧遮蔽。倏忽來去的雲霧穿行其中，因此當地人說，每到夜晚，會有印加魂魄從地面升起，帶走活人。為了保平安，當地人在睡覺的時候經常會藏一面小鏡子或者閃亮亮的金屬片在身下。

因為印加帝國的覆滅，的確無法令印加人甘心。

在距離馬丘比丘一百三十公里的地方，是印加人龐大帝國的中心點——首都庫斯科。印加人將那個位置形象地比喻為「肚臍」。

龐大印加帝國的毀滅與黃金不無關係，而一切關於黃金的喧囂是從十六世紀初西班牙人在巴拿馬的一次探險開始的。

航海家兼征服者瓦斯科·努涅斯·德·巴爾沃斯（Vasco Nuñez de Balboa）那時正帶著人在巴拿馬地峽進行第一次探險，很多年以後來看，這是人類一次偉大的開拓，但是當時這些西班牙人心中並沒有什麼崇高的使命感，他們在經過當地科馬格壘人（Comagre）部落時隨手抓了幾個美洲原住民當奴隸使喚，在部落裡他們還發現一些鑲嵌寶石的粗糙金器，並理所當然地以武力據為己有。巴爾沃斯幾個手下分贓不均，打了起來。

這時候，部落長老的兒子潘奇亞多（Panquiaco）面對這些外來的強盜，忍無可忍，從屋子裡跑出來說了一句：「你們這些不知從哪裡來的白人毀壞我們的金器，把鑲嵌完好的寶石摳出來裝進自己的口袋，請遠離我們的土地，去別的地方找金子吧，我保證你們可以找到更多金子。」

西班牙人聽到了金子一詞，立刻停止了打鬥，趕忙問這個「別的地方」在哪裡，距離遠不遠？潘奇亞多說那個地方叫圖瑪納瑪（Tumanama），距離此地有六天路程的距離，要翻過山，乘船穿過一片不大的海域就可以抵達。沒有人知道潘奇亞多當時是不是為了免災而胡亂指路，但是在他的指引下，西班牙人的確發現了從未見過的新海域，歐洲人所書寫的世界史認定這片海是巴爾沃斯這群西班牙人發現的，但是此人並不知道這個發現有多偉大，被金子搞得暈頭轉向的他在一五一三年匆匆忙忙給了這片海域取一個名字——南方海。後來，這片大得超乎想像的海有了一個新名字——太平洋。一五一九年，巴拿馬城在太平洋海岸線上建立，三年後，西班牙冒險家帕斯卡・德・安達科亞（Pascual de Andagoya）以此為據點朝著巴拿馬東南方向開始了旅程，直到聖米蓋爾海灣，那裡的美洲原住民對西班牙人說，在每個滿月的夜晚都有戰士乘著獨木舟來侵略他們，這些人來自海灣的另一頭一個叫秘魯的地方。安達科亞和他的人沿著南美的海岸線開始了探險，他們想得到的依然是金子，在聖胡安河流域，他們第一次聽到了印加帝國的名字，據說那裡崇拜太陽神，黃金遍地。

印加帝國的名聲在西班牙冒險家的社交圈裡迅速擴散，通過對傳聞的比較，他們認為種種印地安傳說中的黃金國就是這個偉大的王國，貪念一起，勢如燎原，一五二四年，三個貪婪成性的冒險家帶著一夥亡命之徒開始尋找黃金國，他們分別是法蘭西斯科・皮薩羅（Francisco Pizarro）、迭戈・德・阿瑪格羅（Diego de Almagro）以及埃爾南多・德・魯克（Hernando de Luque）。他們起初不敢深入內陸，只沿著南美的海岸線尋覓，一無所獲，在和當地人的戰鬥中，阿瑪格羅還失去了一隻眼睛，自覺晦氣的他經常把「這樁買賣讓我少了一隻眼」這句話掛在嘴邊，其實心中已萌生退意。艱苦而沒有方向的找尋以及不時的戰鬥讓這支探險隊精疲力盡。

在公雞島上，三個征服者只剩下了法蘭西斯科・皮薩羅，他和八十多個士兵在島上等著返回巴拿馬的人帶回新的增援物資，但是他們不確定回去的人是否還會回來，所以士氣很低迷。很多士兵心中不滿，他們也想回去，在烈日下，絕望的情緒發酵，近乎釀成譁變，內亂一觸即發，隊伍就快土崩瓦解。

此時，法蘭西斯科．皮薩羅拔出劍來，在沙子上畫了一道線，把劍向南一指，說：「願意去秘魯發財的人跟我走。」他又把劍向北一揮：「願意回巴拿馬繼續過窮困日子的人留下來。」響應者寥寥，只有十三個膽子大的人願意跟隨法蘭西斯科．皮薩羅南下，他們後來被稱為「公雞島十三士」。他們創造了歷史，也犯下了駭人的罪行。

歐洲人幻想中的黃金國

尋找黃金國的西班牙人

在一五二八年，探險隊終於來到了如今秘魯的圖貝斯（Túmbez），在那裡看到了印加帝國財富的冰山一角，而龐大的印加帝國在此前已經顯露出崩塌前的跡象，不祥的天象舉國議論，兩位王子間的奪嫡之戰讓印加皇室元氣大傷，而一則據說是不久前死去的印加王瓦伊納臨終透露的預言更是讓近臣駭然，預言說：「印加國，十三世而亡」而印加王阿塔瓦爾帕正是第十三代印加王。

在西班牙人到來的時候，印加王統治著美洲最龐大的帝國，這個帝國驚人地跨越三十二個緯度，從亞馬遜雨林到南部的沙漠，印加人把南美洲西部的各個民族聚合起來，用龐大的道路網和結繩密語來統治這個西半球最大的國度。印加人如此崇拜太陽，他們認為黃金是太陽的汗水，從而把金色和太陽聯結在一起，而西班牙人則把太陽和大量的黃金聯結在了一起。於是就有了之後的悲劇，西班牙人認為印加帝國藏有大量的黃金，而印加人無法理解白人對黃澄澄的金屬塊的執念，和由此而產生的惡念。在他們看來，黃金不過是一種適合表達太陽神威的金屬而已，因為它足夠柔軟，易於鍛造。

一五三二年，印加王阿塔瓦爾帕（Atahualpa）聽說有一群白人抵達了太平洋海岸，探子回報說他們看起來有些狼狽，不像十分強壯的樣子，兩百人的印加軍隊足以殺光他們。這群白人就是皮薩羅一干人，不過已經不止當年的十三位。皮薩羅曾回到西班牙，得到了西班牙國王的支持，但是這群探險隊的人數也不到兩百人，然而他就用這點人力征服了南美最大，也是被認為最驍勇善戰的帝國，很多印加人認為這是一種命數。當時印加王阿塔瓦爾帕並沒有下令伏擊西班牙人，而是任由他們帶著武器，長驅直入，這是一個歷史的謎團，有印加祭司認為，雖然印加帝國一直崇拜太陽神，但歷任印加王對太陽神的態度都不夠虔誠，終將惹來滅頂之災。

皮薩羅一路殺來，要求和印加王見面。阿塔瓦爾帕在卡哈瑪卡（Cajamarca）城的營帳中見他。皮薩羅依仗火器，在一場惡戰之後俘虜了印加王。

當印加王阿塔瓦爾帕看到皮薩羅的手下對著那些從自己的營地搶來的金質杯盤大呼小叫、驚奇不已的樣子時，他得出了一個簡單的結論：這就是一夥盜賊，他們不打算征服自己的帝國，甚至不打算待太久。他認為，這些人一旦能獲得他們裝得下、運得走的全部財物，肯定就會帶著所有的戰利品離開。

西班牙人的行為還讓阿塔瓦爾帕聯想到了之前被印加人征服的東部蠻族。這些生活在光都無法透入的叢林深處的野蠻人，沒見過世面，對印加人製造的任何東西都會流露出癡癡的表情。因此，阿塔瓦爾帕心裡想的是，這些人雖然有奇特的坐騎以及威力巨大的武器，但是從本質上來說就是野蠻人。那麼如何讓他們儘快離開好讓自己重獲自由呢？

他想到了一個簡單的辦法。和我們常說的「能用錢解決的事都不是大事」，完全一樣。

於是，阿塔瓦爾帕示意一名翻譯和皮薩羅隨他一起到太陽神廟中的一間屋子裡去。他對皮薩羅說，他願意用金子和銀子來換取自由。

皮薩羅欣喜若狂，問要多久才能把金銀帶來？阿塔瓦爾帕說，從他的帝國一端送信到另一端，由信使們接力，從日出跑到日落，一刻不停，也要花將近二十天才能到達，往返則要四十天。

皮薩羅至此才第一次意識到，自己手上的俘虜不是什麼普通的酋長，而是一個統治著龐大帝國的君主。

他提高了籌碼，要求印加人在兩個月內用金錠填滿一間屋子，用銀錠填滿兩間屋子，高度至少要一人高。

為了救印加王，在接下來的幾個星期裡印加人將數百件金銀器皿帶到卡哈瑪卡。為了儘快看到黃金國，一夥西班牙人奉皮薩羅之命到了印加都城庫斯科。在那裡，一看到周身被金板覆蓋的太陽神廟以及其他建築的黃金外牆，他們就如同瘋了一般用工具將金板撬起來，晝夜不停地在庫斯科搶掠。除了黃金以外，他們把不少鑲滿半寶石的銀像也裝到了自己的袋子裡。

印加王——阿塔瓦爾帕

面對野蠻的西班牙人，印加祭司們嚇壞了，他們認為對方的下一個目標就是印加帝國的鎮國之寶——羊駝，於是決定將最健壯的羊駝趕到離庫斯科遠一點的地方去，遠離這些貪婪的外國人之手。祭司們悄悄地把神廟周圍飼養的美洲駝趕到了一個祕密的山谷裡，當神聖的美洲駝隊離開庫斯科，印加帝國的光芒也隨之黯淡下來，等待他們的是漫漫的長夜、死亡和鮮血。

印加人如期湊齊了贖金，卻進一步激起了西班牙人的貪欲。金銀日夜冶煉，最終煉出了六噸黃金和十二噸白銀，也有一些珍寶免於煉火，比如一個四歲小孩一般高的純金神像就被直接帶走，作為戰利品獻給西班牙國王。印加王阿塔瓦爾帕履行了諾言，也迎來了自己的死期。

據西班牙人記載，印加王阿塔瓦爾帕被帶到卡哈瑪卡城的中心空地上，四周的西班牙士兵守衛森嚴，他們把他綁在木樁子上，身下堆滿了柴火。當行刑人舉起火把時，眼看自己將被燒死，阿塔瓦爾帕十分恐慌，因為根據印加的宗教信仰，他的屍身如果不進行防腐處理成為木乃伊，就不能在死後進入另一個世界復活，於是他問身邊的神父能不能馬上受洗成為天主教徒，以此避免火噬。於是他受洗了，並被處絞刑，隨後他的頭顱被砍下來示眾。

這則故事被後世認為是西班牙人在抹黑印加王，詆毀他的意志，以此來瓦解這個以印加王為精神信仰的國度。印加人都說，印加王是太陽神的兒子，在阿塔瓦爾帕頭顱被砍下來的一瞬間，天地震動，印加人和太陽的紐帶就此割斷。

皮薩羅的異母兄弟埃爾南多．皮薩羅帶人洗劫了印加人另一座重要神廟——帕查卡馬克（Pachacamac）神廟，結果令他十分失望，據說祭司們提前得到了消息，將金銀器轉移了。

在庫斯科攫取的金板讓西班牙人如獲至寶，消息傳到了歐洲，美洲神祕寶藏的說法看起來終於成真了。印加王死去，帝國處於分裂中，儘管西班牙人占領了庫斯科，扶植了傀儡國王，但印加人斷斷續續的反抗一直持續了四十多年。為了削弱本土力量，西班牙人逼迫印加人向東部內陸遷徙。

西班牙人在印加國土上進行了數次掃蕩，試圖尋找新的財寶，因為除了庫斯科的金板，他們再沒發現和黃金國之說有關的線索。

在征服印加帝國後，一直嘀咕印加沒有想像中那麼多黃金的西班牙人，又聽聞了一個傳說——真正的黃金國不在印加，而在印加以北的地方。不滿西班牙人入侵的美洲原住民也樂於講述各種真真假假的關於黃金國的傳說，讓他們燃起希望，去尋找也許根本就不存在的地方。

幾個世紀以來，幻想中的黃金國讓無數冒險家把命葬送在南美大陸。美洲原住民總是這麼說，有個極為富有的民族，生活在叢林中的某處，如果走對路幾天就能到達，或者翻過山就能看到。他們神神祕祕地說起叢林裡的某座神廟，裡面有通往黃金國的入口，也有人說，黃金國其實是座巨大的城市，裡面的房屋廟宇異常高大寬敞，都是金子做的。

時間久了，西班牙人分辨出這些傳說有的純屬胡編，但是也有一些傳說，聽起來比較可信。據說在印加帝國更北的地方，有個黃金國，裡面的酋長在祭祀時渾身塗滿金粉，乘小舟到聖湖中心，向湖裡扔很多黃金做的祭品，然後他也跳入湖中，讓身上的金粉脫落於湖水中，算是對湖神的供奉。這個故事居然是真的，這個習俗的確存在於現在哥倫比亞境內生活的穆斯卡人（Muisca）中，而這個聖湖就是哥倫比亞中部的瓜塔維塔湖（Guatavita），這裡產沙金，而穆斯卡人的金屬冶煉水準的確非常了得，他們可以打造薄如紙的黃金寶船。

從十六世紀到十九世紀，從哥倫比亞到圭亞那，許多來自歐洲的遠征隊和探險隊幾乎把南美部落翻了一遍，對黃金的癡夢竟是一直沒有斷過。許多探險家把命葬送在南美，留下遺囑，要自己的後人繼續堅持尋找黃金國，他們每個人都認為自己已經很接近了，只差最後一步。但是他們中的大多數人不過是在越來越密的森林裡越走越遠，只看到了笨拙的巨蟒和為曬太陽把身子烤得暖烘烘的鱷魚。

有人認為，順著奧里諾科河下游一直前行可以進入守護黃金國的山丘地帶，在河裡可以找到一條隱祕的通往山脈的通道，但是黃金國的周圍有強悍的食人族看守，難以到達。也有一個迷路的士兵說自己找到了黃金國，那是一座寒冷的高地城市，廟裡都是黃金，生活在那裡的民族會用草編出栩栩如生的動物。

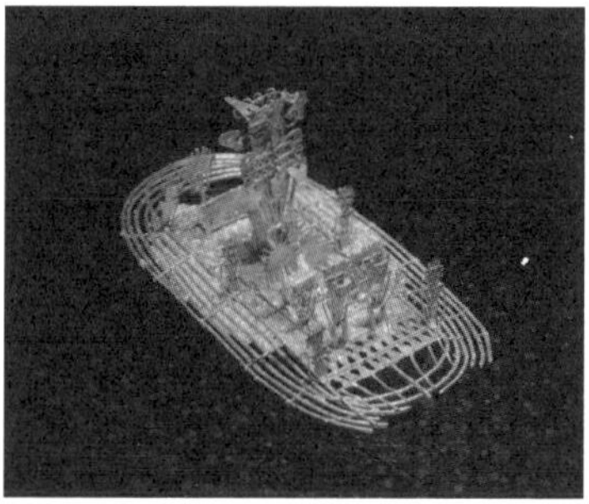
薄如紙的黃金寶船

西班牙人既是黃金國這一傳說的信奉者，也是傳播者。據考證，南美很多民族的黃金國傳說其實是來自西班牙人一路尋找時的散播。比如派提提迷城（Paititi）、凱撒之城等等。派提提迷城是個謎團，人們一直在說，在秘魯的東南方有個名為眾神之母的森林，遮天蔽日的枝蔓之下有座迷失之城，寬闊的花園裡矗立著很多金像，當地人相信，這個城市直到今天還在一直運轉，因為最後的印加人還住在裡面，他們等待著回到天外的世界，恢復過去被打亂的秩序。

這個明顯帶有科幻色彩的傳說流傳在玻利維亞、巴西和秘魯三國的交界。派提提的傳說不是印地安古老傳說神話的一部分，事實上，這些迷失之城的說法非常像歐洲人的風格，而且派提提迷城的傳說是從十九世紀開始的，與西班牙人瘋狂尋金的年代正吻合，文獻記載曾有西班牙冒險家到過一個熱帶叢林之城，城市很大，內有金銀珠寶，裡面生活的人稱此地為派提提。眾神之母森林裡還不時能發現刻有奇怪彎曲線條的石頭遺跡，不放過任何蛛絲馬跡的尋寶者對這些線條著了迷，他們瘋狂地認為這是藏寶圖的一部分，以某種方式相連可以找到進入派提提的入口。

另一個版本認為派提提的入口在巴拉圭河的發源地庫尼庫尼湖（Cuni-Cuni）裡，由一隻叫特由亞瓜（Teyu-Yagua）的半蜥蜴半狗的神獸守護，每個派提提人都佩戴著沉甸甸的黃金飾品，從遠處看他們和金人無異，甚至有猜測說派提提文明是遠比印加先進的現代文明，派提提人遺留下的設備至今能發射干擾電波，讓直升機不能靠近。岡薩雷斯．皮薩羅是法蘭西斯科．皮薩羅的另一個兄弟，他曾帶領四百名士兵、四千個奴隸和兩千條狗去尋找派提提，但是，一年之後，他的隊伍裡只剩下八十個殘兵，無功而返。

在美洲南部的巴塔哥尼亞荒原上，黃金國有另外一個名字——凱撒之城。一五二八年，有個叫法蘭西斯科．凱撒的船長沿著南美西海岸尋找白銀山——歐洲人對美洲的另一個幻想。上岸後，凱撒和他手下的人抵達了一片水草豐美之地，目之所見有牛羊，當地人以金銀為配飾，性格溫和。他們彬彬有禮地接待了突然出現的白人，還在告別的時候贈送對方禮物。為了避開法蘭西斯科．皮薩羅，凱撒帶著他的人穿越了安地斯山，登上了可以看到大海的高峰，他們穿越了四百年不曾有點滴降雨，世上最乾燥的沙漠阿塔卡瑪（Atacama）。就這樣一直走了七年，跟隨凱撒的美洲原住民都已經受洗，所賜聖名都為凱撒，所以這支隊伍也被稱為凱撒軍，他們最終從潘帕斯平原南下來到巴塔哥尼亞。據說，他們在巴塔哥尼亞見到了前所未見的金銀財寶和數不清的「秘魯羊」（羊駝），這裡的美洲原住民衣飾考究，富有教養，這便是凱撒之城最初的由來。

在印加亡國後，有個又瞎又老的美洲原住民說，從西班牙人屠殺印加人開始，很多印加人沿著印加信使行走的小路往南部逃，逃到一個叫鑽石谷的地方，從此失去了行蹤，因為他們毀掉了道路，避免引來追殺。最終，印加人帶著自己的金器到了一個地方，那裡便是凱撒船長找到的那個部落。老人說自己年輕時有幸在那裡生活了三、四年，他記得土壤肥沃，收成不錯，人們可以用金器飲水。但是老人沒有說起他是如何離開那裡的。

隨著時間的推移，凱撒之城這個明顯帶有歐洲特色的名字讓傳說往另一個方向發展，混合成了一個富有歐洲色彩的魔幻印地安故事。在智利傳說中，凱撒之城是在巴塔哥尼亞迷失的西班牙人建立的城池，一群找金子著了魔的西班牙人最終和南方的居民結合，他們的後代生活在一座叫作「凱撒之城」的富庶城市，城中的長者是純種西班牙人，但是他們的後代已經混血了。這些人在虛無之地建了這麼一座沒有時間的城，城市的街道鋪滿了金磚，這裡的人長生不老，也不需努力勞作便可溫飽，凱撒之城歡迎所有的外來者，即使誤入，也可定居，但是只要離開，便會把去那裡的路線以及那裡的所有事情忘得乾乾淨淨。

這座神祕的城市如同海市蜃樓，在巴塔哥尼亞荒原上漂浮，偶爾可以聽到裡面的歡聲笑語，所以它還有一個名字，叫作「巴塔哥尼亞的歡樂城」。直到這個世界走到了盡頭，前面再也沒有時間了，凱撒之城才會停止移動。這座城是遊蕩在安地斯山麓和巴塔哥尼亞荒原上的西班牙人的幻想，他們亦想停止殺戮，和當地人和平共處，共居一城。

一九三九年出版的智利小說《凱撒之城》（Luis Enrique Délano）講述了一支探險隊的經歷，他們妄圖尋找這座迷城以證明它的存在，他們在安地斯山進行了多次探險，最終在雲霧重重的山谷裡找到了此城，他們看到了無盡的財寶，於是選擇定居下來。然而，他們的命運各自不同，有的人決心保守祕密，有的人則開始大肆搶掠，而結局只有一句話：「一切都是為了該死的金子。」

瓦爾韋德藏寶圖

這是一則關於黃金寶藏的故事。一五八四年，年輕的西班牙士兵胡安．瓦爾韋德（Juan Valverde）和當地的原住民姑娘相戀，不願再當兵，於是和她私奔到現在厄瓜多爾境內的皮亞羅（Pillaro）的山上安頓下來，過起了幸福的日子。三年後，一支西班牙軍隊途經他們居住的村子，把瓦爾韋德嚇了一跳，他怕被同胞發現自己是逃兵而難逃一死，決定和妻子回西班牙。為了湊盤纏，他和妻子求助村子裡的老人。老人告訴他們，西班牙人當年扣押印加王阿塔瓦爾帕為人質，向印加王國索求大批金銀為贖金，在厄瓜多爾駐守的印加將軍魯米納輝（Ruminahui）十分忠君，他收集了大批的財寶準備贖回國王，但是還沒運到，背信棄義的西班牙人就殺掉了阿塔瓦爾帕，他一怒之下將財寶全部收回，藏在了人跡罕至的山裡，半點也不給西班牙人。據說一旦有西班牙人要尋寶，山巒和大地便會一起顫抖，發出恐嚇的怒吼。但是老人經不住瓦爾韋德和他的妻子苦苦哀求，告訴了他藏寶的地點，也有說法認為，瓦爾韋德娶的是當地酋長的女兒，他丈人為了讓女兒、女婿順利回到西班牙而洩露了藏寶的祕密。

瓦爾韋德背下了老人所說的藏寶地點，去了山裡，三個星期後，他回來了，帶回了大批的財寶，其中最引人矚目的是一隻純金打造的張開雙翼的山鷹，眼睛是大顆的綠寶石，翅膀上每一片羽毛都纖毫畢現，栩栩如生。印加人認為山鷹是太陽神的使者，遊走於人間和太陽神之間，傳遞神諭。村裡的人一見金鷹，便將瓦爾韋德團團圍住，不讓他走，他們要求他把金鷹放回原處，他們說除非印加帝國重新建立，否則金鷹不可出世。瓦爾韋德只得聽從，將金鷹重新放回山中。

不過貪心的他已經拿了許多金子了，一夜暴富的他帶著財寶，回到了西班牙，引起了同鄉人的側目。那個年代關於美洲和金子的事情是西班牙街頭巷尾談論不盡的話題，很快，瓦爾韋德在小酒館被朋友套出了實話，他對金鷹依舊念念不忘，很快有人將此事告訴了當時的西班牙國王查理五世。

國王召見了瓦爾韋德，以性命要脅他說出藏寶的地點並繪製成

不同版本的黃金國地圖

尋找迷失之城的古地圖

圖，這就是日後著名的「瓦爾韋德藏寶圖」。儘管西班牙人說得活靈活現，但是印地安人堅稱並無此人在當地生活過的證據，寶藏一說純屬瓦爾韋德自己編的。

當然有人按照瓦爾韋德藏寶圖去尋找寶藏，但是當地氣候多變，山地崎嶇，沼澤遍佈，沒有人成功尋到一點金子或者銀子，傳說中的金鷹更是不見蹤影。關於為印加王湊贖金藏寶的故事在阿根廷北部也有流傳，這些財寶被美洲駝馱進了安地斯山，沒有人再知道它們的蹤跡，據說這批財寶是活的，可以在地下任意移動。每年十一月，南半球正是夏季，山中有藍色的火焰飄浮，據說用刀子插住藍火，它便不再移動，往下挖就可以挖出財寶。有人曾經真的用刀子插住藍火，但是沒有挖寶工具，於是他回家去拿鐵鍬，但是等他再回到原地卻怎麼也找不到刀子，結果此人瘋了。

在死前，被迫交出藏寶圖的瓦爾韋德完整回憶起了印地安老人對自己說的話，他喃喃地對床邊的親人轉述了這些話：「西班牙人是我們的敵人，孩子，如果你有那些大鬍子白種人的野心，我絕不會告訴你這個祕密。西班牙人認為翻過山，把他們的髒手伸到乾淨的湖裡就能撈出滿滿的金子。我們只會給那些野心家最輕蔑的嘲笑以及來自偉大的維拉科查的詛咒。相信我，神會給予我們失去的土地一個公證的裁決，大鬍子們什麼也找不到。」

印加人生活在地震和海嘯週期性頻發的地區，這使得他們相信歷史就是伴隨著一系列劇變而展開的。

「改變歷史的大事件」讓他們津津樂道，比如，印加的統一、西班牙人的到來等等。在這樣的劇變中，規則就是用來顛覆的，每一次劇變都會徹底地改變所有事物的自然法則：曾經在上的會淪為在下，曾經昌盛的會轉為衰敗……等等。因此，即使是印加帝國覆滅，印加王身死，依然有印加人相信，他們的王將從地下復活，一個新的印加時代將回歸人間。

畢竟，他們的祖先曾經將一個庫斯科地區的弱小王國變成龐大無比的帝國，儘管這個帝國又在須臾間覆滅消亡。

第六章　奇伯查山谷的故事——安地斯神話體系的另一世界

安地斯山脈綿延六千五百公里，北起哥倫比亞，南至火地島，地形多變，風光無限，是南美多個文化的發源地。安地斯神話在世界神話體系中占有重要的位置，見證了神、權、人、鬼和精怪交織在一起的奇幻生活。而奇伯查山谷正是安地斯山神話體系的重要一環。

光明神創世

最初的世界是一片黑暗，沒有光，也沒有其他的東西。在世界的中央有個黑石頭做的葫蘆，有一天，葫蘆裂開了，耀眼的光線從葫蘆裡射出來，世界有了第一縷光。通體發光的光明神——奇米尼加瓦從葫蘆裡出來了，身後還跟著一群黑壓壓的大鳥。看到世界一團黑暗，奇米尼加瓦將自己的光線投注到大鳥身上，讓它們能夠像自己一樣通體發光，飛到各地去播撒光明。鳥群飛到安地斯山的上方，從鳥喙中，光線像水一樣流出來，空氣中流光溢彩，光線如雨絲般落下。

世界一下子光亮起來，奇米尼加瓦捉住一隻個頭大的鳥，將它變成太陽，又捉來一隻稍小的鳥，將它變成月亮。這樣，無論白天還是黑夜，都有光。

巴丘和她的丈夫

莽莽群山一重一重，看不到盡頭，如果從高空往下看，會被綠色的漩渦弄得頭暈眼花。有個大湖，藏在最大的山谷裡，那就是伊瓜克湖，幽綠的湖水，潛藏著無限生機。當世界靜默無人的時候，從湖底爬出一個女人，懷裡還抱著一個小男孩，兩人渾身都濕答答的。母子費力登上岸邊後，好好喘了口氣，像是費了九牛二虎之力才來到這個人間。

這個女人站了起來，她個子不高，有漆黑的大眼珠和一對豐滿的乳房，神給了她一個名字，叫作巴丘，她懷裡的男孩望著她，說：「妳是我的母親嗎？」巴丘摸著他的頭，說道：「不是的，我是你的妻子。男人由女人養育，我先要把你撫養成人。」

巴丘和男孩在山谷裡安了家，她每天捕魚給他吃，男孩很快長大，幾個月的時間就從一個幼兒長成一個高大英俊的青年。二人結合在一起，成為人類的始祖。但是男孩沒有自己的名字，後人稱他為巴丘的丈夫。

巴丘很容易懷孕，而且每次都能生下四到六個孩子，她和丈夫生下的兒女很快遍布山谷。家族不斷壯大，慢慢地，山的那邊，海的那頭，都住滿了巴丘的孩子，形成了不同的部族。巴丘和她的丈夫都沒有變老，一直神采奕奕，保持著旺盛的生育能力。

隨著時間的推移，巴丘和丈夫不可避免地偏心小兒子們，他們更喜歡和後來生出來的孩子們住在一起，只吃他們供養的食物，賜予他們特殊的祝福，而早期生出的兒女們看在眼裡，漸漸生出了怨懟之心。巴丘和丈夫對此有所耳聞，心裡感到煩悶，於是決定回到當年孕育他們的伊瓜克湖裡去。

二人召集部落的首領來到湖邊，和他們道別。說到要走，兒孫們很震驚，用各種動聽的話挽留他們，並對自己曾口出怨言表示懺悔，但是巴丘主意已定，她開口說：「凡人終有一死，我和你們的父親在湖水中可以逃脫化為泥土的宿命。至於你們，會死於疾病，死於衰老，你們的未來還會有戰爭，如果想避免無辜者的鮮血流入大地，部落之間唯有和平相處。」

巴丘從水中出來懷抱著自己的丈夫

說罷，在首領們的目瞪口呆中，巴丘和丈夫變身為兩條金色巨蟒，鑽入湖中，金蟒在水下波光閃閃，游了幾下，就消失不見了。

巴丘被尊為大地之神，掌管農業和水源。

太陽神博基卡

巴丘走後，人們沒了主心骨，做起事情都無精打采的，這時，一位老人從東方來到了山谷。據當時見過他的人描述，這位老人身披霞光，像是頂著太陽來的，一身長袍，兩鬢垂髫，鬍子長到胸口，但是他身邊有個女人，年輕妖嬈，眼珠子轉來轉去，兩個人看起來很不協調。

老人開口，自稱博基卡，女人是他的妻子，叫惠塔卡。這對老夫少妻就在山谷裡定居了。博基卡看到當地人用樹葉當衣服，只遮住私處，女人赤裸著身體餵養孩子，不禁搖頭歎息，他問當地人可曾供奉什麼神明，當地人搖搖頭說，自從大地之神巴丘走了以後，他們就不敬神了。

博基卡說：「不敬神就不知道生死利害，不能得到靈魂的永生。」一直被死亡所困擾的人一聽到「永生」就來了精神，他們趕忙問博基卡有什麼永生的法子。博基卡對這些人說，他們之前過的是野獸的日子，不敬神明，在地上挖個洞就當作棲身之所，和牲畜沒有什麼兩樣。

博基卡指著叢林裡的樹木說：「這些都是很好的建築材料，你們卻不知利用。」他親手伐木，教當地人蓋房子。人們發現，博基卡不只會蓋房子，還會接種果樹，還能教女人紡線，甚至還會處理鄰里關係。博基卡的名聲越來越大，人們漸漸離不開他了。

雖然博基卡會蓋房子，但是他自己卻帶著惠塔卡住在一個山洞裡，他還招呼人們到山洞裡聽他講述天地之間的大道理。博基卡苦口婆心地為人們講述道德，教他們不要把果子釀成酒，以避免酗酒鬧事，還要對夫妻之事有所節制，不可縱欲。雖然博基卡做了很多好事，但是他的規矩和道德不免多了些，背後也有不少人抱怨他。

他美貌的妻子惠塔卡和他完全不同，她擺動腰肢，教女人們跳舞，把植物的汁液擠出來做成胭脂，塗在臉上。她不理會博基卡禁酒的主張，而是鼓勵大家多多飲酒，縱情歡樂。很多人都追隨她，這讓博基卡很生氣，但是不管他怎麼教訓惠塔卡，對方都我行我素。

人們分成了兩派，擁護博基卡的保守派和擁護惠塔卡的享樂派。惠塔卡看丈夫的追隨者很不順眼，稱他們為「一群古板的呆子」，一天晚上，她用法力讓大河的水位上漲，把守規矩的老實人淹死在家裡，只有幾個警覺的人及時爬上山坡才倖免於難。

為了懲罰惠塔卡，博基卡把她變成貓頭鷹，使她失去法力，只能在晚上出現，但是惠塔卡的擁護者依然尊崇她為山谷中的酒神和享樂女神。

每到夜晚，變成貓頭鷹的惠塔卡還是會出來，落在房屋附近的樹枝上對著月亮咕咕叫，勸人們出去玩耍，放縱到天明。這個時候，規矩的人就會關上窗戶，熄燈睡覺，而心裡抱著玩樂念頭的人就情不自禁走出家門，去和情人私會。

博基卡版畫

洪水

惠塔卡被丈夫懲罰，只能在夜裡出現。博基卡在民眾中影響力更大了，他向眾人表明身分，稱自己是太陽神。漸漸地，博基卡也變得有些狂妄，他說：「雖然光明神奇米尼加瓦創造了這個世界，但是我才是引導人類的唯一導師。」人們聽罷，對他更加敬畏。然而山谷裡其他神卻不滿起來，尤其是山谷守護神奇伯查坎，他覺得自己的職責被太陽神博基卡取代了，人們對他越來越輕視。他決定給人類和博基卡一點顏色看看。在一個毫無徵兆的晴天，他念動咒語，讓山谷四周的河水上漲，掀起比房子還高的巨浪，巨大的水流將村落沖得七零八落，人間變成澤國。

在洪水中，人們向博基卡呼救：「太陽神，快救救我們。」博基卡手持神杖，騎在一道彩虹上，趕來救大家。他使勁把神杖向山峰扔去，山峰裂開，四處氾濫的洪水傾瀉而出，順著峽谷流走了，分瀉出的水在不遠處形成了一個美麗的湖泊，這就是被後人稱為金湖的瓜塔維塔湖。

解決了洪水，博基卡回身去找作亂者奇伯查坎，他把整塊大地壓在奇伯查坎的單側肩膀上，強迫他永遠撐起大地的重量。奇伯查坎認罪服輸，懇求道，大地太重了，他有時需要換換肩膀，博基卡同意了，所以大地有時候會出現地震，人們知道，那是奇伯查坎在把大地從肩膀一側移到另一側。

在地下的奇伯查坎心裡也有怨氣，他說，每次大雨過後，天上若是出現彩虹，就會死人。山谷裡的居民對他更加不滿，他們把雨水和死亡聯繫在一起，而太陽神博基卡的地位則更加崇高。

博基卡是神身，不死不滅，在人間待了兩千多年。有個部落的首領名多瑪卡塔，雖是人類，卻長了一副野獸的模樣：獨眼、四耳，還有一條獅子尾巴。因為長了這副怪模樣，他常感到孤獨，儘管統領著部落，卻遭到人們的厭惡，也沒有女人喜歡他。諸神可憐他，便給了多瑪卡塔一個本事，讓他能把自己不喜歡的人變成野獸和家畜。這下子，人們對多瑪卡塔不僅是厭惡了，更多了幾分害怕，沒人敢直視他的眼睛。

多瑪卡塔很長命，活了一百多年都沒有死去，被他變成動物的人數不勝數。博基卡聽聞了此事，找到了多瑪卡塔，與之決鬥，最終，法力高強的博基卡把多瑪卡塔變成一個大火球，熊熊燃燒著升上了天空，但天上諸神依然對多瑪卡塔心存憐憫，便讓他做了風暴之神。所以人們都說，風暴是不講道理的，只想把自己眼前的一切都毀滅。

亂倫的兄妹

在太陽神博基卡的允許下，穆希卡人在奇伯查山谷裡男耕女織，開礦挖渠，儼然建立起一個組織嚴密的小社會。最開始，好幾個部落之間還有過戰爭，又過了幾百年，有位能人出現——一個叫闍薩瓦的年輕人，驍勇善戰，戰無不勝，在這個充滿純潔道德的山谷裡完成了統一大業。但是這個年輕人有個致命的弱點，他總是被激情所左右，時常忘記博基卡在山谷裡建立起來的那一套刻板但穩定有序的道德體系。

闍薩瓦成了整個奇伯查山谷的首領，他管轄的領地上有大大小小的湖泊、果園和用來耕種的沃土，山上還能挖出明亮翠綠的祖母綠，供他賞賜給自己喜歡的女人。但是，再美的寶石似乎都沒有他的親妹妹農瑟妲明豔照人。早些年，闍薩瓦只顧

奇伯查山谷原住民的淨化儀式

在外征戰，留下老母幼妹在家中，等到他當上了首領，自然是回到家中和親人團聚；就在這日夜相處中，他不可遏制地愛上了自己的妹妹。這種隱祕的感情像角落的野草一樣生長，闍薩瓦有了和妹妹成婚的念頭。想到此，他自己都嚇了一跳，因為在博基卡的嚴令下，奇伯查山谷裡的人凡有丁點血緣關係者都不得嫁娶，更別提自己想娶的是親妹妹。於是他想先試探一下母親的口風。

「母親大人，兒子我已經到了婚配年齡，您看我娶個女人為您生個孫子，好不好？」闍薩瓦小心翼翼地問。

他母親一聽，先是很欣喜，說：「自然是好，博基卡教導我們，男女大了，便要婚配，繁衍後代。」

「但是，」闍薩瓦做出一副為難的樣子，「我想娶的女人怕您不同意。」母親板起臉孔，說道：「你該不是要娶那些夜間飲酒作樂的女人，名聲不好的女人我可不會同意的。」

「不，不，」闍薩瓦說，「這個女孩終日在家，縫紉做工，是個乖巧規矩的女子。」母親轉怒為喜，說：「只要是個清白的女孩就行，因為你們的孩子未來將成為我們穆希卡人的新首領，孩子的母親身家清白才好。」

「好吧，」闍薩瓦下定決心一般，說：「我想娶的是農瑟姐。」

母親呆住了，說：「我的寶貝農瑟姐，她，她可是你的親妹妹啊！」然後，母親哭了起來：「怎麼會這樣，你怎麼能有這麼糊塗的念頭，這是要遭天譴的啊！」

闍薩瓦一瞬間有點退縮，但想到妹妹的花容月貌，又有了勇氣，說：「母親，我是山谷裡最優秀的戰士，妹妹是最出眾的美人，我倆結合在一起有何不可！希望您能點頭成全，我也好向臣民們宣布。」

「在奇伯查山谷，發生亂倫是要被處死的，你是首領，可以免死，但農瑟妲不能倖免，」母親擦擦眼淚說，「你的愛，會送了妹妹的命。」

聽了這話，闍薩瓦清醒了一些，心知母親的態度沒有什麼迴旋餘地了，所以他轉身去找農瑟妲商量對策。

農瑟妲是個美貌但沒什麼主意的女孩，和山谷裡其他女孩一樣，對哥哥的崇拜不亞於對太陽神博基卡的崇拜，所以當哥哥引誘她時，她滿心歡喜，再加上兩人其實也未曾在一起長大，真正的兄妹之情不多，反而是男女間的吸引更大。於是這個漂亮的女孩忘了道德，甘心成為哥哥的愛人。

闍薩瓦和柔順單純的妹妹商量了半天，他們覺得除了離開山谷，也沒有什麼更好的辦法；在這方面，闍薩瓦表現得很像個男人，一點沒有拖泥帶水、戀棧權位，他收拾好行李，就和妹妹往南方逃去。

逃亡的道路儘管艱苦卻也甜蜜，農瑟妲在旅途中懷孕了，闍薩瓦十分欣喜，對妻子百般照顧，他每天清晨去湖邊取水，生火做飯，捕魚打獵，採集野果，農瑟妲的肚子很快一天天地大起來。闍薩瓦為孩子準備了好幾個名字，每天晚上都要念叨一番。

到了臨盆的時候，由於二人一直離群索居，避開人煙，所以沒有接生的人幫忙，只有闍薩瓦在燒熱水，準備孩子的降生。孩子的頭先出來了，闍薩瓦幾乎尖叫起來，之後出來的是孩子的身體——這是一個四肢健全的健康男孩。農瑟妲的頭髮被汗水完全浸濕了，她無力地問丈夫孩子長得可結實漂亮，是男是女。當得知孩子健康，農瑟妲喜極而泣，她一直擔心亂倫會遭天譴而生下殘缺的孩子，這時她完全放心了，和丈夫一起沉浸在幸福的海洋裡。闍薩瓦打算把孩子先放在草堆上，好騰出手為妻子弄點熱水喝，但是孩子的腳剛接觸到地面，馬上就變成一尊石像，保持著最後的動作和面部表情。闍薩瓦嚇呆了，僵在原地，農瑟妲覺得丈夫有異，起身一看，孩子成了石像，不禁失聲痛哭。她的哭聲把天上的飛鳥都驚走了。

「我們不該在一起，也不該離開我們可憐的母親。」農瑟妲喃喃地說。

闍薩瓦緊緊抱著石頭嬰兒，說：「這是博基卡給我們的警告，也許這一次警告之後，我們的結合能夠得到他的諒解。」

農瑟妲眼睛忽然一亮，她柔聲道：「哥哥，我們回家吧，回到奇伯查山谷去，祈求博基卡寬恕我們的罪行。」看著農瑟妲可憐的模樣，闍薩瓦艱難地點了點頭。

回家的路是灰暗的，至少在闍薩瓦眼中是這樣，而他的妻子終日癡癡地笑，已近瘋癲。

他們來到了瓜塔維塔湖，就是當年奇伯查坎製造出來的洪水被分瀉出去之後形成的那個湖，湖底金光閃閃，所以人們也叫它金湖。看到湖水清澈可愛，農瑟妲情不自禁走到了水中，捧起水，喝了起來。喝完水，農瑟妲覺得自己的腿好像不會動了，她驚叫起來，想提醒闍薩瓦不要再靠近湖水，但是晚了一步，聽到她呼喊的闍薩瓦已經踩著水過來了。農瑟妲覺得身體慢慢麻痹了，孩子變成石頭的情形又浮現在她眼前，她突然覺得頭腦一片清醒，心知結局，她抱住了闍薩瓦，二人一起變成石頭，矗立在湖中。

二人最終未能逃開博基卡的詛咒，而剩下的人，也很快迎來自己的末日。

洪災和金剛鸚鵡

在奇伯查山谷生活的人，漸漸開始了放縱的世俗生活，飲酒，恣意交歡。因為在博基卡的看顧下，地面上的作物都欣欣向榮，不用悉心照顧就能生長得很好，因此他們有大把的閒暇去享樂。一切的悲劇通常來自對神的不敬，在奇伯查山谷生活的人也不例外。

博基卡對山谷裡的人很失望，他發現在山谷周圍的一座山的山頂上，生活著兩個兄弟，他們人品不錯，老老實實，一直在耕種，而且因為窮，也沒有娶妻，和淫邪之事沒有絲毫關係。於是，博基卡選定這兄弟二人為人類的新始祖。

這兩個幸運的人還蒙在鼓裡，懵懵懂懂，不知天之大任已降。

某天夜晚，二人覺得很奇怪，大雨傾盆，連綿不絕。直到天亮，雨還在繼續下著，二人起床看個究竟，卻大吃一驚，除了他們居住的山頭以外，四面皆是白茫茫一片的洪水。水位仍在上漲，越漲越高，他們親眼看到附近的山頭被水淹沒，但是他們所在的山頭卻安然無事。他們一開始感到不解，過了不久，竟發現原來隨著洪水不斷增高，他們的山頭也在不斷往上長，所以他們不會葬身魚腹。

二人待在山頂，哪兒也不能去，吃著家裡的存糧，等著洪水退去。

過了三天，洪水退去了，而世界上的其他人都被洪水帶往另一個世界，兄弟倆是僅存的人類。起初，他們不敢下山，怕又有洪水從天而降，但是家裡的糧食已經吃完了，無奈只得去山下找吃的。於是二人下山，離開自己的故居，一路前行。

他們翻過一座山，走得精疲力竭，終於停了下來。弟弟對哥哥說：「你看，前面那塊地滿是泥淖，但是一看就知道有人曾在這裡耕種，地下一定埋著薯類，我們挖點吃吧。」哥哥說：「好，那就試試吧。」

他倆果然挖出了幾個白薯，吃飽了，有了力氣，又在旁邊蓋了一間茅草屋。他們每天四處尋找吃的，但是收穫不大，一直半饑半飽，食不果腹。

一天傍晚，二人回家，還沒進門就聞到了飯菜的香味，久違的香氣讓二人精神一振，推開門，發現桌子上有豐盛的飯菜和半瓶玉米酒。兩個人過去從未吃過這麼美味的食物，他們趕緊跑到桌前狼吞虎嚥了一番。吃完了，他們倒頭就睡，睡得十分香甜。

第二天，他們回家的時候又發現了一桌好菜，他們又吃掉了，第三天、第四天，都是如此。兄弟倆越來越好奇，是哪位仙女給他們做的飯，為什麼一直不露面。他倆決定埋伏起來，探個究竟。哥哥說：「我年長些，我藏在屋子裡，你假裝出門，迷惑做飯的人。」弟弟答應了。第二天，弟弟和哥哥一起出門，然後哥哥偷偷跑了回來，藏在屋子裡。

哥哥等著等著，幾乎睡著了，忽然，他聽到門口有細碎的聲響，他打起精神，躲在床後，盯著門口。只見門打開了，兩個漂亮輕巧的女人走進屋內，眼睛圓圓的，鼻子和嘴巴都有點尖，她們似乎很熟悉這裡，很快就來到了灶台，其中一個女人還嫌熱，脫下了自己的斗篷。但是，在哥哥眼中，這兩個女人的樣子時而是金剛鸚鵡，時而是人類，他覺得自己眼睛花了，使勁兒揉了揉，依然看不真切。他躡手躡腳地起身，慢慢地靠近，想抓住她倆，但是身形小一點的女人發現了他的企圖，尖叫起來，另一個女人馬上穿上斗篷。兩個女人揮動手臂，手臂不斷變寬，變成金剛鸚鵡，奪門而逃，最終飛走了。

哥哥又興奮又氣餒，等弟弟回家，他告訴弟弟剛才發生的事情，弟弟也是十分驚訝，對哥哥說：「下次我來吧，一定抓住她們。」

弟弟一連埋伏了三天，都一無所獲，兄弟倆也吃不到美味的飯菜了，心情有些沮喪。哥哥勸弟弟不要再等了，但弟弟不死心。到了第四天，弟弟的等待有了結果，他躲在屋裡，先是聽到門口有翅膀拍打的聲音，感覺是有大鳥在空中盤旋。弟弟靜靜地等待，聲音停息了，「嘟」的一聲，門口的金剛鸚鵡用鳥喙啄開了屋門，進了屋，弟弟看到，的確是兩個美貌的女人，他看著她倆開始做飯，有說有笑。

弟弟覺得時機成熟，於是衝到門口，把門鎖住，讓鳥美人無法脫身，然後上前想抓住她們。兩個女人十分驚慌，先是化成原形，大一點的鳥奮力向弟弟撞去，弟弟幾天沒吃飽飯，居然被她撞倒，隨後大一點的鳥像之前那樣逃走了。但小一點的鳥被弟弟抓住腳無法逃脫，只得哀鳴。

弟弟用手輕輕撫摸這隻被抓住的鸚鵡的羽毛，玉石般的質感讓他心醉。他用繩子拴住她，然後低聲向她表白心跡，鸚鵡美人一開始很害怕，但是看到弟弟沒有惡意，也鎮靜下來。

等哥哥回到家，看到弟弟懷抱美人，心裡很高興，但也有一絲嫉妒，於是他提出，鸚鵡美人也要嫁給他，弟弟答應了。鸚鵡美人嫁給了兄弟倆後很快懷孕，一下子就生了六個兒子和六個女兒。為了養活一大家子人，鸚鵡美人從遠方啣來種子，這樣兄弟倆就可以種莊稼了。這十二個孩子就成了洪災過後人類新的始祖。

第四部

雪國的故事——北美原住民的傳說

第一章　和北風角力的男人

在寒冷的北方，大多數時候是冰天雪地的，湖泊凍住像鏡子一樣，黑漆漆的樹枝在疾風中搖晃，石頭、山巒、灌木和人們居住的小草屋都被厚厚的雪覆蓋著，就像有一千萬隻白兔在地上奔跑。當地的原住民都說：「到了冬天，這裡就變成白兔之國。」

每年，當看到郊狼的毛開始變白、變厚，吹來的風不再夾帶甜美的果香，部落裡的老人就會開始催促大家收拾行囊，向南遷徙，以躲避殘酷的北風。北風原本是更為遙遠的冰之國的國王，在世界最北的地方，冰雪綿延千里，他統治的地盤比南風大得多，但是他依然不滿足，希望自己的王國可以變大，在他的國土裡沒有青草、沒有花朵，河流無法流動，熊、郊狼、野兔都縮在洞裡不出來，魚只能生活在冰層下，無法躍出水面。他一直在和南風較勁，他渾身雪白，嚴陣以待，只等南風睡著了，就馬上把大地變成冬天。

南風和北風不同，他生性悠閒，是南方向日葵之國的國王，喜歡抽煙，他吐出的絲絲縷縷的煙氣把溫暖帶到大地，於是湖泊復蘇，水汽氤氳，樹枝開始發芽，野花開滿原野，鳥兒們和走獸們開始發情，廝磨在一起，人間處處充滿生機，但是南風喜歡一邊抽煙一邊打盹，他很快就會睡著。而在湖泊裡，漁夫們加緊拉網捕魚，他們知道，一旦南風睡著了，北風就來了，會把所有人都趕走。南風被煙草熏得昏昏入睡，一直在旁邊盯梢的北風悄悄地來了，他不會放過這裡，他尤其喜歡把五個大湖泊變成鏡子，這樣他從天空就能照見自己的模樣。為了不讓北風發現自己，郊狼換上了厚厚的白毛，野兔也讓自己斑駁的皮毛看起來像地上的枯枝。每個人都怕北風，就連勇敢的原住民漁夫們，也要放棄湖泊裡鮮美的大魚，但是有個人不願意。

他就是潛水好手辛格比。辛格比是個快樂的年輕人，喜歡自由自在，沒有和任何一個姑娘有感情上的牽扯。他還會法術，會把自己變成水鳥和天上飛的鷹隼，對於這樣一個本事又大又討喜的年輕人，部落的人都很喜歡他。有一年深秋，好心的漁夫們提醒辛格比，湖面已結薄冰，樹皮上結霜，到了該去南方的時候了。辛格比對遷徙已經有點煩了，他笑咪咪地說：「湖面結冰我們也可以打魚啊，我們可以在冰面上鑿個洞，用釣竿釣魚。」大家聽了面面相覷，因為從沒有人這麼做過，他們知道辛格比本事大，但是要在北風的眼皮子底下弄到魚，活下去，這簡直是晚上烤火的時候都不敢吹的牛皮。又有個好心人提醒辛格比，北風的脾氣暴躁，如果招惹他，就連最粗壯的森林巨木都會被他攔腰折斷，何況是小小的人類呢。但辛格比笑而不語。

過了幾天，部落裡的人已經開始收拾行囊，陸續離開，經過湖邊，看到辛格比還在打魚，大家都很難過，因為他們覺得，回來的時候應該就見不到辛格比了，這個快樂的小夥子就會消失，他們捨不得他。他們在岸上朝他揮手，再次勸說他和大家一起走：「辛格比，你還是和大家一起走吧，北風太厲害了，他一個手指頭，再湍急的河流都會瞬間凝固，除非你是一隻熊，皮毛夠厚，或者你是一條魚，可以躲到河底下，否則你死定了。」

辛格比大笑說：「河狸大哥借給我毛皮大衣，我一點也不冷，而且晚上我就住在自己的小木屋裡，火燒得很暖和，我不怕北風那個老傢伙。」

看著部落裡的人都走了，辛格比跑到森林裡蒐集乾樹皮、松枝和被風颳斷的樹枝，這些都是他的柴火，這樣他能在夜晚到來的時候把自己的小屋弄得暖和。風呼呼地吹，把樹上的雪吹下來，掉在辛格比身上，他撣了撣身上的雪。森林裡的雪已經很厚了，因為天氣寒冷，滴水成冰，雪的表面凍結實了，辛格比可以在凍雪上行走。他把柴火堆到草屋裡，又來到湖邊，在冰面上鑿了一個窟窿，不一會兒就釣上來一串魚，他唱著歌背著魚回家了。

北風正在暮色中尋找活動的生物，就像獵人在打獵一樣，他隱約聽到地面上有歌聲傳來，心想：「這不可能，怎麼還有人敢留在這裡等死，是不是我聽錯了？是鳥兒在哀鳴？不對，就連鳥都忙不迭地飛到南風的地盤去了。」正想著，他仔細看了看，發現了辛格比。「原來是個不怕死的小子，」北風想：「好，讓我找到他的住處，用風把他的破屋捲成碎片。」

辛格比聽到北風的呼嘯越來越近，但是他心裡不慌，繼續若無其事地走著，回到家中，像往常一樣把火生起來，他在火堆的下面加上了粗木，火光越發明亮，把辛格比年輕的臉映照得特別俊美。辛格比拿出一條魚，放在火上烤，魚肚子上的油脂流了出來，滴進火堆裡，發出劈劈啪啪的聲響，香味四溢，辛格比吃得很高興。吃完了一條魚，他抹抹嘴，知道北風在外面已經按捺不住了，他和北風之間的角力就要開始了。

北風在屋外噘起嘴，使勁兒吹，把雪像白色的毯子一樣揚起，呼啦一下把辛格比的草屋蓋得嚴嚴實實，好在辛格比是個巧匠，草屋很結實，沒有被雪壓塌，雪反而成了草屋的被子，阻擋了寒風。北風發現自己弄巧成拙，很生氣，他圍著草屋呼嘯旋轉，發出可怕的如同被激怒的野獸一樣的聲音，一般人聽了准會害怕，但是辛格比在屋裡咯咯笑，他覺得北風簡直是個傻老粗。北風喘著粗氣，停在草屋門口。

北風注意到草屋前的雪正噗哧噗哧地落下來，一個長相不錯的年輕人掀起了水牛皮的門簾，朝他說：「北風，你要不要到我的草屋裡暖和一下？」北風蒙邀，一下子愣住了，但是看到年輕人嘴角帶著譏笑，為了面子，他硬著頭皮進到了生火的屋子裡，他可是第一次離火這麼近。辛格比坐在火堆旁，往火裡又扔了一根木頭，火更旺了，火苗躥起來，差點燒到北風。北風開始流汗，就像雪人融化那樣，他的臉都開始模糊了，鼻子快掉了。辛格比看了心裡暗自高興，他不懷好意地招呼北風：「來吧，你也難得到我們人類的家裡做客，來暖暖你的腳吧。」

北風醒悟過來，這個年輕人是想把自己融化成水，他馬上推開褐色的皮門簾，一溜煙地跑到外面去。

到了外面，北風覺得自己緩過來了一些，寒冷讓他再次充滿活力。他定了定神，張開雙臂，風雪冰雹從他身後一股腦砸向森林和湖泊，郊狼和熊都嚇得不敢出來，稍微細一點的樹枝都被風折斷。北風發了威風，心裡稍微好受了一點。他再次來到辛格比的小屋，喊著：「有本事我們在雪地裡比摔跤，別以為有火就了不起。」辛格比懶洋洋地說：「你等我一下。」他又烤了一條魚吃，吃飽了，身子更暖了一些，他走出了草屋，和北風在雪地裡角力起來。辛格比年輕，有力氣，加上身上暖，而北風年紀大了，加上剛才被火烤得傷了元氣，幾個回合之後就累得氣喘吁吁，而辛格比卻越活動身體越熱氣騰騰。他們整整鬥了一個晚上，森林裡不時傳來辛格比年輕的呼喊聲和北風的喘息，狐狸、郊狼和熊，還有野兔，所有留在雪國的動物都出來觀戰，它們安靜地圍成一個圓圈，觀看這場難得的比賽。

太陽升起來了，北風再也支撐不住了，他絕望地認輸，轉身就跑，一直跑回自己的冰之國，他決定以後縮短在雪國逗留的時間，因為辛格比實在又聰明又強大，他害怕這個年輕人。

從此，雪國的夏天變長了，綠色的森林帶來更多的野果，大大小小的湖泊裡跳躍著肥美的魚，人們不再遷徙，因為辛格比把鑿冰釣魚的本領教給了大家，儘管冬天到來，北風依舊呼呼颳過，老人們告訴孩子，北風不可怕，只要你足夠強壯，足夠樂觀，就能像辛格比一樣擊敗北風。

第二章　巫師亂髮的故事

獲取法力

亂髮剛出生的時候，頭髮烏黑，一縷一縷，他的父親——偉大的巫師西風，為他取名亂髮。這是一個隨意取的名字，因為亂髮長得實在不好看，皮膚比烏鴉的翅膀還黑，鼻子比野豬的鼻子還扁，眼睛像牛眼一樣往外凸，他父母不喜歡他，把他留給老祖母撫養。

祖母住在湖邊的小屋裡，是個女巫，有時候一走幾個月去山上採草藥，亂髮一個人很寂寞，寂寞的孩子見風就長，他七、八歲的時候就有成人那麼高了，祖母有時會抽著煙，講自己年輕時的事給他聽，但是說得也不完整，故事總是以她被對手女巫從月亮上扔下來而告終。「巫師總是一個人終老的。」祖母摸著他的頭說。

亂髮童年時最喜歡蛇，他捕到花花綠綠的小蛇，就養在水罐裡。有一次，他無意間把幾顆種子掉到水罐裡，種子沾到水變成鳥，飛走了。亂髮發現如果往養蛇的水裡放一些東西，會變出動物來，他又試著用蛇水塗抹眼睛，結果自己一下子可以看到很遠的東西，山鷹在高處盤旋，他能看清它每一片羽毛。

他把這些告訴祖母，祖母鄭重告訴他，這意味著他是有「天賦」的孩子，有資格成為偉大的巫師。祖母給了他一些草藥的根莖，他把這些草藥的根莖磨成粉放在蛇水裡，然後用這水塗眼睛，在夜裡他也能看清東西了；用水來洗澡，他可以鑽過任何狹窄的縫隙，他又試著喝了一點蛇水，火辣辣苦澀的水滑入他的喉嚨，他的肌肉暴長，從此力大無比。

祖母讓亂髮去打獵，她每天教亂髮一些黑魔法，比如把獸皮做成手套，再用蛇水浸泡，可以劈開巨石，用翠鳥的羽毛做成箭，蘸上蛇水，可以百發百中。祖母和父親的關係不好，所以很少來往，當亂髮第一次見到父親時，他已經十五歲了，祖母帶著他去參加父親的宴會。父親西風見了祖孫二人，面無喜色，只當作普通客人來招呼，而亂髮的三個哥哥則坐在主人席上，說說笑笑，對這個高大醜陋的弟弟看也不看一眼。在宴會上眾人不停奉承西風，說他是最偉大的巫師，擁有自己的王國，西風聽了這些奉承的話哈哈大笑，他宣布，要把王國分成四份，說道：「我的兒子東風、南風和北風都長大了，他們將各得到我王國的四分之一，剩下的四分之一則屬於我。」

祖母站起來說道：「西風，為什麼你不給你最有天賦的兒子亂髮地盤，他的力量超過在座的所有人，他有資格得到屬於自己的巫師地盤。」西風譏諷自己的母親：「一個從月亮上被扔下來的女巫有什麼臉談地盤，想想妳屁股著火被人一腳踢下來的慘樣吧，我都羞於認妳這樣的母親。」亂髮的祖母被激怒了，當場自盡，成全了自己的尊嚴，死前她對亂髮說的最後一句話是：「亂髮，殺了他們。」

亂髮很傷心，他和父親對打，他戴上熊皮手套，雙手變得堅硬如鐵，一直把父親趕到了自己地盤的邊緣。他本想殺了父親，但是又猶豫了，猶豫的原因也包括害怕另外幾個哥哥報復，最後他只逼迫父親賜予自己可以和巨蛇感應的力量，並且要父親給自己一塊土地。西風一一答應，被幼子亂髮擊敗後，他一蹶不振，失魂落魄，很多山民見到他半裸著身體，在洛磯山裡遊蕩。

嗜殺成性

亂髮在這次戰鬥中也受了傷，他回到了祖母的小屋養傷，開始了一個人的生活。他從湖裡抓了一條魚，下意識用手一捏，魚油就被捏出來了，亂髮覺得很有意思。於是他抓了好多條大魚，把它們的油擠在森林裡的一處窪地，竟形成了一座小油湖。他邀請森林裡的動物來赴宴，動物們陸續到了，他好客地請他們喝油湖裡的油，熊最先跳下去喝油，所以後來他最胖，之後是野牛和麋鹿，前面個頭大的動物把油都喝得差不多了，最後的負鼠和貂幾乎沒怎麼喝到油，所以它們就長得細長苗條。喝了油，動物們都很高興，亂髮趁機邀請大家和自己一起玩遊戲，他拿出一面鼓，讓動物們圍成圈，閉上眼，一個個從他身邊經過。動物們照做了，它們聽到鼓聲一陣大，一陣小，亂髮不時大叫：「轉吧，大家一起轉起來吧。」一隻鴨子從鼓聲和亂髮的呼喊裡聽到了慘叫，它悄悄睜開眼，正好看到亂髮的暴行——他掐住一隻野鹿的脖子，野鹿蹬了幾下腿就不動了，亂髮繼續大叫和敲鼓，遮掩住了野鹿最後的哀鳴。鴨子大驚，喊道：「大家快睜眼，亂髮在殺我們。」說完鴨子趕忙向湖邊跑去，一看鴨子壞了自己的事，亂髮幾步追上鴨子，一腳踢在它的屁股上，鴨子大叫一聲，跌到了湖裡，忍痛游走了，從此以後，鴨子走起路來總是一瘸一拐的。

鴨子算是幸運的，來不及逃走的動物們，被亂髮殺了好多，亂髮從殺戮中得到了快樂，他的壞名聲迅速傳播，大家都說亂髮是個黑巫師，殘忍而邪惡。

與狼共生

過了好多年，亂髮到處尋找對手，繼續以殺戮為樂，但是動物和其他巫師都躲著他。一天，亂髮遇到了一隻老狼和六隻小狼，出於無聊，他對老狼說：「嗨，你帶著你的孩子們要去哪裡？」老狼慢條斯理地說：「我們要去南方，那裡的獵物比較多。」亂髮說：「我還沒去過南方，我和你們一起去吧。」亂髮不知道的是，老狼其實是一個偉大的魔法師，只不過以狼的形態生活。老狼瞇起眼睛，說：「好吧，不過你也要變成狼才行。」亂髮說自己不會變身，老狼便施法，把亂髮變成一隻狼。亂髮對變化後的形態不甚滿意，他要求老狼把自己變得再大一些，老狼照做了，於是亂髮的體形是一般狼的兩倍那麼大，還有一條像掃把一樣的尾巴。亂髮看著自己水中的倒影，覺得自己當狼的樣子比人要帥氣很多，他很感激老狼，跟著老狼上路了。

在路上，亂髮和老狼閒聊，老狼問他：「你猜，我哪個孫子最會捕獵？」「跑得最快的那個。」

「不對，跑得最快，也很快就會疲累，看起來最慢的那個孩子才能最終捕獲獵物。」

老狼也經常捉弄亂髮，他讓亂髮收藏好一塊髒兮兮的獸皮，亂髮拒絕了，道：「我要這麼髒的東西做什麼！」老狼手裡一抖，髒獸皮變成一塊精美的斗篷，亂髮一見，就想據為己有。老狼又把斗篷變成嵌滿珍珠的華服，讓亂髮看得雙眼發直，然後老狼大笑一聲，華服又變成髒獸皮。

知道老狼在戲耍自己，亂髮也沒有辦法，因為自從變成狼之後，他的法力就消失了，不僅沒有能力恢復人形，蛇水的能量也消失了，他只是一隻普通的笨狼。

北美狼

更過分的是，亂髮一直餓著肚子，因為老狼用了障眼法，讓肥美的駝鹿在亂髮眼裡只是一堆骨架。當老狼帶著自己的孫子們在大啃肥美的獸肉的時，亂髮在一旁，耷拉著尾巴，聳著肩，不明白他們為什麼對著骨頭啃得如此津津有味。

失去了力量，肚子又餓，亂髮成了狼群中最差勁的那個，總是捕不到獵物，一天，他無奈之下竟到樹上去尋找鳥蛋吃，忽然來了一陣大風，樹枝搖來搖去，沒幾下，他就被樹枝卡住了。亂髮伸爪推了幾下，樹枝紋絲不動，他就這樣懸在了半空，老狼和小狼們也不知去哪裡捕獵了，亂髮羞得臉都發紫了。

這時，一群真正的狼經過，它們為亂髮巨大的體形感到震驚，但是亂髮呼救的聲音讓它們認出了他：「快走，快走，這是黑巫師亂髮，他製造了油湖，殺死了動物，他威脅他的父親，獲得本不屬於自己的法力，他還可以和巨蛇溝涌，天保佑他一定要碰上那種可怕的動物。」說完，狼群就走了，亂髮在傍晚時才被老狼解救下來。

老狼說：「亂髮，我本想給你更多的懲戒，但是你承受得也足夠多了。我們就此別過吧。」

亂髮說：「我一個人很孤獨，你留下一個孩子給我當孫子吧。」

老狼讓捕獵最出色的孫子拜亂髮為祖父，從此和他一起生活，然後就帶領著其他小狼繼續向南走了。

為孫報仇

亂髮恢復了人形和法力，他很珍愛這個狼孫，孩子觸動了他心底柔軟的地方。他每天和小狼一起尋找獵物，並在森林邊上搭建了一座小屋，過著寧靜的生活。一天，亂髮做了一個夢，夢見不遠處的湖裡有許多蛇，其中有一條巨蛇，是它們的王子，王子舔著嘴唇說：「要是能吃了那隻天天吃肉的小狼就好了，它的味道一定比任何人類和動物都鮮美。」夢醒了，亂髮意識到狼孫有了危險。

第二天，亂髮對孫子鄭重地說：「你以後不要到湖裡去，即使冬天結冰了，不管冰看起來多麼堅固，也不要從湖上過，就算你當時很累，也不要從湖上過，寧可繞路，因為湖裡可能有你不知道的危險。」小狼就像所有的孩子一樣，表面答應，心裡卻覺得祖父過於小心。

冬天來了，白雪皚皚，小狼叼著獵物，不想繞遠路，於是從湖面冰層上經過，下面的蛇看得清清楚楚，它們用尾巴打碎了冰層，讓小狼掉到冰窟窿裡，把小狼捲住，交給了湖底的巨蛇王子。王子剝掉了小狼的皮，把它吃掉，命令手下把狼皮交給自己的母親：「讓我母親為自己縫個狼皮襖。」

當晚，亂髮見小狼沒有回來，心知它出了意外。但他不死心，繼續到湖邊尋找，一無所獲，他沿著湖水的上游走，遇到了一隻多話的翠鳥，他問：「漂亮的鳥，你看到一隻小狼了嗎？它嘴巴有點翹，尾巴又細又長。」翠鳥說：「看到了，它被下游湖裡的巨蛇王子抓住吃掉了。」「怎麼能到湖底去找巨蛇王子呢？」亂髮問。翠鳥得意地抖動了一下翅膀，說道：「沒有人能比我更清楚了，當蛇要浮出湖面的時候，湖水就像鏡子一樣光滑平靜，一絲漣漪都沒有，你只要抓住其中一條蛇的尾巴，隨著它潛入湖底，就能到巨蛇王子的老巢。」

「你可真是多才多智，」亂髮決定獎賞翠鳥，他給了翠鳥一塊白玉做的牌子：「這個給你，掛在胸口，你會變得更漂亮。」翠鳥用喙啣住，正當高興之時，亂髮突然又改了主意，他怕翠鳥給蛇通風報信，於是伸手想掐死翠鳥，剛碰到鳥羽，翠鳥意識到了危險，迅速飛走了，但是它一直掛著亂髮給它的玉牌，直到今天。

亂髮來到湖邊，等到了翠鳥說的那一幕出現。他仔細盯著蛇群，其他蛇都是環形花紋的，唯有一條通體雪白，形態傲慢，亂髮判定那就是巨蛇王子。他變成一段樹樁，紮在水裡，伺機接近巨蛇王子。巨蛇王子十分機警，見了樹樁後便說：「我以前從未見過這裡有樹樁，這一定是亂髮變化出來的。」它吹了一個口哨，幾條黑色的巨蛇快速游來，王子說：「把這段樹樁給我捲成碎塊。」幾條大蛇上來，輪流將亂髮緊緊捲住，亂髮幾乎不能呼吸，但是他忍住了，一動不動。蛇群開始放鬆，在水面上嬉戲玩耍，包括巨蛇王子，都不再把樹樁當成一回事。亂髮看准機會，突然現了原形，搭弓射箭，一箭射向巨蛇王子，王子受了傷，翻轉騰挪，掀起巨浪。

亂髮被水沖到了一棵參天大樹上，眼瞅著巨蛇王子製造出了大洪水，水吞噬了一切，亂髮爬到了樹頂，但水面也在快速上漲，很快就漲到了亂髮的鼻子底下。亂髮抓住了一隻潛鳥，對它說：「快潛到湖底去，啣一點泥土上來，我能造出一個新的世界。」潛鳥去了，但是它浮出水面的時候已經沒有呼吸，死了，因為水實在太深了。亂髮站在樹頂，又抓來一隻河狸，讓它去取土，河狸去了，上來的時候也沒有呼吸了，但是它的小爪心裡有一點點泥土。亂髮用這一點泥土造出了一個小島，他自己也上了小島，繼續尋找巨蛇王子。

在新的土地上，亂髮碰到一個老婦人，手裡提著一個籃子，亂髮問她籃子裡是什麼。老婦人說：「我兒子被人射傷了，這是我為他採的草藥。」亂髮心知這是巨蛇王子的母親，於是假意說自己是個巫醫，願意為她兒子看病。於是老婦人帶他回到了自己的住所，亂髮看到屋外掛著一張狼皮，他的牙齒咬得咯吱吱地響，再也控制不住自己，一下子掐死了老婦人，也剝了她的皮。亂髮披上了老婦人的皮，扮作她的樣子，開始紡線。不一會兒，巨蛇王子被手下抬來了，亂髮先假意哭泣，然後去查看巨蛇王子的傷口，他裝作要拔出箭的樣子，反手使勁把箭往深處一捅，巨蛇王子大叫一聲，就這樣送了性命。而亂髮也由於過於用力，導致老婦人的皮囊都撐破了，巨蛇王子的手下認出了他，嘶嘶叫著要抓住他，亂髮飛快地跑出了小屋。

後來亂髮將孫子的狼皮埋葬，自己一個人向洛磯山脈走去，他決定一個人生活。亂髮在晚年做了很多好事，他幫助迷路的人和動物，也用法力呼喚風和雨，他時常懺悔自己當年的殺戮並拋棄了亂髮這個名字，給自己取了一個新名字，叫西北風。

兄弟相依

很久以前，有個獵人，他不喜歡與人交往，所以住在大森林的深處，誰要想到他家去，一定會迷路。獵人的妻子很早就過世了，為他留下兩個兒子——西格文和約科達。

獵人是個盡職的父親，他每天都出門獵殺一些體型較大的動物，把它們的肉做成肉乾，留起來給孩子吃，這些肉乾還能幫他們度過寒冷的冬季——到了冬季，動物都躲起來了，再好的獵人也無法捕獲到獵物。

有一年大旱，樹木乾枯，河道斷流，灌木叢裡沒了漿果，獵人在捕獵的時候也很費勁，因為腳底下的枯枝都乾透了，一踩就會發出啪啪的斷裂聲，動物聽到就跑掉了。眼看家裡的肉乾快吃完了，獵人很著急，於是對兩個孩子宣布，他要去大湖裡撈魚，把魚肉曬成魚乾。大兒子西格文說：「父親，那個地方很遠，月亮要圓缺好幾次才能到呢。」獵人說：「孩子，沒有辦法，森林裡的旱災太嚴重了，只能去湖邊碰碰運氣。」

第二天獵人就帶著弓箭出發了，然而月亮圓了又缺，缺了又圓，他一直沒有回來。西格文承擔起了照顧弟弟的責任，他小心翼翼分割著家中所剩不多的肉乾，期待著能支撐到父親回家，但是父親一直沒有音訊。一天晚上，西格文把家裡最後一塊肉乾分給弟弟吃，看著弟弟香甜地吃著肉乾，他說：「約科達，已經沒有食物了，我們明天出發去找父親吧，留在這裡，只有死路一條。」約科達答應了。

兄弟倆背著自己的小弓箭，鎖好了家門，踏上了尋父之路。森林裡死一般寂靜，猞猁、狐狸、熊這些大型動物早就逃到其他地方去了，隨處可見野兔和松鼠乾癟的屍體，森林就像一個黑洞巨口，將這些它曾經滋養的生命吞噬了。

西格文是個機靈膽大的孩子，很小的時候他就從父親那裡知曉了出森林的路，他帶著弟弟在看似迷宮的森林裡沿著星斗的方向前行，終於走到了森林的邊緣，前面撲面而來的是濕潤的氣息。西格文激動地爬上了一棵大樹，眺望遠方：「約科達，我看到白得像銀子一樣的水啦！那裡就是大湖，我們可以見到父親了！」

走出了森林，兄弟倆來到了一片水草豐美的平原，他倆採了一些果子吃，西格文還找了一些草籽兒，讓弟弟嚼著吃。他用隨身的小砍刀從樹上砍下幾條樹枝，做成箭，在湖邊教弟弟射箭。約科達力氣小，把箭射到了淺灘，西格文幫他去撿箭，一抬頭，看到有一葉獨木舟停在自己面前，有個醜陋的老人站在小舟上笑咪咪地看著自己，他的笑容令人不寒而慄，他身穿褐色袍子，上面還打著幾個斑斕的補丁。他就是遠近聞名的巫師米奧沙。

米奧沙一把抓住男孩，就往自己的獨木舟上拖，西格文拚命掙扎，但是巫師的力氣大，他無法掙脫，於是哀求米奧沙：「我弟弟還在岸上，他沒有食物會餓死，我能不能留一些吃的給他再和你走？」巫師根本無動於衷，陰森森地說：「沒關係，孩子，你先和我回家，你弟弟暫時餓不死。」

米奧沙對著獨木舟念動咒語，小舟就像一條大魚一般，向著湖中心駛去。西格文憂心如焚，眼睜睜看著湖岸越來越遠，弟弟的身影縮成了一個小黑點，最終，獨木舟停在了一座小島邊。米奧沙看起來倒是心情很好，他拉著男孩下了船，對著島上的小茅屋喊道：「女兒們，看我帶什麼人回來了，一個可以做妳們丈夫的男孩。」

從茅屋裡走出來兩個清秀的女孩，大一點的和西格文年紀相仿，她倆臉上一點兒笑容也沒有，反而帶著和年齡不符的憂愁神色。米奧沙興高采烈，說：「我的女兒們啊，看到我回來，怎麼一點兒都不高興呢？快點去做飯，我們都餓了。」女孩們對視了一眼，依舊一言不發，回屋做飯去了。

他倆也進了屋，西格文打量了一下屋內的陳設。巫師米奧沙的屋子很樸素，幾乎沒有羽毛裝飾，只有一些舊的男人的衣服散落在地上，有的衣服顏色鮮豔，裝飾繁複，看起來不像米奧沙穿的。米奧沙心情很好，一直在高談闊論，吹噓自己的經歷，和普通的部落老人沒什麼兩樣。

飯菜上了桌，吃了幾口，米奧沙忽然覺得腹痛，他對大女兒說：「今天的飯菜不怎麼新鮮啊，我可能吃壞肚子了。」說著，就去屋後了。女孩趁機靠近西格文，低聲說：「我們不是米奧沙的女兒，我們也是被他擄來的，他每個月都會帶回一個男人，有年長的，有年少的，說要做我的丈夫，然後第二天，他就會用獨木舟帶走他們，他們都再沒回來過，我相信他們已經被害了，屋裡地上那些衣服都是這些人遺留下來的。」西格文說：「我不能死，弟弟還在岸邊等著我，我答應父親要照顧好弟弟。我想先給他送點吃的。」

女孩說：「你今天晚上是安全的，你會和米奧沙住在一個房間裡，你半夜裏上他的衣服，從頭裹到腳，然後來找我，我給你吃的，並且告訴你如何出島。」

西格文看著女孩美麗的大眼睛，不禁問：「妳叫什麼名字？」女孩抿嘴一笑，說：「我叫甜心。」

西格文聽了，臉紅了，有一種甜絲絲的感覺在心裡。

米奧沙又來了，他要西格文今晚和自己一起睡。等聽到米奧沙均勻的呼吸聲，已經睡熟了，西格文小心翼翼地拿起米奧沙的衣服穿上，走出了房門。夜涼如水，雪松枝條上站著一隻巨大的貓頭鷹，它的眼睛快像月亮那麼大了，西格文嚇了一跳，他把自己裹得更緊了，低頭向女孩的房間走去。

「甜心，甜心。」西格文輕聲道，他的心怦怦亂跳，他覺得自己已經愛上了這個女孩。

女孩出來了，她遞給西格文一籃果子、幾條魚乾，說：「你把這些帶去給你弟弟，足夠他吃好幾天了。」

「可是，」西格文說：「我怎麼離開這裡呢？」

甜心說：「你要小心那隻貓頭鷹，它是負責監視我們的。如果它發現你，就會開始嗚嗚叫，你也學著它嗚嗚叫，它就會被弄糊塗了，以為你是同類，會放你走的。你坐米奧沙的獨木舟去湖邊，我告訴你咒語。」女孩趴在西格文身上耳語了幾句，西格文心跳得很快，差點沒記住咒語。

在黑夜中，西格文低聲用咒語控制著小舟，浪花輕輕拍打著船身，在船的輕輕晃動中西格文略有一點暈眩，他低頭看著墨汁一般的湖水，幻想從中能看到父親的臉，但是他什麼也沒看到。沒有父親和弟弟在身邊，他變得比以前更加靈敏，更加自信，又或許是甜心給了他愛的力量，他有勇氣拯救父親和弟弟，決心打敗米奧沙，迎娶美麗的甜心。獨木舟到了湖邊，西格文跳下來，從齊腰深的水裡向岸上走，一邊走，一邊吹著口哨呼喚弟弟。果然，約科達顛顛地跑過來，哭著叫哥哥，西格文把食物給了他，告訴他在此地安心等待自己。安頓好弟弟，西格文又乘著小舟回到了米奧沙的島嶼，回到臥室，脫下袍子，躺回到床上，就像什麼都沒有發生。

米奧沙睡得很熟，因為他很相信自己的貓頭鷹不會出岔子。

三次涉險

第二天起床，西格文故意做出神采奕奕的樣子，說：「這裡真是舒服，我睡得很好，連個夢都沒有做。」「太好了，我的孩子，」米奧沙高興地說：「今天我們有很多事情要做。來吧。」

在吃早飯的時候，甜心和她的妹妹依舊對米奧沙冷若冰霜，但他也不在意，他對西格文說：「你即將成為我的女婿，也不是外人，離這裡不遠的地方有座小島，成千上萬隻海鷗在那裡下蛋，你今天和我一起上島，撿一些海鷗蛋回來吃吧。」聽到這兒，本來走到門口的甜心突然回過了頭，欲言又止。西格文機靈，已覺察出異樣，但是他還是滿不在乎地說：「好的，麻煩岳父給我帶路。」

米奧沙和西格文坐著獨木舟來到了一座孤島，周圍水域盤旋著數不清的海鷗，每隻海鷗都有黃色堅硬的喙。上了島，果然在沙地上看見許多鳥蛋，米奧沙待在船上沒有動，他對西格文下令說：「快下去吧，儘量多拿一些蛋，甜心最喜歡吃海鷗蛋，她會很高興的。」

西格文蹚水到了沙地，隨手撿起一個鳥蛋，正當此時，米奧沙對著空中的鳥兒們高喊：「天上飛的鳥兒啊，當你們奉我為主的時候，我答應給你們人肉吃，現在請吃掉這個年輕人吧，把他啄得一點兒不剩，只餘骨架。」海鷗們聽到米奧沙的呼喊，無論是空中的、樹上的，還是在沙地上孵蛋的，全部飛起來，黑壓壓地形成一張巨網，向西格文襲來。西格文被無數海鷗搧動翅膀所帶起來的風颳得東倒西歪，一隻海鷗啄了西格文一口，一滴血滴在了沙子裡，西格文大怒，指著海鷗說：「大神造你們出來，是充當人類的僕役的，現在你們居然敢傷害人類主人，讓我的血流了出來。我是大神的使者，你們還不快快俯首認罪，否則我馬上讓大神降下天災，把你們都消滅！」

海鷗聽了很害怕，說：「我們的主人是米奧沙，我們只不過是聽命行事而已。」

「米奧沙是個邪惡的巫師，」西格文繼續說：「聽命於他只會招致上天的降罪，現在你們臣服於我，我可以在大神面前為你們美言幾句，消除你們的罪孽。」

海鷗們飛到高空，商量了一下，它們認為眼前的年輕人更為可信，於是決定站在他這一邊。一隻海鷗首領飛到西格文面前，戰戰兢兢地問：「請問，大神的使者，我們該怎樣幫你呢？」西格文說：「用你們的翅膀拼出一個飛舟，載我回到米奧沙的島上。」

於是海鷗們照做了，看到西格文平安歸來，甜心高興得眼淚都流出來了，撲到他懷裡說：「米奧沙每次都這樣做，被他帶走的人幾乎都沒有回來的，我知道他們一定出了意外。大神保佑，你平安回來了。」

米奧沙很快也乘著獨木舟回來了，他尷尬地笑著說：「賢婿啊，你不要介意，我是在考驗你。」西格文也笑著說：「岳父，您的意思我明白，我不會放在心上的。」米奧沙轉過頭，流露出可怕的神色，他決心除掉這個年輕人。

又過了一天，清晨，米奧沙對西格文說：「賢婿啊，你和甜心的婚禮可以開始籌辦了。你看，你的衣服太普通了，一點裝飾也沒有，我帶你去貝殼島吧，那裡有五顏六色的珍稀貝殼，保證把你打扮得如天神般威武。」西格文轉動一下眼珠，說：「好啊，全聽岳父大人安排。」

兩人來到了貝殼島，果然如米奧沙所說，遍地都是美麗的貝殼。西格文有點被迷住了，一直在森林裡長大的他從沒見過這些閃閃發亮的小東西。米奧沙看到西格文入迷的樣子，暗自得意，他跑回到獨木舟上，大喊著：「出來吧，魚王，我獻給你的祭品到了，請出來享用吧。」說完，他便乘船跑了。西格文心想糟了，回頭一看，湖裡掀起了巨浪，幾棟房子那麼大的一條魚浮出了水面，它的牙齒就有一人高，這就是米奧沙說的魚王了。

西格文本想跑到離水遠一點的地方，但是魚王的身子下有無數隻細小的腳，魚王也迅速移動到了沙地。西格文告訴自己要鎮定下來，他笑著對魚王說：「想不到你這麼大個子，活了這麼多個年頭，也會被邪惡的巫師米奧沙所騙。」魚王瞪著眼睛說：「你別說大話騙我，你不過是他給我的祭品而已，快過來，讓我一口痛快地吃了你。」西格文歎了一口氣，說：「你知道我是誰嗎？我叫西格文，是春天的意思，我就是春神，我每年讓冰霜消融、湖水解凍，你和你的子民才能浮出水面，見到天日。如果我死了，你們將世世代代生活在冰層之下、寒水之中，也不會有溫暖的水流為你們帶來食物。」

魚王聽了，不由得後退了一步。西格文鼓起勇氣，又上前一步，繼續說：「米奧沙對你的不利之心也不是一天兩天了，以前，他可帶來過什麼人給你吃嗎？」

魚王想了一下，喃喃道：「你不是第一個，以前他也帶過一個人，那個人很像你。」

西格文無心聽魚王的回憶，他決定將計就計，於是說：「好了，我不和你計較了，但是你要把我帶到米奧沙住的島上，我要和他算帳。」魚王答應了，西格文爬上堅硬的魚背，一路破浪，回到了有甜心的地方，他感覺自己已經離不開這個女孩了。

看到西格文又毫髮無傷地回來了，米奧沙笑得比哭還難看，他沙啞著嗓子說：

「我正和甜心說起你呢，沒想到你能從魚王手上脫身，真不愧是我的女婿。」西格文看著一旁的甜心，她眼裡帶著淚，應該是以為他已經遭了毒手。

西格文情不自禁地把甜心擁在懷裡，安慰她，米奧沙心裡恨得咬牙切齒，但是臉上還是表現出一副高興的樣子，說：「這下好了，你倆更加情投意合了，可真是多虧了我啊。」

晚上，西格文和甜心說了許多悄悄話，聽了西格文的遭遇，甜心皺起眉頭，說：「半年前，米奧沙也帶回了一個男人，那個人年紀不小，米奧沙說讓他和我結婚，那人笑著不答應，但是米奧沙又說要是幫他做事，可以放我們恢復自由之身，那人就答應了。第一天他平安回來了，我們都很吃驚，但是第二天，他就沒有再回來。」西格文趕忙問：「那人長什麼樣子？」甜心說：「我也說不上來，這樣吧，我帶你去看他的遺物。」

甜心帶著西格文到了堆放舊衣服的角落，拿出一件衣服，說：「喏，這就是他的衣服。」西格文聞到了熟悉的味道，衣角上還縫著一顆微黃的狼牙，那正是他父親的衣服。西格文流下了眼淚，告訴了甜心那人便是他一直尋找的父親。原來米奧沙是殺父仇人，西格文暗中攥起了拳頭，發誓一定要報仇。

太陽又升起來了，米奧沙又有了新陰謀，他對西格文說：「我的貓頭鷹老了，咱們去鷹巢抓一隻小鷹來代替它吧。」西格文含笑答應了。米奧沙已經不和西格文客套了，直接把他帶到了鷹巢。

西格文爬上了高高的樹，眼看離鷹巢只有幾個手臂遠了，但是米奧沙在下面念動咒語，讓鷹巢不斷長高。西格文不得不越爬越高。等樹已經有小山那麼高了，米奧沙吹了一聲尖銳的口哨，呼喚老鷹下來。他很得意：「這個臭小子這下完了，要不被老鷹啄死，要不從鷹巢掉下來摔死。」

老鷹夫婦從雲端一下子猛衝了下來，落在巢穴旁，問西格文：「年輕人，我們和你無冤無仇，你何苦來抓我們的孩子？」看到老鷹夫婦如此和善，西格文也坦言相告。老鷹夫婦聽後，說：「親愛的孩子，既然你沒有傷害我們的意思，我們就幫你回到地面吧。」西格文爬上了老鷹的後背，飛回了地面。米奧沙幾乎絕望了，他歎了一口氣，和西格文回家了。

西格文提出，要把湖邊的弟弟接過來，理由是：「婚禮上怎能沒有我弟弟。」米奧沙答應了，還和他一起去。到了湖邊，約科達見到了哥哥，非常高興，西格文對米奧沙說：「那邊有些煙草，你去摘一些，留在婚禮上招待客人。」儘管不那麼情願，但是西格文屢次脫險，讓米奧沙已經開始害怕這個年輕人了，他不敢違拗他的話。米奧沙正在忙著著採煙草，聽到有動靜，他發現兄弟倆乘著他的獨木舟離了岸。「該死，他們怎麼會知道如何控制我的船，」米奧沙一邊想著，一邊跑到岸邊，大聲呼喊：「孩子們，回來，我還沒上船呢。只有我才能控制它。」但是西格文沒有理會。

到了島上，甜心和妹妹出來迎接他倆，兩個小孩子一見面就很投緣，拉著手去玩了。西格文告訴甜心，米奧沙被他留在對岸了。甜心還是帶著憂色，說：「不行，米奧沙會控制這條船，到了晚上，他會在對岸作法，讓船去接他。除非有人晚上不睡覺，一直把手放在船上。」

約科達聽說了，自告奮勇做這件事，他說：「哥哥白天很累了，晚上應該休息，這件簡單的事還是由我來做吧。」

大家答應了，晚上留約科達在岸邊看著船。

夜深了，約科達看著天上的星星，覺得心曠神怡，一轉眼，星星好似甜心妹妹的眼睛，他揉了揉眼睛，繼續把手放在船上。過了一會兒，天上的星星好像攪動在了一起，看不清了，約科達禁不住睡魔的侵襲，睡著了。等天亮醒來，發現獨木舟不見了。正當他懊惱之際，忽然聽到水浪的聲音，抬頭一看，米奧沙正笑咪咪地站在獨木舟上，就像第一次見到兄弟二人的樣子。「早啊，我的孩子，」他和約科達打招呼：「你怎麼在這裡睡啊，多冷啊。」約科達憤憤地說：「我不是你的孩子，見到你真讓人不開心。」米奧沙哈哈大笑，覺得弟弟比哥哥簡單得多。

打敗米奧沙

見到米奧沙，西格文先是一驚，然後馬上放鬆下來，說：「岳父大人，你來得正好，我和甜心的婚事該怎麼辦，還需要你來拿個主意。」

「你想怎麼辦呢？我的孩子。」米奧沙若無其事地問。

「我們去獵熊，」西格文說得很痛快：「按照我們森林人的規矩，新郎在婚禮上必須送新娘一張熊皮作為信物。」

「好吧，那我們就去獵熊。」米奧沙答應得也很痛快，心想殺他可比殺熊難多了。

二人帶著點乾糧就動身了，西格文決定到自己熟悉的地方了結米奧沙的性命。但是這個巫師的弱點在哪裡，他還真不知道。他決定留心觀察。

走了很久，到了森林，森林比湖邊冷，他們晚上要生火取暖，西格文發現，米奧沙每次都把左腿蜷在身子底下，左腿的護腿也綁得比右腿結實很多。

進入森林第三天，西格文說附近有熊，所以要在這裡駐紮下來，等待熊的出現。他搭了一個比平常大很多的火堆，說：「岳父，這下我們可暖和多了。」米奧沙覺得這個火堆不錯，於是晚上就著熱呼呼的火堆，睡得很熟。西格文悄悄地把米奧沙左腿的護腿摘下來，鞋子也脫下來，扔到火裡燒了。

第二天，米奧沙連聲慘叫，西格文裝作什麼都不知道的樣子，反而責怪他烤火的時候靠得太近，燒掉了自己的鞋和護腿。

米奧沙只好光著腳走在森林裡，他讓西格文馬上幫他抓一隻野兔或者麋鹿：「剝下它們的皮為我做雙新鞋和護腿。」西格文假裝答應，之後趁米奧沙轉身的時候，搭弓射箭，一箭射到了米奧沙的左腳上。

米奧沙回過頭，眼神空洞，他的腳變成樹根，軀幹迅速被樹皮覆蓋。西格文大駭，他沒有想到這一箭真能結束了米奧沙。很快，米奧沙已經說不出話來了，因為他的頭也變成樹梢，他的手臂向天舉起，化為樹枝。

巫師米奧沙消失了，變成一棵森林裡隨處可見的大樹。

西格文回到了小島，接回了甜心姐妹和弟弟。他問甜心想不想到森林和他一起生活，甜心想了想，說：「森林裡那麼多大樹，我也不知道哪棵是米奧沙變的，所以到了森林我會害怕，不如我們就在湖邊安家吧。」西格文同意了，他和甜心結婚了，幸福地生活在一起。約科達長大後，娶了甜心的妹妹。他們後來成為一個部落的始祖，被後人銘記。

第四章　紅天鵝

兩個酋長

很早以前，有個酋長，他的妻子被一隻白色的大鳥殺死了，他陷入了悲痛，開始瘋癲地自尋死路，終於，上天垂憐這個癡情的人，讓他也中了冷箭，離世了。

酋長有三個兒子，他死後沒有人再照顧他們，他們只能拿起自己的小弓箭，去打獵養活自己。大哥很有志氣，一直照顧著兩個弟弟，他的人生目標就是為自己和弟弟們娶上漂亮的媳婦，讓部落裡的人看得起他們。弟弟們很感激哥哥，但也許是因為年紀還小，所以對娶媳婦的事情並不熱衷，尤其是小弟弟，他覺得兄弟三人就這麼過也蠻好的，所以大哥每次提到娶媳婦，他都呵呵笑著不說話，大哥打趣地說：「你這麼不想娶媳婦，也許哪天娶個醜八怪。」

兄弟三人立下了打獵的規矩，為了公平，每個人都有自己的獵物範圍，不能打別人的獵物。但是有一天，小弟弟在打獵的時候看到一頭棕熊，儘管按照規矩，他不能打棕熊，但還是一時手癢，忍不住把棕熊射死了。他跑過去剝熊的皮，忽然覺得眼睛不舒服，用沾滿鮮血的手去揉，沒想到眼前的一切都變了顏色，不論是樹木、河流，還是巨蛋般的鵝卵石，都變成紅色。他趕忙跑到小河邊去洗眼睛，洗著洗著，忽然聽到有奇怪的聲音，抬頭一看，眼前出現了一隻不同尋常的紅天鵝，散發著妖異的血色。

弟弟伸手摸箭，射了過去，天鵝沒有動，像是沉浸在自己的世界裡，弟弟又射了幾箭，都沒射中。弟弟又急又氣，摸出了自己家傳的魔箭。這種魔箭一共有三支，兄弟三人各一支，是父親去世前留給他們的，沒有獵物能逃脫此魔箭。弟弟射出了魔箭，紅天鵝卻帶箭飛向落日。弟弟慌了，心知哥哥們一定會責怪自己，他得找到紅天鵝，拿回箭。

他一直往西奔去，心想一隻天鵝，又受了傷，能飛多遠。但是無論他怎麼趕，紅天鵝始終在距離他不遠不近的地方飛著。天色已經暗下來了，天鵝失去了蹤跡，弟弟看到前面有點點燈光，便尋了過去。這裡是個部落，看門的是老貓頭鷹，鐵灰色的羽毛，眼睛瞪得圓溜溜的，看到弟弟，它尖著聲音說：「有客人來了。」弟弟向貓頭鷹問好，請它帶路。貓頭鷹將弟弟帶到酋長面前，酋長看了看弟弟，覺得很滿意，便將自己的女兒招呼過來，說：「快，為妳未來的丈夫補一補軟鞋，為他熱點飯菜。」弟弟很吃驚，心想難道今晚就要定下他的親事不成。他看著酋長的女兒，不甚滿意，於是他把軟鞋脫下來，收在自己身下，不讓女孩觸碰。「不過，她倒是可以嫁給我的二哥。」弟弟想。

女孩帶弟弟去就寢的時候，弟弟問她是否知道有一隻紅天鵝。女孩氣呼呼地說：「原來你是要找它，你覺得你能找到它嗎？」弟弟軟語請求女孩告訴自己，女孩只好給他指了方向。當天晚上，弟弟做了一個奇怪的夢，他夢見紅天鵝褪去了羽毛，變成一個美麗的女人，有一雙溫柔沉靜的眼睛，當她看他的時候，他覺得心裡隱隱作痛。夢醒後，弟弟心想：「這是什麼感覺呢，我以前從未做過這樣的夢。」

第二天，弟弟按照酋長女兒指的方向繼續前進，到了傍晚時分，他又到達了一個部落，這裡的看門人還是一隻灰色的貓頭鷹。和昨天一樣，弟弟被引見給酋長，酋長又叫出了自己的女兒，弟弟看著這位酋長的女兒，「她很漂亮，」弟弟心想：「不過我不喜歡她，她可以嫁給我大哥，大哥一直想娶一個漂亮妻子。」面對頗有姿色的女孩，弟弟說話的語氣也溫柔起來，他也向女孩詢問了紅天鵝的事情，女孩痛快地給他指了路。他休息了一晚之後繼續上路尋找。他隱約覺得，前方一定有什麼在等待著自己。

四個巫師

弟弟一路尋找，到了晚上，他抵達了一間破草屋。「這裡倒不是什麼部落了，」弟弟心想：「不過也好，不會再有酋長要我娶他的女兒了。」草屋裡住著一個快樂的老巫師，他一見弟弟，就高興地招呼他坐下，和他一起吃晚飯。弟弟看著老巫師對著牆角的鍋說：「別發懶了，快為客人做飯。」說著，他往鍋裡扔了一顆玉米粒。鍋像鳥一樣浮在空中，圍著房頂轉了一圈，落在了火上，火舌舔著鍋底，不一會兒，鍋就自己唱起歌來：「熟了，熟了，飯熟了。吃吧，吃吧，來吃吧。」

由於很餓，弟弟吃了一碗又一碗，奇怪的是，鍋裡的玉米一點也沒有減少。弟弟對老人說：

「你這個鍋可真有意思。」

老人得意地說：「我可是個巫師啊。」

吃完飯，弟弟向老人詢問紅天鵝的事情，老人說：「這件事我不是很清楚，不過你繼續往前走，會有人為你解釋清楚的。」

次日清晨，弟弟告別了快樂的老巫師，繼續前行。

走了一天的路，他又看到一間木屋，敲門進去，裡面也有一個老巫師。老巫師讓一只蹦蹦跳跳的茶壺為弟弟斟茶，茶壺不僅會自己煮茶，還會和人聊天，弟弟和茶壺在一起相處得很愉快。這個老巫師也不太清楚紅天鵝的事情，他建議弟弟繼續前行。

等弟弟到了第三個巫師那裡的時候，他已經開始著急了，想知道到底紅天鵝的下落如何。所幸的是，這位巫師知道這件事的原委。

這位老巫師有會自己做飯的鍋和嘰嘰喳喳的茶壺，在溫暖的石屋裡，他對弟弟講了這樣的故事：「有個巫師，法力高強，他的法力來自他的羽毛帽子，這個帽子連著他的頭皮，所以對他來說，性命攸關。有一天，有一夥人說要借這頂神奇的帽子為一個垂死的女孩治病。巫師心腸好，答應了，就連同頭髮一起摘下來交給了他們。」

「然後呢？」弟弟瞪大了眼睛，不知道這些和紅天鵝有什麼關係。

「這夥人其實是騙子，他們欺騙了善良的巫師，根本沒有什麼垂死的女孩，他們拿到了帽子，就讓它在鬧市裡跳舞，供大家取樂。而那個可憐的巫師，每當帽子跳舞的時候，他都頭痛難忍，但是他沒了頭皮，也就沒了法力，無法再拿回自己的帽子，也就是自己的頭皮了。」

弟弟聽了，繼續問：「那紅天鵝呢？和這個巫師有什麼關係嗎？」

「當然了，要不我和你說這麼多幹嘛，」老巫師沉下臉，口氣變得嚴肅起來：「紅天鵝就是這位巫師的女兒，誰要是能幫她父親拿回帽子，她就會嫁給誰。為了誘惑勇猛的小夥子，她化身妖異誘人的紅天鵝，在夢裡引誘男子們找她，老實說，你可不是第一個在我這裡喝茶的獵人。」

弟弟低下頭，像是在暗下決心，然後他抬起頭，說：「我會幫她父親找回頭皮的。」

老巫師滿意地點點頭。

弟弟終於到了一間幾乎快要坍塌的草屋前，有個衰老的、頭頂血糊糊的老巫師為他開門，弟弟開門見山地表達了自己的來意。這位巫師虛弱地說：「好吧，讓我們先來吃飯吧。」然後他回頭對牆角的鍋說：「客人來了，你能去做飯嗎？」鍋哼了一聲，說：「你現在還敢使喚我，真是不知道自己的能耐。」一看鍋不理自己，巫師又對茶壺說：「你去泡點茶來，好嗎？」茶壺氣哼哼地說：「我不是昨天已經幫你泡過茶了嗎！」弟弟一聽，說：「你們兩個惡毒的東西，欺負這位善良的巫師失去了法力，看我怎麼收拾你們！」說著，弟弟把鍋和茶壺叮叮咚咚揍了一頓。鍋和茶壺退縮在牆角求饒：「好了，別打了，我們去做飯燒水。」

巫師和弟弟好好地吃了一頓。巫師對弟弟講述了自己的遭遇。這時，弟弟好像看到有人影一閃，但是他沒在意。其實紅天鵝姑娘一直透過牆上的縫隙在看他。

次日，弟弟動身去履行自己的承諾——奪回頭皮帽子。他按照巫師的指引，花了大半天的時間到了一個熱鬧的部落，這裡的人看起來都很兇悍，在部落的中心，大傢伙圍著什麼在叫好：「再跳一個，再跳一個。」弟弟擠進去一看，正是頭皮帽子。弟弟昨晚和巫師學了幾句咒語，他念動咒語，把自己變成一隻小小的蜂鳥，落在帽子上，因為帽子不斷地跳動，所以他很費勁地一點一點把帽子和頭皮分離開來，然後他趁著一陣風，拖著頭皮就飛走了。部落裡的人在下面大叫：「頭皮沒了，頭皮沒了！」他們還扔出長矛去刺蜂鳥，但是蜂鳥太小了，他們屢刺不中，於是弟弟將頭皮帶了回來。

到了草屋，弟弟把頭皮小心地放在巫師血淋淋的頭頂，巫師大叫一聲，倒在地上，昏死過去。弟弟趕忙去試探他的鼻息，心想：「難道力量太強烈，老巫師承受不住而死了嗎？」這時，老巫師的身體像被雨點拍打的樹葉一樣抖動起來，他的面孔開始變得年輕，頭髮變黑，身體的肌肉骨骼都豐滿起來，等他站起來時，不再是那個孱弱的老人了，而是一個強壯英俊的男人。

巫師對弟弟說：「這是我原本的模樣。我的妹妹就是紅天鵝，也許有傳言說她是我的女兒，其實她是我的妹妹。為了我，這個可憐的女孩費盡了心思。」

紅天鵝也出來了，她和弟弟夢境中一樣美。

在巫師的祝福下，紅天鵝和弟弟動身，準備回家。在回家的路上，前面三個巫師分別送了他們禮物：一個送了祝福，一個送了會自己做飯的鍋，一個送了會嘰嘰喳喳說話的茶壺。

等經過那兩個部落的時候，酋長們執意讓弟弟帶走他們的女兒，弟弟也沒有拒絕，他回頭看著美麗的紅天鵝，心想：「我不想要別的女人做我的妻子，不過她們可以做我兄長的妻子。」

兄弟和好

經過了數日的跋涉，弟弟帶著三個女人回到家中，他的兩個兄長以為他已經死了，他們將臉塗黑，摘掉了頭頂的羽毛，哀悼他。現在看到弟弟回來了，他們驚喜交加，特別是看到他身後的女人，他的二哥大叫著：「女人，女人，女人！」這個男人幾乎這樣喊了一天，他為自己有了女人而感到極度興奮。弟弟打開包袱，拿出了鍋和茶壺，命令它們去燒水做飯，哥哥們目瞪口呆地看著鍋和水壺自己開始動作，最後他們大快朵頤了一番。

兄弟三人各自娶親，幸福地生活在一起。但是好景不常，兩個哥哥忽然對弟弟冷言冷語起來，說他弄丟了家傳的魔箭。誠然，弟弟雖然尋到了紅天鵝，但是魔箭卻未在身邊，紅天鵝也不知箭去哪裡了。聽了兄長的責怪，他很愧疚，於是辭別了妻子紅天鵝，再一次踏上了尋箭的路途。他到處找都沒有找到，但他沒有放棄，一直向遠方走去。

弟弟走啊走，來到了一片美麗的森林，樹木的枝葉綠油油的，但奇怪的是，這裡的花都是黑色的，花瓣有著絲絨般的質地，讓這片森林多了幾分令人不安的妖嬈。弟弟見到了一群野牛，這群野牛竟能講人言。弟弟對它們講述了自己為了平息兄長的怨氣，出來找家傳魔箭的事情。野牛聽了，笑了，說道：「你找魔箭都找到我們這座死亡森林裡來了，我們這裡是亡靈的樂園，沒有活人來過。你趕快回家吧，你的兄長是嫌自己的妻子不如紅天鵝美貌，想霸占她，所以才把你支走。你的魔箭會出現在你家門口的，快快回家吧。」

聽了這話，弟弟又氣又急，急忙往家中趕。還沒進家門，就聽到大哥和二哥為了誰占有紅天鵝而爭吵，他推門一看，紅天鵝在一旁垂淚。原來，他走後，大哥和二哥就開始為這種見不得人的事爭吵，但是紅天鵝一直守著貞潔，並未依從他二人。見到弟弟回來，哥哥們也感到羞愧，低下了頭。弟弟本想了結兩個哥哥的性命，但是會說話的茶壺突然邊說邊唱起來，將當年兄弟三人相依為命的事情娓娓道來，三人聽了，都紅了眼眶，哥哥們弓著背，請求弟弟原諒自己。弟弟長歎一聲，只好作罷。這時，沉默的鍋已經燒好了飯，一家人重新坐在一起吃飯。

第二天，弟弟在家門口發現了魔箭，他拾起箭，包在布兜裡。為了它，他走了許許多多的路。

後來弟弟和紅天鵝生了許多孩子，他們長壽而幸福。

第五章　骷髏島的故事

誤入骷髏島

雪國大地上最不缺的就是森林和大湖，然而迷人的景色裡也藏匿著致命的危險。有個老人，名叫巨浪，年輕時他也曾搏擊風浪，以漁獵為生，所以才有了這個名字。巨浪有個很疼愛的妹妹，嫁給了當地人，儘管和妹妹感情很好，但是巨浪喜歡一個人獨來獨往，所以他沒有和部落裡的人住在一起，而是一個人住在森林深處，人們都說巨浪是個有點法力的男人，為了守住自己的祕密才離群索居。

有一年，部落裡瘟疫蔓延，等巨浪得到消息，妹妹、妹夫已經染病死去，留下了一雙兒女，兒子叫紅貝殼，女兒叫鼠尾草，都是十幾歲的年紀。巨浪收養了兩個孩子，將他們帶回森林。路上，紅貝殼問巨浪：「舅舅，你的名字叫巨浪，那為什麼不住在湖邊，而是住在森林裡？」巨浪告訴孩子，水裡有水裡的危險，也許住在森林更安全。

森林裡的生活有點沉悶，沒有波光閃耀，只有遮天蔽日的參天大樹，有時森林昏暗如夜晚。鼠尾草是個熱愛交際的少女，活潑好動，有時候會不聽舅舅的勸阻，跑回湖邊去找部落裡倖存下來的人聊天。但是，有一天，鼠尾草沒有回來，巨浪和紅貝殼到處找她也沒找到。從那時起，巨浪眼中常含悲色，看著紅貝殼，他越發珍愛這個僅存的孩子，他告訴紅貝殼，自己年輕時曾和島嶼上的巨人打過一仗，憑藉著從薩滿那裡得到的一點法力，將巨人擊敗。但是巨人生性殘忍，喜歡奴役人類，鼠尾草八成是被骷髏島的巨人擄走了，凶多吉少。「紅貝殼，我老了，已經打不過巨人了，」巨浪說：「你是我唯一的親人，你千萬不要往東走，不要到湖邊去，否則巨人也會對你下手的。多年前，有個勇士，叫白頭鷹，他就消失在了骷髏島，再也沒有回來。」

紅貝殼聽了舅舅的話，表面答應，但是心裡想著怎麼去救妹妹。一個陰天的早上，紅貝殼看著舅舅出門打獵，於是他偷偷離開了家，一路向東，直到來到大湖邊上。湖面一片平靜，泛起細細的波浪，紅貝殼往水裡扔了幾塊鵝卵石，又射了幾箭，有個和氣的男子走來，說要和紅貝殼比射箭。紅貝殼雖年紀小，力氣卻很大，他射出的箭比男子高很多，男子輸了，也不在意，對紅貝殼說：「你箭射得不錯，不知道游泳的本事怎麼樣，我們來比賽游泳。」紅貝殼答應了，他屏住氣，以優美的姿勢入水，男子也跟著跳進水裡，兩人開始比賽游泳。在湖邊長大的紅貝殼水性很好，把男子甩在後面，男子又輸了游泳，但是他看起來也不沮喪。兩人游回岸邊，這個不知從哪裡來的男子對紅貝殼發起了邀約，他說：「孩子，我有條船，我正要去一個小島，島上有數不清羽毛美麗的鳥兒，你想射多少都可以，你願意和我一起去嗎？」紅貝殼答應了。男子唱起了悠揚的歌，這時，從水的那一頭漂來一隻小船，由六隻長頸天鵝拉著，兩邊各三隻，他們上了船，男子繼續唱歌，天鵝靠著男子的歌聲引路，將船拉到一個小島。

到了小島，紅貝殼發現這個島死氣沉沉，低矮的灌木叢一片一片，看不到任何綠色的枝葉，彷彿早已死去，而在灌木之下有堆積如山的白骨，一層又一層。紅貝殼問男子這些白骨從哪裡來的，男子回答說是動物的骨頭，這裡曾經被巨人當成狩獵場，所有的動物都被殺光了。男子突然轉頭，對紅貝殼提議再來一次裸泳比賽，紅貝殼同意了，脫了衣服，再次跳入水中，但是他很快聽到了男子的歌聲，抬頭一看，男子乘著天鵝之舟離開了小島，還帶走了自己的衣服。紅貝殼突然明白了為什麼那些白骨身上不著片縷，看起來如同動物的骨骸。

紅貝殼上了岸，天色很快暗了下來，他又餓又怕，他想舅舅，對自己魯莽而輕信的行為感到懊惱。哭了一陣，他安靜下來，忽然他聽到有人對自己說：「噓，年輕人，別害怕，你幫我一個忙，我告訴你怎麼在島上活下去。」紅貝殼連忙尋找聲音的源頭，他看到地上有一具骷髏，下頜骨一張一合，正在講話。「沒想到骷髏也能說話，這裡應該就是令人聞風喪膽的骷髏島了。」紅貝殼想。

「你想要我幫什麼忙？」

「你去西邊的大樹下，在三塊石頭底下找一個煙斗和一些煙草，拿過來給我抽一口。」

紅貝殼照做了，骷髏抽了一口煙，無限滿足，他的肋骨縫裡冒出了煙，好多隻老鼠從裡面跑出來，骷髏見了，哈哈大笑。

骷髏說：「我現在好多了，這些老鼠天天在我身體裡折騰，弄得我沒法去亡靈的世界安息，不過也好，我可以拯救你的性命。你好好聽著，不要重蹈我當年的覆轍，今天晚上，會有一個巨人帶著三條惡犬登岸，他會殺死你，和惡犬一起吃你的肉，為了不讓他發現你，你要找到一棵空心樹，這個島很狹長，你沿著岸邊跑，就能找到這棵空心樹，然後在樹裡躲一個晚上，就能逃過巨人。天亮後你就安全了，那時再回來找我。」

紅貝殼看到天已經黑了，趕緊出發，他爬上一棵又一棵的樹，發現都不是空心的。月亮被雲遮住了，他什麼都看不見了，越來越著急，一不留神，撞到了一個大樹，聽見「咚」的一聲脆響，他又驚又喜，空心樹找到了。他爬了進去，在裡面棲身。不知過了多久，他聽到岸邊有水花濺起的聲音，好像有人來了，他從樹洞往外看，果然，一個巨人上了岸，面容猙獰，身後還跟著三條惡犬。「聽說有獵物上島了，你們要抓住他。」巨人對惡犬說。

惡犬馬上散開，在灌木裡一陣亂嗅，發出藍光的眼睛在樹梢上搜索，但是一無所獲，又戰戰兢兢地回到巨人的身邊。巨人大怒，掄起棍子就打死了一隻惡犬，然後把它的皮剝下來，生吃它的肉，另外兩隻惡犬也跟著一起吃，吃完了，便上船走了。

骷髏的話

看著巨人已經離開，紅貝殼仍然不敢動，等到天亮了，他才離開空心樹，忙不迭地回到骷髏的身邊。

看到他回來了，骷髏略有些驚訝：「看來你足夠幸運，找到空心樹了。好，今晚，那個帶你來島上的男子會回來吸你的血，你要在天黑之前把自己用沙子埋起來，等他經過你，走遠了，你馬上登上他的船，對著天鵝唱歌，我來教你怎麼唱。」

骷髏輕輕唱起那首男子對天鵝唱的歌，紅貝殼學會了，但是他有些狐疑：「為什麼你也會這首歌呢？」

骷髏說：「這首歌本是我母親教我的，天鵝之舟也本來是屬於我的，但是我被這個男子騙了，落得現在這個下場，你要活下去，然後回來救我和其他人。你要記住一點，不管那個男子怎麼喊你，都不要回頭。」骷髏說完就不動了，就像一具真正的骷髏。

天又黑了，骷髏島的夜晚尤為可怖，一切都是死寂的，紅貝殼找到上次登岸的地方，把自己用沙子埋起來，他又聽到了水花四濺和天鵝的鳴叫，那個男子來了。

男子使勁在空氣中聞了聞，自言自語道：「這小子不在，我就知道，巨人肯定要吃了他，可惜了，現在他已經是一具骷髏了吧。」男子往前又走了幾步，經過了沙坑但沒有找到紅貝殼。紅貝殼抓住機會，從坑裡跳出來，踩著水登上了天鵝之舟，他對著天鵝輕聲唱：「天鵝啊，我們回家吧，讓我們回到有野貓皮的那個家，讓我們回到有鳥羽做成遮陽傘的那個家，讓我們回到湖中央的那個家。」天鵝們聽了歌聲，開始拉動小船，向著湖裡駛去。

男子在紅貝殼身後喊起來：「小兄弟，你在這裡，太好了，我是回來接你的。你快回來，別把你的朋友留在這黑漆漆的島上。」

紅貝殼沒有回頭。

男子繼續喊：「是不是島上有個骷髏說了我的壞話？小兄弟，我才是你的朋友，真正的朋友。」

紅貝殼依舊沒有回頭。

男子惱羞成怒，道：「你不是要找你妹妹嗎，我知道她在哪裡。」

紅貝殼聽了，幾乎就要回頭了，但是不知為什麼，他更信任島上的那個骷髏，於是他繼續唱歌，小船離島越來越遠，他聽不見男子的呼喊了。天鵝們把紅貝殼帶到了一片開闊的水域，有兩塊巨石被劈成兩半，作為迎賓的大門；再往前，有一座小山，有個山洞，大門緊閉。紅貝殼不知道怎麼開門，他試著用船頭去撞，門沒有開，他又用船尾去試，門開了，裡面是一間溫暖精緻的小屋，牆壁上有斑斕的獸皮，有野貓皮包裹的軟椅，爐子裡火燒得正旺，自己的衣服就堆在火爐邊，爐子上還有水壺，水燒開了，一些灰燼裡隱約可見正在烘烤的馬鈴薯。紅貝殼很餓，他幾口就吃完了馬鈴薯，又喝了點水，舒舒服服地睡了一個晚上。第二天早起，又乘著天鵝之舟回到了骷髏島，他看到岸邊有血跡，還有巨大的腳印，知道男子應該已經進了巨人的肚子。紅貝殼又找到了骷髏，告訴他發生的一切。「你是一個遵守承諾的人，」骷髏讚歎：「你昨晚住的房子是我的祖屋，是個極舒適的地方，你沒想獨霸它，也沒想占有天鵝之舟，是一個值得敬佩的人。你妹妹被巨人關在距離這裡不遠的另一個島上，作為巨人的奴隸，你先去救她，再回來找我。」

紅貝殼立刻動身去了骷髏所說的那個島，島上布滿灰撲撲的岩石，不遠處有個女孩在取水。走近一看，正是自己的妹妹鼠尾草。「妹妹，我找到妳啦！」紅貝殼歡呼著衝了過去。鼠尾草見了哥哥，先是欣喜，馬上又轉為憂色：「哥哥，在巨人發現你之前快走，不要管我，巨人會殺了你的。」

紅貝殼紋絲不動，看著妹妹。鼠尾草的眼淚一下子湧了上來。「妳跟我走，要不我跟妳走，打敗巨人，我們一起回家。」

鼠尾草知道這個時候巨人不在家，她大膽地把哥哥帶回了巨人的住所，他倆在屋裡挖了一個大坑，紅貝殼藏身在裡面，然後鼠尾草用野牛皮覆蓋住土坑，讓它看起來不惹人注意。

巨人回來了，手上拎著一個死去的男孩，他把屍體扔給鼠尾草，道：「去煮。」鼠尾草把男孩的屍體放在大鍋裡，生起火，火苗劈里啪拉地舔舐著鍋底，不一會兒，肉味傳來。巨人也不顧燙，把屍體撈了出來，大嚼一番，邊嚼邊說：「這次獵物太瘦了，吃得真不過癮。要是有個強壯點的就更好了。」說完，斜眼看著鼠尾草，鼠尾草嚇了一跳，以為巨人發現了哥哥。巨人從鼠尾草的慌亂中看出了異樣，於是開始在屋子裡四處搜索，鼠尾草趕忙說：「您累了，剩下的東西我來收拾吧。」

巨人哼了一聲，舉起腳，說：「把靴子給我脫了。」

鼠尾草知道哥哥可以聽到這一切，她感到屈辱，突然強硬起來：「對不起，您自己脫吧。」

巨人心想，她一定是在屋裡藏了一個男人，一定要抓住他。巨人說：「也好，我去睡了，明天我要出遠門，多抓幾個人來吃。」說完便和衣睡了。

第二天，巨人一出門，鼠尾草就趕忙讓哥哥出來，兄妹倆準備逃離。其實巨人並沒有走遠，他就在附近的樹叢裡看著鼠尾草和紅貝殼一起出了房門，上了小船。巨人用飛索和鐵鉤鉤住了小船，把船往回拉，紅貝殼用石頭砸碎了鐵鉤。巨人一看不行，索性趴下來大口喝湖水，水開始倒流，小船也往岸的方向漂移，巨人很得意，紅貝殼見他喝了太多的水，身體都腫脹起來，便舉起了一塊大石頭，大喊：「以我舅舅巨浪的名義，我將擊敗巨人！」然後把石頭向巨人扔去，在這一瞬間，紅貝殼獲得了上天賜予的能量，石頭像一道閃電般砸向了巨人，將他攔腰擊斷，水又從他斷裂的身體裡流回了湖裡，小船重新浮起，天鵝之舟在紅貝殼的歌聲裡繼續行駛。

兄妹二人來到了骷髏島，紅貝殼告訴骷髏自己已經救出了妹妹，骷髏說：「很好，現在你把島上的骷髏都找到，把大家的身體都拼起來，這個要費點時間。」紅貝殼和鼠尾草用了幾天的時間收集好島上的骷髏，把他們拼湊完整，然後照著骷髏說的那樣大喊一聲：「死去的人們啊，起來吧！」

骨頭們站起來了，身上長出了新的血肉，他們都是強壯的勇士，有明亮的眼睛和高闊的額頭，而紅貝殼最早遇到的骷髏是其中最高大的勇士，相貌俊美，他恢復人身後，帶領眾勇士對紅貝殼行了酋長禮，尊紅貝殼為酋長。

一行人陸續離開了骷髏島，兄妹首先回到了舅舅的森林小屋，發現舅舅在幾天的時間裡老了很多，頭髮幾乎全白了，當巨浪重新看到外甥們，流露出不敢置信的神情，他哈哈大笑，說：「我還能活好多年，我的孩子回來了。」他聽完了紅貝殼的經歷，也向勇士首領一樣，對他行了酋長禮，對於擊敗巨人、將骷髏復活的人，怎樣尊崇都不為過。

英俊的勇士首領成了紅貝殼手下的將軍，娶了鼠尾草為妻，原來他就是多年前消失的白頭鷹勇士。

後來，大家過上了平靜的日子，紅貝殼問白頭鷹：「你是怎麼認識那個吸血的男子的？」白頭鷹說：「有的人，會披著朋友的外衣騙取你的信任，然後把你留在骷髏島讓你成為亡靈，我們要去相信堅強、勇敢、忠誠的人，而不是花言巧語的懦夫。」

第六章　星星王子

十個女兒

從前，有個男人，他有十個女兒，全家住在大湖邊。十個女兒長得都很漂亮，遠近聞名，大家都說她們是湖邊的十個仙女，她們奔跑起來比小鹿還要優雅，烏黑的長髮如同湖底的水草，柔軟得攝人心魄。

前來求親的男子絡繹不絕，他們當中有矯健的獵手、敏捷的漁夫，還有酋長的兒子，男子們帶來了各種好東西：顏色豔麗的貝殼、豪豬的刺、白色狐狸的皮毛，數不勝數，讓女孩的父親笑得合不攏嘴。女孩們也被華麗的禮物迷惑了心神，一個接一個地接受了追求者的求婚。她們不願遠離父親，所以都在湖邊安家，紮起了帳篷，和丈夫住在裡面，帳篷越來越多，就像雨後冒出來的蘑菇。

九個女兒就這樣嫁出去了，只剩下最小的女兒奧芙妮還待字閨中。奧芙妮是個沉靜有自己想法的女孩，和她那些喋喋不休的姐姐們不同，這個姑娘喜歡獨處，就像一隻孤獨的刺蝟。面對求婚者，她百般挑剔，不是說對方太高，就是嫌太矮了，或者太胖太瘦。姐姐們不高興了，她們議論道：「奧芙妮要找個什麼樣的丈夫呢？比我們的丈夫都要強嗎？她也自視太高了。」奧芙妮聽到姐姐們在嚼舌根，但是她絲毫不在意。有一天，全國最英俊勇猛的獵人來向她求婚，帶來了一頭大灰熊作為禮物，但是奧芙妮依舊一臉高傲，隨便找了一個理由，將獵人拒之門外。這下子，就連一向疼愛她的父親也看不下去了，對她說：「女兒，難道妳想一輩子都不嫁人？為什麼這麼挑剔，最優秀的小夥子都被妳轟走了，以後誰敢娶妳！」

奧芙妮對父親說：「父親，我不是挑剔，而是我有一樣別人沒有的本事，那就是我能看透一個人的內心，直到現在，我還沒有遇到一個內心強大而美麗的男子讓我動心呢。」

奧芙妮這番話被姐姐們傳出去當成瘋言瘋語，求親的人一下子少了許多，父親和姐姐們感慨地說，奧芙妮大概是嫁不出去了。

奇怪的新郎

沒想到過了幾天，湖邊來了一個年老又醜陋的男子，名叫奧西奧，奧芙妮對他一見鍾情，很快就嫁給了他。姐姐們幸災樂禍，都說這個小丫頭以後可有苦頭吃了，一個老人，既沒有力氣又沒有地位，拿什麼來養活她呢？但是奧芙妮依然一臉沉靜，和奧西奧支起了一個小帳篷，和他一起生活。

奧西奧不僅老邁，還有個奇怪的習慣，每當暮色籠罩大地，他都會對著天空中最大的那顆星星行禮，口中還喃喃自語，人們見狀都嘲笑他，怪模怪樣的，不知在搞什麼鬼。

奧芙妮從未問過丈夫為何這樣做，她只是安靜地站在他身邊，看著他，她知道他有一顆金子一樣善良而勇敢的心，愛著世間萬物。

有一天，隔壁部落舉行宴會，邀請十姐妹參加，九個姐姐戴著華麗的鳥羽頭冠，嘰嘰喳喳地一起出發，跟在後面的是奧芙妮和她的丈夫奧西奧。姐姐們不時催促奧西奧走快一點：「哎呀，老人走得就是慢，真不知道奧芙妮看上你哪一點。」夫妻倆都不說話，這時，天暗下來了，最大的那顆星星出現在夜幕中，奧西奧跌跌撞撞跪在地上，向星星伸出雙手，嘴唇抖動，不知說些什麼。姐姐們簡直快笑瘋了，用各種惡毒的詞來形容奧西奧，一個姐姐心腸稍微好一點，對奧西奧說：「別光顧著看天，看看腳底下，這裡有一根被風吹倒的樹幹，你跨得過去嗎？」奧西奧看到樹幹，突然吃了一驚，他仔仔細細地查看樹幹，原來樹幹是中空的。他若有所思，忽然彎下腰，從樹幹的一頭爬向另一頭。爬到中間，奧西奧在裡面大叫一聲，奧芙妮很擔心，朝著樹幹喊：「你怎麼了，出什麼事了？」接著，奧西奧從樹幹的另一頭爬出來了，他整個人都變了一個樣子，變成一個高大俊美的年輕人，頭髮微卷，眼睛像星星一樣明亮。原來，他本是居住在星星王國的王子，受到巫師詛咒才變成老人的模樣。曾經在夢中，他的父親——星星國王告訴他，要從一個中空的樹幹鑽過去才能解除魔法，剛才他盯著樹幹看，就是發覺了這就是能讓自己恢復原形的那個樹幹。

姐姐們傻了眼，奧西奧怎麼看都比她們的丈夫強，正在她們不知該說什麼的時候，一個姐姐突然指著奧芙妮，說：「大家看，奧芙妮怎麼了！」只見奧芙妮渾身抖動，身材矮了下去，頭髮由黑變花，最終全白了，她如花的臉孔透出鐵青，額頭長出了一條條皺紋，她變成一個醜陋的老太太。奧芙妮晃晃悠悠，說不出一句話，奧西奧急忙抱住了她，焦心地說：「我沒有想到解除魔法還有代價，就是妳的衰老，我寧可年老色衰的那個人是我。」說著，奧西奧就要從樹幹中間重新爬過去，奧芙妮攔住了他，她看著他的眼睛，說：「親愛的丈夫，我不介意失去美貌換回你的青春，如果我們兩人中只有一個人可以擁有青春美麗，我希望那個人是你。」奧西奧抱著她，深情地凝望著，就像看不見她的皺紋和白髮，姐姐們看到這一幕都很嫉妒，她們希望奧西奧拋棄自己的妹妹，讓這個思想總是那麼獨立的妹妹吃點苦頭。

宴會依舊要進行，他們一行人趕到了舉行宴會的帳篷，席地落座。帳子拉開了一個角，大家看到遠山和森林格外美麗，黑漆漆的森林裡飄出了幾隻螢火蟲，悠揚的樂聲從天上徐徐傳來，在旁人耳朵裡，這不過是樂聲，但在星星王子奧西奧耳中，這是他的父親在對自己說話。星星國王說：「我的孩子，你的詛咒已經解除，請吃一口你面前的菜，吃了之後你就能回到我身邊。」奧西奧吃了一口，忽然帳篷開始抖動，帳篷中的一切人和物品都在向上飛升，與此同時，泥碗變成紅珊瑚碗，毯子上多了許多亮晶晶的貝殼裝飾，而奧芙妮的九個姐姐和她們的丈夫都變成顏色豔麗、嘴巴尖尖的鳥。奧芙妮呢？她會不會也變成鳥？奧西奧痛苦地別過了頭，一隻溫柔的手放在了他的肩上，他抬頭一看，恢復年輕貌美的妻子就站在自己眼前，在帳篷裡亂飛的鳥兒當中，妻子微微笑著，好似一尊神。

帳篷一直飛升到了星星王國，國王早已在等候他們。國王把帳篷裡的鳥裝在一個銀色的大鳥籠裡，然後和藹地對奧西奧夫婦說：「孩子們，你們吃了很多苦，我都知道，現在請你們在星星王國好好生活吧，這裡應有盡有。」奧芙妮指著鳥籠問：「我的姐姐、姐夫們可以恢復原形嗎？」國王搖了搖頭，答：「她們嘲笑弱者，毫無憐憫之心，我把他們變成嘰嘰喳喳的鳥兒，這個處罰並不重，我會把鳥籠掛在你們的庭院裡，讓僕人好好照顧他們。」

奧芙妮只得答應。就這樣，奧西奧夫婦在星星王國開始了幸福的生活，國王慈祥而博學，教會他們許多知識。第二年，奧芙妮有了兒子，男孩長得和她一樣漂亮，還繼承了父親的強健體魄。小男孩生活在距離月亮很近的地方，這裡的月亮比在地上看要大得多，每天他都在月亮的清輝下入睡。有時候，月亮太亮了，男孩睡不著，他就在自己的小吊床上發呆，想像著母親講述的故鄉——大地。母親說大地上有潔白的雪，和月亮一樣白，有湛藍的湖泊和數不清的魚兒，還有成群的馬鹿和野牛，這些星星王國都沒有。男孩嚮往大地上的一切，奧芙妮和奧西奧每天都要和他講很多關於過去生活的故事，奧西奧還給兒子做了一張小弓和幾支箭。

一天夜裡，男孩突然想到，鳥籠裡的鳥也是從大地上來的。男孩光著腳，跑到鳥籠旁，看著這些有著漂亮羽毛的鳥，心想，打開籠子，讓它們飛來飛去，會不會很好玩。想著想著，他的手就伸向了籠子的門，就這樣，十八隻鳥一隻接一隻地飛出來。開始在男孩頭頂盤旋，之後越飛越高，男孩著急了，喊著：「你們不要飛走了啊，快回到籠子裡去。」鳥兒不聽他的話，男孩拿出了自己的小弓箭，射向其中一隻鳥，鳥兒的腿中了箭，流了幾滴血。這下可糟了，星星王國不允許有血出現，男孩覺得自己的身體開始慢慢下墜，不一會兒，他就降到了地上。

他揉揉眼睛，不敢相信自己已經到了母親的故鄉。因為擔心兒子，奧西奧和奧芙妮也在星星國王的允許下回到了地面上，一家人快樂地生活在一起，他們向周圍的人傳授從星星王國帶來的知識，讓人們的生活比以前更舒適。

奧芙妮的姐姐姐夫們也回到了地上，他們褪去了鳥的外表，但是並沒有恢復人形，而是變成矮人和精靈的祖先。

第七章　兒媳雪鳥

兒媳難當

雪鳥是個普通的女人，細細的眼睛，但是很愛笑。她的鹿皮靴是整個部落最好看的，因為她的丈夫棕熊是附近最勇猛的獵手，用獵物為她換來不少小寶石，鑲嵌在靴子上。很多女人都羨慕雪鳥，除了一樣，那就是她有個可怕的婆婆。

雪鳥的婆婆年輕時是個漂亮女人，在眾多男子的追求中選擇了棕熊的父親。丈夫對她很好，她也曾擁有過自己的美好時光，但是棕熊的父親在一次意外中身亡，生活也就黯淡了下來。婆婆把棕熊養大，把全部的心思都放在兒子身上，慢慢地，她的心態有些扭曲，希望獨占兒子的愛。

當棕熊把雪鳥帶回家的時候，婆婆很不高興，但是兒子總是要結婚的，她沒有適當的理由阻攔。雪鳥進了家門，和棕熊結合在一起，日子過得像南方的水果一樣甜蜜。妒火在婆婆心中燃燒，她忘記了自己也曾擁有過美好的夫妻之愛，忘記了丈夫對自己也是這樣的濃情蜜意，她認為雪鳥是一個入侵者，她一直在心裡這樣默默稱呼雪鳥。

雪鳥是個大方的女人，她雖然長相平凡，但性格柔順活潑，討人喜歡，在婆婆充滿惡意的注視下，她依然每天開開心心地料理家務，把棕熊打回來的獵物做成美味佳餚，給婆婆和丈夫吃。

三年過去了，雪鳥一直沒有懷孕。婆婆開始冷言冷語，說：「棕熊是最勇猛的獵手，怎麼能沒有自己的孩子，如果不能生養，就請快些離開吧。」雪鳥聽了這話很難過，覺得自己對不起丈夫，每天晚上臨睡前都會自責一番。棕熊倒不在意，他對雪鳥說：「母親年紀大了，愛嘮叨，妳不用理會。」

一天傍晚，烏雲黑壓壓的，不一會兒天穹就變成沉甸甸的鐵灰色，眼看大雷雨就要來了，漁夫們都收了小舟，動物們也躲在洞穴裡不出來了。婆婆覺得是個好機會，她趁著棕熊還沒回來，大罵雪鳥：「為什麼棕熊到現在還沒有孩子，妳怎麼有臉還待在這個家，趕緊滾出去和雷神過日子去吧！」雪鳥被婆婆戳到痛處，羞愧萬分，她哭著跑出了家門，婆婆在她身後得意地把門關上了。棕熊回家沒看見雪鳥，急得要出去找，婆婆騙他說雪鳥出門看望朋友了，應該是安全的，棕熊也只好在家裡等。大雨傾盆而下，密得透不過氣，誰也不知道雪鳥到了哪裡。

棕熊整晚都沒怎麼睡，一直留心著門的動靜，天濛濛亮，他忽然聽到咚咚的敲門聲，聲音很輕，門外像是一個膽怯的客人。棕熊把門打開，看到了渾身濕淋淋的雪鳥，手裡還拉著個四、五歲的小男孩。棕熊趕忙讓雪鳥和孩子進門，坐在火邊，問雪鳥昨晚到哪裡去了。雪鳥沒有直接回答，只是輕聲說：「孩子是在森林裡撿到的，孩子說自己的父母已經死了，所以我把他帶回家，讓他做我們的孩子吧。」雪鳥用祈求的眼神看著丈夫。

棕熊連連答應，而在一旁的婆婆眼睛裡卻射出了寒光，一刺未除，又添一刺，她愈發惱怒了。棕熊給男孩取了個名字，叫蜂鳥。他很疼愛這個收養來的孩子，每次出門打獵都會帶來駝鹿的嘴唇這樣的美味給蜂鳥吃，而婆婆坐在火邊，把斗篷拉緊，嘴裡嘟嘟囔囔地抱怨。

在悉心照顧蜂鳥的過程中，雪鳥體會到做母親的快樂，她的心情放鬆了下來，有一天，她發現自己懷孕了。棕熊和雪鳥都高興極了，蜂鳥也嚷著要一個弟弟。果然，雪鳥生下了一個男孩，取名叫鴿子。按照部落的規矩，當男孩子可以自己獵殺猛獸，就可以贏得一個高貴的勇士名字，如棕熊、灰熊、老鷹等等。雪鳥和棕熊都盼著兩個孩子長大，早日改名。

危險的秋千

看到雪鳥已經有兩個孩子了，地位鞏固，婆婆更生氣了，她決定想辦法除掉雪鳥。一天，雪鳥忙完了所有家務，蜂鳥正在陪著弟弟鴿子玩耍，婆婆提議去湖邊散步，說她在湖邊大樹上發現了一個樹藤形成的天然秋千，站在上面可以看到整個湖景。雪鳥一聽覺得有趣，答應陪婆婆一起去看看。到了湖邊，果然看到彎彎曲曲的樹藤，牢牢纏繞在大樹上，看起來樹藤已經生長了好些年，應該很牢固。婆婆先上去，抓住藤條，前後擺動，她越盪越高，一邊盪，一邊連聲讚歎著。她問雪鳥要不要盪秋千：「水面上的風吹來很舒服呢。」於是，雪鳥也上了樹藤秋千，盪了起來，她發覺從高處看這個湖泊，居然這麼美，好像湖底有什麼祕密，水面一會兒是寶藍色的，一會兒是碧綠的。正當雪鳥心曠神怡之時，婆婆繞到了樹後，在雪鳥盪到最高點的時候，割斷了樹藤，任憑雪鳥跌到湖裡，百般呼救，也沒有理會。婆婆看著雪鳥被水花吞沒，滿意地離開了。

婆婆回到家，穿上雪鳥的衣服，假扮雪鳥，坐在暗處，等著棕熊回來。棕熊回來後，她說自己受了風寒嗓子啞了，而母親出門了，要棕熊把最好的獵物給自己吃。這時，鴿子哭了起來，婆婆大聲呵斥卻沒有去看看孩子為什麼哭泣。棕熊覺得今天妻子很奇怪，但是他不願意發脾氣，於是出門透透氣。

蜂鳥起了疑心，他拿起火把，突然照亮了老太婆的臉，發現不對後，他厲聲問道：「我媽媽呢？」一下子被嚇到的婆婆不由自主地說：「在湖邊，她在盪秋千……」蜂鳥不願再和她多說，馬上趕到了湖邊，看到了被割斷的樹藤，明白了是怎麼回事，於是哭了起來，跑回家告訴了棕熊。棕熊不敢相信，但是他不願責怪自己的母親，於是把長矛插進土裡，向上天祈禱，讓自己再見妻子一面，哪怕是她的屍首也好。

就這樣，棕熊失魂落魄，終日待在湖邊，蜂鳥承擔起照顧鴿子的責任，他用最柔軟的肉脯餵鴿子，唱歌、講故事給他聽。而婆婆根本不理會兩個孩子，自顧自地吃著家裡的餘糧。

一天，蜂鳥帶著弟弟在湖邊玩耍，他把石頭扔到湖裡，石頭就彈出來，再扔進去，石頭又從水裡彈出來。鴿子看了，咯咯地笑著，蜂鳥覺得奇怪，好像水裡有人似的。過了一會兒，一隻白色的大水鳥飛了過來，它巨大的翅膀柔軟而帶有香氣，就像媽媽的味道。蜂鳥覺得自己幾乎可以觸摸到大水鳥的翅膀了，剛一碰到，那翅膀就變成雪白的手臂，雪鳥出現在了孩子面前。

雪鳥看著孩子，流下眼淚，她抱著小鴿子，親了又親，又解開衣服給他餵奶。蜂鳥問她願不願意回家，雪鳥搖了搖頭，蜂鳥這才發現媽媽身上有兩條帶子，似乎捆縛了她，一根是銀色的金屬繩，一根是皮繩。

蜂鳥回家告訴了父親，棕熊聽了又驚又喜，他趕到了雪鳥出現的地方等她。第二天，同樣的時間，雪鳥又出現了，見到丈夫，她又垂淚，不管棕熊問她什麼，她始終不說話。蜂鳥指了指雪鳥身上的帶子給父親看，棕熊略一思考，用長矛挑斷了皮帶子，又用長矛刺穿了銀色的金屬帶，金屬帶碎成了幾段，掉在地上，變成白色的大貝殼。

水老虎

這時雪鳥能夠開口講話了，她告訴棕熊和蜂鳥，自己掉到水裡，感覺被什麼東西捲到了水底，原來湖底也有一個世界，是水老虎酋長的地盤，而水老虎喜歡上了自己，他說：「我喜歡妳這樣勤懇能幹的女人，妳就留在水下和我生活吧。」水老虎還說，自己以前有一個妻子，但是已經死了，留下幾個孩子，由他的母親照顧。一開始，雪鳥百般不願意，但是如果不答應水老虎，她就不能獲得在水下生存的能力，那就會淹死了，於是她答應先去水老虎家看看。水老虎家出乎意料地精緻漂亮，牆壁是半透明的，陽光透過水面映照在上面，一會兒是藍色的，一會兒是綠色的，顏色變換就像在樹藤上看到的湖水。水老虎家的地上還鋪著白沙，就像細軟的雪，腳踩在上面很舒服。雪鳥一邊欣賞一邊讚歎，不經意間看到了一個裝飾著寶石的大蚌殼，蚌殼的外表有紫銅的質感，裡面盤踞著一條巨蛇，渾身的皮膚可以在瞬息間張開成為無數隻眼睛，巨蛇的額頭上有紅寶石，還有兩隻鹿角。雪鳥嚇得瑟瑟發抖，水老虎要她別害怕，這是他的母親——角蛇。

夜幕降臨，牆壁失去了光彩，但是湖底的世界呈現出另一種美麗，從水草中浮出很多隻水下螢火蟲，有紫色的、綠色的、藍色的、金色的，它們落在牆壁上、角蛇的蚌殼上，或者聚集成一團變成火燭，這是一個比夢還美的世界。

水老虎問雪鳥是否願意留下來，嫁給自己，雪鳥想了想，答應了。事實上，她自己都很吃驚，她先是在心裡責備自己為什麼答應得這樣快，怎能把棕熊的情誼就這麼拋諸腦後，但是平靜下來後，她忽然想到，原來自己的心，早在那個風雨交加的夜晚被傷透了。她記得棕熊沒有出來尋找自己，而自己是怎樣在大雨滂沱的森林裡走啊走，像一具屍體，直到聽到不遠處孩子的哭聲才清醒過來。其實在她心裡，比起棕熊，她更愛孩子。

雪鳥提出，她要能經常看望自己的孩子，答應這個條件，她才嫁給水老虎。角蛇這時睜開了眼睛，告訴她，這個條件可以答應，她還可以送雪鳥一對白色的翅膀，讓她離開水面，但是她必須戴上兩條帶子，一條是金屬的，只要戴上，她便不能講話；一條是皮的，是用水老虎尾巴上的皮做成的，這是要提醒她，水老虎以後是她的男人，不可背棄他。雪鳥一一答應。

就這樣，雪鳥和水老虎生活在一起，角蛇平時只是睡覺，不大管兒女的事情。雪鳥把水老虎的孩子照顧得很好，給他們做了魚鱗的軟鞋，還把家裡收拾得乾淨整潔，屋外的水草叢也打理得井井有條。

說完這些，雪鳥準備回到水底了，棕熊流著眼淚請求她和自己回家，雪鳥搖了搖頭，她回身抱住蜂鳥，讓他照顧好鴿子，以後可以經常在湖邊等自己，她會帶鮮美的魚給他們吃。

然後，她就投入水中，不慌不忙，像一條魚一樣游回了湖底之家。

第八章　精靈的新娘

從前，有個酋長的女兒，名叫妮艾素，意為「珍愛的生命」，足見她的父母多麼愛她。妮艾素一出生，個子就比別人小一號，酋長安慰自己的妻子說：「別擔心，她會長大的。」但妮艾素的個子一直很矮，十五歲了，身材還像個五歲的小孩子，不過她有驚人的美貌，她的臉龐就像清晨的玫瑰一樣動人，兩隻眼睛好像被露水沾過，她每天穿著精緻的皮衣和軟鞋，行走在草原和森林裡。父母叫部落裡的女孩跟著她，保護她，但是妮艾素喜歡獨來獨往，這一點讓父母很頭疼：「寶貝，萬一森林裡的野獸傷害妳怎麼辦？妳需要同伴。」

妮艾素淡淡回答說：「森林裡有我的朋友。」父母面面相覷，不知女兒到底在想些什麼。

到了夏天，草木繁盛，妮艾素經常一個人沿著小路進入森林，大半天的時間過去，才會回到部落。她回來後，大家經常看到她臉上多了許多紅暈，人也顯得更加漂亮，人們議論著，說這個女孩大概在森林裡某些隱祕的地方看見到那些本不該見到的生物，出於對酋長的敬畏，沒有人敢對妮艾素的行為說三道四，但是她的母親更加擔心了，她經常問女兒：「妳老實說，妳去森林到底做了些什麼？見到了什麼人？」女兒每次都回答說：「媽媽，我告訴過妳一萬次了，我去找精靈了。」

媽媽說：「妳腦子裡到底想些什麼啊！沒有人見過精靈，都是那些講故事的老人編出來哄孩子的。」

妮艾素不理會媽媽，從小她就聽老人講，在森林裡，在水邊，在山上，有一種個子小小的精靈，他們身穿綠色衣裳，行動敏捷，守護著大地。精靈們喜歡在每年夏天的時候在森林裡的沙丘舉行舞會，他們會拉起手圍著沙丘跳圓圈舞，但是精靈們生性警惕，當他們聽到有人的聲響，就會馬上躲進松樹裡。妮艾素其實並沒有見過精靈，她只是坐在沙丘上幻想，幻想精靈王子遇到自己，二人一見鍾情，永遠在森林裡快樂生活。所以，每當她回到部落，臉上都掛著幸福的紅暈，惹得人們猜疑。

妮艾素一點也不懷疑精靈的存在，她認為偷了樵夫的斧子的人，一定就是森林裡的精靈；那些在河灘上留下一連串腳印的，一定也是精靈；晚上偷偷拔掉父親羽毛裝飾的，一定還是他們。妮艾素被自己的想法弄得神魂顛倒。人們開始在背後悄悄議論，說她有妄想症。

讓妮艾素擔心的事情終於來了，父母為她尋了一門親事，對方是隔壁部落的一個獵手，擅長狩獵馬鹿，還會剝掉它們的皮。一天，媽媽鄭重地對妮艾素說：「我的女兒，我們為妳取名為『珍愛的生命』就是因為我們把妳奉為生命中的至寶，希望妳平安幸福快樂，所以我們找了一個能夠保護妳、讓妳下半生衣食無憂的男人。他很勇敢，會讓妳幸福的。」

「可是，媽媽，這個人只會殺馬鹿、剝皮、讓血流到小河裡，也許世界上有人要去打獵，有人就要嫁給精靈，我和他不是同一種人。」妮艾素說。

媽媽苦笑著搖了搖頭，說：「孩子，妳還小，不知道什麼對妳才是好的。」距離婚禮還有段時間，媽媽暗想：「她會改變主意的。」

妮艾素更加熱衷往森林裡跑，但她笑得比以前少了，每次回來，她都會唉聲歎氣。媽媽每次都微笑著說：「我的女兒，妳沒有找到精靈吧，因為他們是不存在的。當一個獵人的妻子是一件幸福的事，妳要相信父母的選擇。」

妮艾素咬緊了牙，沒有回答。

終於，到了婚禮這一天，獵人丈夫面無表情地出現在部落大門口，大家都吃了一驚，他足足有妮艾素三倍大，而美麗的新娘呢，她從未這麼美麗，她梳著蓬鬆的髮辮，上面插滿了鮮花和松針，她穿著紅色的新娘禮服，顯得格外動人。在行過禮，準備動身出發去獵人丈夫的部落前，妮艾素提出，要去和自己經常去玩耍的森林告別，沒有人能拒絕新娘的請求，父母也只好讓她快去快回，妮艾素飛也似的跑進了森林。

大家等了又等，妮艾素都沒有出來，於是大家一起沿著她的小腳印去尋找她，一直找到沙丘，腳印突然就消失了。妮艾素的媽媽當場哭道：「幻想終於殺了她，那些看不見的邪靈將她帶走了。」一眾人默然。

第二天，一個獵人帶來了消息，說他在密林深處見到了妮艾素。獵人帶著一條狗，本想獵熊，在岔路口走偏了，他來到了一個從未到過的地方，周圍水氣氤氳，恍如仙境，他的狗本來一直在吠，突然沒了聲音。他一抬頭，看到妮艾素伸著手臂，身體筆直地向一棵松樹走去，獵人喊了她的名字，但是她好像沒聽到一樣，等她到了樹邊，一個穿著綠葉製成的衣衫的瘦小男孩從松樹裡鑽出來迎接她。妮艾素夢幻般的臉龐上出現了幸福的光暈，她和男孩一起走進松樹裡。

「我講完了，那個男孩肯定是個精靈。」獵人說。母親喃喃自語地說：「她終於還是嫁給了精靈。」

第五部

火地島的
故事

第一章　火地島神的傳說

懶惰的主神和天穹下的半神

特茅克神是開天闢地的主神，但是他卻是個懶傢伙。世界誕生之初，天地像一個密閉的蛋殼，特茅克神從睡夢中醒來，他發現天太矮了，他都直不起腰來，於是他努力站起來，把天往上拱拱，把大地往下踩踩，就算是開闢了天地。看著光禿禿的世界，他也沒有什麼創造的欲望，於是世界上沒有山，沒有河，連明亮的光線也沒有，灰濛濛一片，即使這樣，特茅克神也對自己的工作表示滿意，飛上天去過舒服的日子了。但是他覺得世界應該有點活物，於是從天上弄來一些靈氣，加上泥土，做出了一些半神。

這些半神中，最為強大的是海神考克，他和妻子生了許多鯨魚女兒，為了讓女兒有更大的空間玩耍，他把海洋變得大到看不到邊際，比陸地還要大得多。除了海神，還有雪神和他的妹妹月亮神，太陽神和他的兄弟雷神以及彩虹神。這些半神在人間隨意玩耍遊蕩，沒有什麼事情做，除了一個叫科諾斯的半神。科諾斯在天穹之上被特茅克神造出來，特茅克神騙他人間是個好玩的地方，慫恿他下去看看，年少無知的科諾斯上當了，順著一條繩索就到了地面，他腳剛一落地，繩索就化成黑色灰燼，特茅克神這麼做就是為了不讓他回到天上。

科諾斯第一眼看到火地島就不喜歡，那個時候海神說了算，陸地上光禿禿的什麼也沒有，四周都是大海，科諾斯於是造出了高山、峽谷和山澗，有了高低起伏，火地島好看多了。但是那個時候天永遠是單調的一個顏色，從早到晚，每一時每一刻光線都沒有變化，科諾斯還見到了另外兩個半神——太陽神克倫和月亮神克雅，他勸二人結為夫婦，於是克倫和克雅真的生活在了一起，科諾斯讓太陽神克倫在中午時必須發出最強烈的光芒，在下午時要慢慢離開火地島，把光照的任務交給月亮神克雅。

造人

科諾斯覺得他改造過的世界雖然很美，但是太過安靜，他彎下腰取了兩塊泥巴，捏成了男性和女性的生殖器，輕輕地放在地上，他想了想，把男性的放在女性的上面。到了夜晚，他走了，而留下的男女生殖器開始了活動，第二天早上他回到原地，看到一個新的物種，那是第一個奧納人（火地島最大的部族）。第二天晚上，人變成兩個，每過一天，人就多一個，很快島上就有了好多奧納人。科諾斯又跑到火地島的北邊去，挖了白色的泥土用同樣的方法造人，所以奧納人分兩種，深色皮膚的和淺色皮膚的，前者認為自己更高貴，因為是先被造出來的。如果有冒失的人問為什麼奧納人是這個樣子，奧納人就回答是科諾斯把他們做成這樣的。

科諾斯很喜歡說話，但奧納人不會說話，所以一開始只是他一個人說話給奧納人聽，後來，他覺得寂寞，就教奧納人說話的本事。奧納人學會了語言，十分興奮，一天到晚說個不停。科諾斯還教奧納人做愛，而且立下了兩性道德，男人不能搶別人的女人，女人也不能和不是自己丈夫的男人睡覺，這樣一來，科諾斯第二階段的任務也完成了。

不知不覺，過了好多年，科諾斯累了，想好好睡一覺，於是他躺在地上就睡，三個奧納老人陪著他。科諾斯一直睡，睡了好幾年，老人們中途想叫醒他，但叫不醒。等他醒來的時候，老人發現天神一樣的科諾斯已經是老態龍鍾，他們四個商量了一下，反正到了快死的年紀了，不如大家一起躺在地上，等待死亡的降臨。他們越等越心焦，但死亡總是不來，科諾斯決定帶著三個老人到北方去求死，老人們同意了。他們四個人老了，走得很慢，路人問他們去哪裡，他們回答：「去遠方，把命扔掉。」到了北方，他們驚訝地發現北方並不是荒蠻之地，相反人煙稠密，四個外鄉老人躺在路邊，請北方人給他們蓋上原駝皮的披風，讓他們繼續睡去，這一次，他們死在了熱鬧的北方。

但是死亡不是永恆的，北方人很好奇，不時掀開披風查看幾個老人的樣子，他們發現，睡下之前他們還是老人模樣，睡了幾天居然慢慢年輕起來，之後幾天一天比一天年輕，皮膚的皺紋變淺了，頭髮轉黑了；又過了幾天，披風下傳來了他們的呼吸聲，他們活過來了，而且成了年輕人的樣子。科諾斯把這個本事也給了奧納人。奧納人老了，就裹著獸皮披風躺在地上，等著死亡的降臨和離去，當死亡離去，他們不僅可以復活，還可以重獲青春，開始新的一生。如果有一天對這樣的輪迴厭倦了，就可以和科諾斯說，選擇徹底地死亡。

科諾斯厭惡在人間這種不死不滅的生活，他向特茅克神祈求回到天上，而特茅克神看到科諾斯已經完成了自己的工作，就用法力將他變成一顆明亮的星星，讓他飛升到夜空之中。

半神科諾斯離開人間後，時間就像突然降臨了火地島，草木有榮枯，人和動物會徹底死去，腐爛為土。火地島的人很無奈，神離開了他們的土地，而他們終於和大陸上的人一樣，在時間的流逝中消亡。科諾斯找了兩個奧納人當首領，兩個人的性格不太一樣，一個很勤勞，一個得過且過，所以奧納人的日子過得不好不壞。

相愛相殺的日月

太陽神克倫和月亮神克雅在科諾斯的撮合下結為夫妻，他們選擇生活在火地島上，兩個半神性格不一樣，好在一個是白天升空，一個在夜晚出來，很少見面，所以矛盾暫時也未爆發。

由於二人都在火地島上，所以奧納的男人們就尊克倫為首領，女人們則奉月亮神克雅為主。克雅雖然沒有丈夫那麼威風明亮，但是她的小脾氣可不少，連帶島上的女人們都威風起來。在那個時候，女人對男人呼來喝去，如奴僕般使喚，讓他們去幹最髒最累的活兒，而她們自己則做一些簡單輕鬆的家務。女人們經常在男人面前板起面孔，一副不可一世的樣子。女人們在克雅的慫恿下在村裡散布說，女人的力量來自地獄，每個女人都是半神，月亮神克雅讓她們統治男人，這個不平等關係太陽神也是同意的。男人們不明就裡，只得由著女人們胡說，也不敢造次，而太陽神克倫也有些懼內，索性不發一言，這讓火地島的女人們更加不可一世。

不知從什麼時候開始，女人們背著男人們舉行專門的拜月儀式，不許男人們偷看，其實她們的心思很簡單，就是聚在一起吃東西、聊聊天，但是她們板起臉孔告訴男人們：「我們在帳篷裡會露出神的面目，你們如果看了，會遭天譴，眼睛會瞎的。」於是，每到月圓之夜，男人們就眼睜睜看著村裡的女人們戴上漂亮的羽毛帽子，身上畫著紅白兩色的花朵彩繪，走進帳篷裡。到了夜晚，帳篷裡透出火光，還能隱約看到女人們曼妙的身影，風中還飄來女人們輕聲的說笑。

有一天，三個膽大的奧納年輕人按捺不住自己的好奇，他們想知道女人變成半神是什麼樣子，他們更想知道女人世界的祕密到底是什麼，為什麼女人是半神而男人不是。他們從黃昏就開始商議辦法，晚上趁著夜色潛到了拜月帳篷的旁邊，他們和女人們只隔著一簾帳篷，由於帳篷是獸皮做的，著實有些厚度，他們聽不清女人們說的話，其中一個人心一橫，心想：已經來了，還是弄清楚吧。他用發抖的手輕輕掀起了帳篷的獸皮接縫處，看見帳篷裡很明亮，女人們點燃了海豹油的燈柱，她們一邊聊天，一邊吃得滿嘴流油。男人看了，真是氣壞了，哪裡有什麼神，只是一群村裡的女人圍著火，烤東西吃，她們把家裡平時捨不得給男人

火地島的日月相爭

們吃的美食都拿出來，一起分享。

三個年輕人才知道原來女人們一直都在欺騙男人們，不光讓他們做所有的家務，還背著他們吃東西。在火地島，食物是匱乏的，所以女人們的罪行不可饒恕。三人中的一人衝進帳篷，用最難聽的話辱罵女人；而另一個則吹起了哨子，通知所有男人過來，還有一個男人衝到篝火邊，拿起烤好的肉，大口吃起來。村子裡的男人們拿著棍棒趕來了，他們一臉茫然，不知道發生了什麼事。但是當他們看到瑟瑟發抖的女人們，以及篝火上的烤肉架，就全都明白了。男人們被憤怒沖昏了頭腦，用石頭和棍棒把女人們全都活活打死，不管女人們怎麼求饒，男人們都不肯停手，直到把她們都砸成肉泥。

整件事情發生的經過都看在月亮神克雅的眼裡，她眼見追隨自己的女人們被活活打死，她憤怒地準備向男人復仇，但是她的丈夫太陽神克倫阻攔了她，他一直覺得月亮神和女人們做得很過分，男人的反抗也給了他制伏惡妻的勇氣。他狠狠打了克雅一個耳光，把她推倒在炭火上，在她臉上留下了燙傷的痕跡，克雅疼得哇哇直叫，滿臉是傷。後來，當月亮出來時，地面上所有的人都能看到她原本皎潔的臉上多了很多灰色的斑點。

殺完女人們，男人們冷靜了下來，面對滿目的屍首，巨大的悲傷襲來，他們被憤怒蒙蔽了雙眼，而母親、妻子、女兒都死在了自己手上，村裡只剩下一些年幼的女孩，她們還沒到參加拜月儀式的年紀，倖免於難。男人們決定帶著女孩們離開這個傷心地去別處生活，他們在荒蕪的東部待了很久，為死去的女人哭泣，也為自己的孤獨哭泣。

直到女孩們長大了，成為女人，男人們才決定回到家鄉重新開始，但是奧納人的生活再也回不到從前了。太陽神克倫決定建立新的秩序，讓男人統治女人，之前的儀式也恢復了，不過參加的人必須是男人，女人只能戰戰兢兢地服從男人，不能再聚在一起享受美食。

看到女人服從男人，月亮神克雅覺得受到屈辱，她跳到海裡，但海神考克和他的家人都勸她趕緊回到天上，那幫鯨魚女兒也嗚嗚地笑話她。克雅游到天邊的大樹旁，順著大樹爬到天上，宣布自己從此和地面上的女人再無關係。她那不識趣的丈夫還火上澆油地嘲笑她臉上被火燒出來的傷疤，為了不見到討厭的丈夫，克雅只好在太陽神徹底離開後才出來，而她的性格也變得越來越古怪，每個月都變換自己的臉孔，當心情好的時候，就露出整張臉，當想起丈夫嘲笑自己的時候，就憤憤地把大半張臉藏起來。

克雅也記恨奧納人，只要一有機會，她就會偷奧納人的孩子。奧納人很害怕，有月亮的晚上不敢讓孩子離開帳篷，也不敢在月圓之夜和女人歡好，怕破壞了克雅的好心情。奧納人畢竟是曠野上的粗獷之人，他們覺得克雅太記仇了，奧納男人憤怒時就舉著拳頭對著月亮吼，詛咒月亮，要她滾遠一點，不要再帶來漲潮、風暴和疾病。看到奧納人發狂起來，月亮也心虛，乖乖地躲開幾天，但是她只消失幾天，很快會再回來。有時候，月亮發黑，像是被仇恨染黑了，奧納人會連忙向天和太陽神祈禱，希望霉運趕快過去。

克雅在一次憤怒中，吃掉了兩個男孩，事後她很害怕，幸好沒人發現，孩子的父母以為他們死在海中。吃了人肉後，克雅越來越難以忘記那鮮美的味道，她彷彿開啟了一扇新的大門。她開始對夜晚迷路的人下手，吃掉他們。她安慰自己，不吃人，身體就無法變成美麗的圓形。慢慢地，其他半神也開始吃人，於是人類和半神的關係開始陷入緊張。

神的世界結束

半神的身材高大，比凡人大三倍，但外形和人類幾乎是一模一樣的。在剛被主神特茅克神派到人間的時候，他們行事還算規矩，但是創造萬物和人類的任務讓科諾斯一個人都做完了，其他半神在人間其實無所事事，而特茅克神也是個不管事的，眾神遂漸漸放肆起來。等到科諾斯上了天，他們更加無法無天，發動戰爭，一不高興，就屠殺人類，火地島上的河流都成了血河，散發著腥味。北部的半神哈斯和南部的納肯對立最嚴重。哈斯有一兒一女，而他的對手納肯只有一個女兒。哈斯打起了對手女兒的主意，他誘惑了無知的姑娘，和她發生了關係，然後在納肯面前炫耀。納肯氣壞了，為了報復，他偷偷把哈斯的女兒綁了來，在地下造了間沒有一絲光的屋子，把女孩扔進去。哈斯趁著夜色而來，摸黑進了屋，他以為屋裡的女孩還是納肯的女兒，其實是他自己的女兒。在沒有一點光的黑暗之中，悲劇發生了，哈斯父女發生了關係。後來，哈斯的女兒懷孕了，生下了亂倫之子，就是克瓦伊。

克瓦伊從小就被親戚們嘲笑，他的母親也在他出生後不久嫁給了別的半神，生下的孩子，既是克瓦伊的異父兄弟，也算是他的外甥。長大後，克瓦伊和母親不怎麼來往，直到他聽說，母親的孩子被一個作惡的半神查克爾抓去做苦力了，母親日夜哭泣。

查克爾生活在火地島的北邊，性情古怪，殺人如草芥，不光人類害怕他，其他半神也怕他。而這個查克爾居然抓了很多半神同類做自己的奴隸，其中就有克瓦伊的異父兄弟。聽到自己的母親為此事傷心，克瓦伊有了心事，他望著茫茫的四野，遠處的山巒的側影連綿不絕，不知哪座山裡就住著查克爾，囚禁著自己的兄弟。他想救出兄弟，讓母親高興，但是查克爾太強大了，據說他比一般的半神還要高大一倍。

心煩意亂的克瓦伊來到了河邊，他碰到了月亮神克雅的哥哥——雪神洪時，他向雪神講述傾訴了自己的煩惱：「雪神啊，我想當個英雄，但是我心裡有好多害怕的東西，這是不是說明我天生就是一個懦夫？」雪神洪時看著這個不甚高大的半神之子，歎了一口氣，望著天上的浮雲，說了一句讓克瓦伊思索良久的話：「英雄不是無畏的，感到害怕卻依然要做偉大的事，這樣的人才是英雄。」

克瓦伊上路，來到了查克爾居住的黑森林。白天他見查克爾一副精神抖擻的樣子，他不敢上前攀談，等到晚上才扮作乞丐的樣子，慢慢靠近查克爾的住處。黑森林裡樹木參天，如同史前巨柱一般，克瓦伊藏身其中，慢慢挪動，他看到前面有火光，查克爾正在火上烤一個木棍穿過的奧納女人。查克爾看到了克瓦伊，以為是個過路的老乞丐，並不在意。克瓦伊問查克爾能不能發發善心，讓他在這裡休息一下。查克爾不耐煩地揮了揮手，說：「算你運氣好，我現在飽得很，要不然我一定會吃了你。」克瓦伊趕緊跑到關押自己兄弟的石牢去，說自己是來救他們的。話才說完，查克爾把他吃剩的女人屍體扔了過來給奴隸啃，女人的臉孔因為死時痛苦而十分猙獰，但石牢裡的半神們已經習慣了，幾個人上來把女人的屍體啃乾淨。看到這一幕，克瓦伊驚得嘴巴都合不攏了。他拉過自己的弟弟，說：「今晚，我會來救你們，你知道鑰匙在哪裡嗎？」弟弟平靜地說：「沒有鑰匙。石牢是沒有鑰匙的。」「沒有？沒有你們為什麼不跑？」克瓦伊不解。「因為查克爾會吃掉逃跑的半神。」弟弟害怕地說。「不要害怕，」克瓦伊勸弟弟，「現在島上的人類越來越少，你以為你們能逃脫他的魔爪嗎？等吃完島上的人，接下來就輪到你們了。」

就這樣，弟弟被克瓦伊說服了，他和石牢裡其他半神說了克瓦伊的計畫。到了夜裡，克瓦伊的弟弟帶著其他半神朝著大河的方向逃跑，他們是高大的半神，所以輕易地跨過了大河，河水只到他們的胸口。克瓦伊在對岸等著他們。查克爾發現奴隸跑了，十分憤怒，他追了出去，看到奴隸在對岸。他嘿嘿一笑，覺得對方失策了，他比任何一個巨人都高大，這點水不算什麼。但是等他到了河心，克瓦伊立刻用法力把水面升高，生生地沒過了查克爾的頭頂，火地島的黑夜還是十分寒冷的，查克爾很快就被凍死在水中。

獲救的不少半神在查克爾那裡已經養成了吃人的習慣，回到家中，他們繼續吃人，這讓克瓦伊感到很痛苦，他只好又做了一件偉大的事：把食人的半神靈魂取出來，然後把他們高大的身體冰封在火地島南邊一個全部是冰的世界。因為拯救了半神和人類，特茅克神封他為死神。

太陽神克倫這時正好戰勝了自己的妻子克雅，正得意昂昂，他為了拉長自己停留在人間的時間，所以不遵守日出的時刻，經常剛下山，就又升上來。如此一來，克雅掌管的黑夜只有一瞬間，一眨眼，又是太陽出來的白天，人們因為無法擁有可以和愛人親密的私密時刻而感到煩躁，所以死神克瓦伊決定對此做出改變，他打敗了太陽神，將白天和黑夜對半分，有的時候白天長一些，有的時候黑夜長一些。

第二章　火地島凡人的傳說

凡人的世界

傳說很久以前，火地島上是沒有原駝的，這種動物是人變的。有個喪妻的男人，想在幾個女兒身上求取歡愛，但是不好意思明說，於是想出個辦法。他把女兒們召集在一起，謊稱神托夢給自己，說他馬上就要死了，但留下女兒們在世上孤孤單單很不忍心，神說在他死後家附近會出現一個很適合和她們結婚的男人，女兒們必須全部嫁給這個男人，他會是個好丈夫，能照顧好她們。講完這些話，這位父親就開始裝死，女兒們把他放在地上，找來幾塊獸皮蓋住他的身體，然後按照部落的規矩：在他的臉上畫上閃電，在胸口塗上死亡的標誌，接著她們走出家門，一直走到大路的兩旁，然後上下揮舞手臂，以示哀悼。這時她們在路旁看到一個對她們發出噓聲示愛的男人，她們沒有認出那是自己的父親，於是也用噓聲回應，以為這就是父親說的理想男人。她們靠近他，允許他的愛撫，這個男人身上的味道讓女孩兒們感到很熟悉，女孩和男人很快就住在了一起。神覺得這件事違背天理，把父女幾人變成原駝，沒想到他們繁殖得很快，整個島都是他們的子子孫孫。

短缺的食物

有個男人叫卡彭，和兩個妻子生活在一起。他年紀大了，身體也不好，沒有辦法出門打獵獲得足夠的食物，快到冬天了，卡彭讓其中一個叫卡克的妻子回娘家要點口糧。卡克來自島的東部，為了回家，她徒步走了很遠的路，以至於她的親戚見到她驚訝得說不出話來，因為幾乎沒有女人能走這麼遠。卡克講述了丈夫身體如何不好，她和另外一個妻子如何忍饑挨餓，親戚很同情她，先讓她飽餐了一頓原駝肉，然後為她準備了一個籃子，裡面裝滿了食物。卡克知道親戚們很愛吃金龜子，於是請他們準備了很多金龜子，因為這也是她最喜歡吃的。為了防止食物在路上腐壞，親戚還抓了很多活的金龜子放在籃子裡。卡克很高興地走了，但是離家越來越近，卡克開始有了私心，她不想讓丈夫吃她最愛的食物，於是她把籃子藏在路邊的樹後面，一回到家就裝出悲戚的樣子說什麼食物都沒弄到，卡彭聽了自然大受打擊。第二天，卡克打算到藏食物的地方，拿出一些金龜子烤來吃。沒想到丈夫發覺了不對勁，跟了出去，知道妻子的祕密後，他把籃子裡的金龜子全都烤了吃了，回家後什麼也不說。等卡克再去吃的時候發現金龜子沒有了，她懷疑是丈夫偷吃了，但是也不敢說什麼。

日子一天天過去，食物還是很短缺。這時，另一個妻

火地島的原住民

子哈佩說要不然找她的親戚想想辦法。她的家在海邊，哈佩的親戚看到她來了，很大方地給了半條鯨魚的油脂，哈佩高興極了，連拖帶拽地運回了家。她回到家，看到丈夫卡彭已經餓得奄奄一息，她馬上煎了一塊鯨魚的肥肉，叫醒丈夫讓他趕緊吃，吃了肉，卡彭的病奇蹟般地好了。看到小山一樣的鯨魚肥肉，卡彭開心極了，他用魔法把自己和哈佩變成兩隻海鳥，在風浪裡穿梭，在諸神的庇護下有吃不完的魚肉。至於卡克，卡彭把她變成翅膀很軟的鳥，只能在岸邊吃點蟲子，不能在海上捕到好吃的魚。

火地島的原住民居所

火地島原住民的生活情景

火地島的標誌燈塔

後記　讓世界感受我等之痛苦

在美洲大陸上生活的原住民，一開始被稱為印地安人，他們各有不同的語言、習俗與文化，從北到南，千差萬別。最早來到美洲的人類，是如何開啟自己的生命之旅的，至今仍在雲霧之中。我們只知道，有些人，跨過白令海峽後在北美洲落地生根；有些人繼續向南，一直走，直到美洲大陸的最南端；更多的人，則在向南遷徙的萬年征途中停留下來，比如後來的阿茲特克人、印加人的祖先。他們建立部落，甚至創造城市。他們熱愛戰鬥，為不同的神明進行血腥的祭祀。

美洲原住民留下的神話故事相當的碎片化，或者是因為文明被殘暴的外來力量生生切斷，又或許是因為文明血脈掌握在少數貴族手中，國破則難存。我們現在能看到的神話，不過是殖民者帶回歐洲付之一炬的繪本和手抄本中的倖存者。無論是猶加敦半島流傳的《虎司書》，還是有「交流之書」之稱的《波波爾烏》，它們如同聲音嘶啞的老人，向後世之人講述這片大陸曾經的故事。

看北美洲的神話，是一派自然風光。人物多以動物命名，他們的故事竟然與德國《格林童話》有異曲同工之妙，但更加蠻荒，更有力量。畢竟，世界上最大的雪花、最美的湖泊、最遼闊的森林都在這些北美勇士的弓弩之下。故事中，我們看到，他們隨著季節遷徙、採集、狩獵，他們的神話與萬物有靈聯繫在一起。但無論多麼空靈的神話，都隱藏著另一種力量——大自然的殘酷為生活在這裡的人類開啟了通往饑餓、流血和死亡的大門。

荒野中的勇士在白人文明的蠶食下，不得不放棄傳統的狩獵或農耕的方式，配合早期的歐洲殖民者做起了皮毛生意。但互惠不是外來者的目的，他們要的是永居此地。十九世紀中期，北美原住民部落被趕出家園，遷徙到偏遠的保留地。途中，堅冰、疾病、外加長途跋涉的疲累，不少老弱在遷徙途中死去。一名法國歷史學家目睹了查克特沃斯部落的被迫遷移，他稱「這一景象永遠不會從我的記憶中抹去。」

他看到的是，面對無法渡過的激流，疲憊不堪的原住民中，聽不到有人叫嚷、哭泣，大家都保持沉默。因為他們懂得，災難在過去就已成定局。

知命，是印地安文化中的重要思想。他們不畏懼死亡，也不認為自身比萬物高級。好比，因紐特人認為，亡靈住在天上，天空本來結實，但是天長日久難免有一些小孔，而亡靈就化身雪花，透過小孔降落在人間，成為自然的一部分。

比起塵世，美洲原住民更加重視的是精神世界。在他們看來，地球是一個精神的世界，因為無數神奇的神明就居住其中。高山、巨石、洞穴、山泉都是他們的棲身之所。因此，印加人認為這些地點都是神明出沒的「聖地」，對其進行膜拜和供奉。

對美洲原住民來說，更重要的事情是解釋宇宙。宇宙是從哪裡來的，人類是從哪裡來的，在世界占據一個什麼樣的位置。對於肉眼可見的宇宙，不同的原住民部族有不同的描述，但無一例外的是，他們認為事物如何變成我們所看到的樣子，這件事很重要。大量的神話就此誕生。

世界不是絕對的。美洲原住民不同文明中都看重的二元性也說明了這一點。比如，阿茲特克神話中充滿了二元對立，生命與死亡，豐饒與貧瘠，晝與夜，秩序與混亂，雨神帶來生命，死神則設法掐掉新芽。羽蛇神和煙鏡神所代表的善惡自上古便開始交鋒，永無定論。

世界是往復的，有終點，但到達終點前則是不停的循環，如同月亮的圓缺、天體的運行，周而復始地引導人類的一切。很多印地安神話都認為目前的世界不是最早的世界，前幾世的世界基本是獸人的世界。獸人們招惹神明，降下天災，毀滅了自身，但天災之後，總會留下一些神奇的植物，幫助後世果腹。

南美的安地斯山地貌複雜，沙漠、雨林、荒野將南美原住民社會分割成一塊塊，因此安地斯神話比北美更加千姿百態。比如，山地的人認為造物神維拉科查貫穿人類社會的所有需求之中，但雨林地區則認為造物神在創造世界後就對塵世沒有什麼興趣了，不知道躲到哪裡逍遙去了。南美還有巨人創世之說，這些巨人，不全知也不全能，只是被天外更強大力量操控的巨型木偶。

印加人則更加不把痛苦當回事，因為他們嚮往死亡。死去比活著擁有更大的力量。印加王的木乃伊地位至高無上，出門有轎坐，吃飯有人打扇，作為太陽神在人間曾經的化身，他們依舊能透過祭司的傳話繼續「統治」自己的領土。

美洲原住民的時間概念是直線的，也是循環的。世世代代，循環往復。這意味著過去沒有消失。印地安神話或許就是人類童年時在路邊玩耍隨手射出的那支箭，帶著創造、改變、維繫、毀滅世界的那股力量，當人類走在科技如日中天的道路上，忽然聽到背後有風聲，回頭那一瞬，這支箭正中眉心。

王覺眠
二〇二三年五月二十日
北京海澱萬柳

印地安神話

黑色魔幻寫實、善惡神祇大戰，血腥又狂野的異色宇宙

作　　者　王覺眠
美術設計　白日設計
內頁排版　高巧怡
行銷企劃　蕭浩仰、江紫涓
行銷統籌　駱漢琦
業務發行　邱紹溢
營運顧問　郭其彬
責任編輯　李世翎
總 編 輯　李亞南
出　　版　漫遊者文化事業股份有限公司
地　　址　台北市松山區復興北路331號4樓
電　　話　(02) 2715-2022
傳　　真　(02) 2715-2021
服務信箱　service@azothbooks.com
網路書店　www.azothbooks.com
臉　　書　www.facebook.com/azothbooks.read
營運統籌　大雁文化事業股份有限公司
地　　址　台北市松山區復興北路333號11樓之4
劃撥帳號　50022001
戶　　名　漫遊者文化事業股份有限公司
初版一刷　2023年7月
定　　價　台幣390元

ISBN　978-986-489-807-7

有著作權・侵害必究
本書如有缺頁、破損、裝訂錯誤，請寄回本公司更換。

本作品中文繁體版通過成都天鳶文化傳播有限公司代理，經陝西人民出版社有限責任公司授予漫遊者文化事業股份有限公司獨家出版發行，非經書面同意，不得以任何形式，任意重製轉載。

國家圖書館出版品預行編目 (CIP) 資料

印地安神話 : 黑色魔幻寫實、善惡神祇大戰，血腥又狂野的異色宇宙/ 王覺眠著. -- 初版. -- 臺北市 : 漫遊者文化事業股份有限公司, 2023.07
320 面 ;14.8×21 公分
ISBN 978-986-489-807-7(平裝)
1.CST: 神話 2.CST: 印地安族 3.CST: 美洲
285　　112007765

azoth books 漫遊者
漫遊，一種新的路上觀察學
www.azothbooks.com
漫遊者文化

遍路文化 on the road
大人的素養課，通往自由學習之路
www.ontheroad.today
遍路文化・線上課程